幸　婚

행혼여행

작전명령 1호. 아내 & 남편을 애인으로 대우하자

幸 婚
행혼여행

김용범 지음

한국학술정보

들어가는 글

심리학이니, 상담학이니, 부부학이니, 커뮤니케이션 등을 전문적으로 공부하지는 않았다. 당연히 학위도 없다. 그럼에도 이 글을 쓰자니 많이 망설여지고 설렌다. 건강강의를 하겠다고 처음 대중 앞에 서서 정신없이 했던 기억이 난다. 심장이 쿵쾅거렸다. 1시간을 어떻게 떠들었는지, 무슨 말을 했는지 기억이 없다. 그저 준비한 PPT를 보고 줄줄 읽으며 약간의 설명만 하고 나왔던 것 같다. 열정적으로 하기는 했다. 설렘, 두려움, 살아야 한다는 절박함이 두루 녹아 있었다. 지금이 딱 그렇다. 소위 사회적으로 인정받는 전문가도 아니면서 남들에게 '이렇게 하면 행복한 부부생활이 가능합니다.'라는 제안의 글을 쓴다는 것이 약간은 망설여지는 이유다. 공감을 이끌어 낼 수 있을까 걱정도 되었다. 그러나 써 보기로 했다. 단 한 분의 독자에게 작은 도움이 될 수 있다면 하는 마음으로.

이제 겨우 결혼 30년 차가 되었다. 돌이켜 보면 부부 사이에는 큰 위기가 오거나 하는 특별한 문제는 없었다. 삶은 우여곡절이 많았다. 크고 작은 실패가 30년 사이에 몇 번 있었다. 운영하던 학원의 폐원, 돈을 조금 더 벌어 보겠다고 시작한 복사집, 네트워크 마케팅, 두피 관련 프랜차이즈 영업의 실패를 겪었다. 빨간딱지(압류)도 붙어 봤다. 새롭게 도전한 건강교육강사로서도 성장의 속도가 매우 느렸다. 겨우 4~5년 전부터 자리를 잡아 가고 있는 실정이다. 가장으로서 매우 감당하기 어려운 경제적 어려움을 겪었다. 소나기가 내리는 그믐날 밤에 고개를 넘어가는 심정이었다. 아이들을 생각하면 심적 부담은 더 컸다. 나 하나만 바라보고 결혼을 한 아내는 어땠을까? 이러지도 저러지도 못하는 사면초가인 상태로 지금까지 함께해 온 것 같다.

　남들이 말하는 큰돈을 투자해서 실패를 한 것은 아니다. 크고 작음을 무엇을 기준으로 말할 수 있는가? 당시에 있는 돈 없는 돈 다 긁어모았으니 나한테는 큰돈이고 큰 아픔이었다. '남의 다리 부러진 것보다, 자기 손톱 밑에 박힌 가시가 더 아픈 법이다.'라고 했다. 30년 결혼생활 중 20년 이상은 경제적 고통에 허덕였다. 이런 와중에도 부부의 사랑전선에는 크게 금이 가지 않았다. 부부 사이가 좋으니 아이들에게도 경제적 고통으로 인한 나쁜 영향을 주지는 않았다. 넉넉하게 뒷바라지 못한 아쉬움은 두고두고 남겠지만. 용케도 잘 견뎌왔다. 가장 큰 것을 놓치지 않았다는 것은 확실하다. 누가 뭐라 해도 이것 하나

만큼은 잘한 일이라고 자부한다. 부부의 사랑전선에 빨간 신호등을 켜지 않았다는 것.

　부부 사이가 금이 가는 데는 여러 가지 요인이 있다. 이혼한 부부가 이혼사유에 가장 많이 적는 요인은 '성격 차이'라고 한다. 속을 들여다보면 또 다른 이유가 존재한다. 경제적 이유다. 한 결혼정보회사의 조사에 따르면 연봉 1억이 넘는 샐러리맨의 경우 이혼율이 0%라고 한다. 그만큼 돈은 가정생활에 큰 영향을 미친다고 볼 수 있다. 그렇다고 가난한 부부는 모두 이혼하는가? 아니다. 밑바탕에 끈끈한 사랑이 떡 버티고 있으면 어지간한 문제는 해결된다. 이겨 낼 수 있다. 해 봐서 안다.

　부부싸움의 이유 중 가장 많은 부분을 차지하는 것이 돈 문제일 것이다. 부족한 돈 때문에 의견충돌이 생겨서 해결이 되지 않으면, 큰 싸움으로 번진다. 급기야 이혼에 이르게 되는 경우가 많다. 실제로 친구들 중에서 그런 친구도 있다. 이혼사유에 '돈 때문에'라고 쓰기에는 자존심이 허락하지 않는다. '성격 차이'라고 쓰면 무난해서 그렇게 쓰는 것이 아닐까? 짐작해 본다. 성격 차이 맞다. 돈에 대한 사고와 대하는 성격이 서로 다르다. 그것을 불씨로 해서 사랑에 생채기를 내는 것도 성격 차이다. 이혼하는 사람들을 보면 상당수가 그렇게 보인다. 내 눈에는……. 돈 때문에 이혼을 해야 한다면 우리 부부는 서너 번은 이혼했을 것 같다.

4차 산업혁명 시대, AI 시대라 하여 수명은 늘었다. 100세를 살아야 한다. 사회적으로 황혼이혼도 늘고, 별거도 늘고 있다. 남편은 귀촌, 아내는 도시생활을 하는 사람도 늘었다. 서로를 존중하고 배려하는 '졸혼'이 아닌, '귀찮아서'라고 대변되는 말도 안 되는 '졸혼'이라는 문화가 당연한 것처럼 되어 가고 있다. 나는 지금 우리 사회에 유행하는 졸혼을 "소 닭 보듯이 한 집에 산다."라고 규정한다. 4~5년도 아니고, 40~50년을 그렇게 산다는 것은 불행이다. 그렇지 않아도 외로운 노년기에 외로움의 극단으로 들어가는 것이 안타깝다. 우리 부부는 노년을 외로운 부자로 살고 싶지는 않았다. 부유하지는 않지만 사랑이, 행복이 넘치는 노년을 보내고 싶었다. 경제적 여유까지 받쳐주면 금상첨화겠지만…….

우연인지 필연인지 모르겠다. 강사라는 직업 때문에 책을 읽고, 강의를 듣고, 세미나에 참석하며 많은 공부를 했다. 지금도 하고 있다. 앞으로도 할 것이다. 건강과 관련 분야인 뇌과학, 진화심리학, 심리학, 행복론, 자기경영학, 인문학, 철학 등을 두루 접했다. 성장할 수 있는 내공이 생겼다. 마음 쓰는 법을 배웠다. 아주 끈끈한 사랑전선을 형성할 수 있는 영양소를 얻었다. 책이야말로 마르지 않는 샘물이다. 부부관계는 해당 분야 학위도 없고, 사회적으로 인정하는 전문가는 아니어서 이론적 배경은 약하다. 다만 짧다면 짧고, 길다고 하면 긴 30년의 고난을 극복한 직접경험과 강사로서 전문가들의 책과 수많은 사람들을 만나면서 얻게 된 간접경험을 토대로 했다. 경험 나누기이다. 강사로서 가장 소중하게 생각하고 좋아하는 '마음나누기'이다.

두 가지로 대별해서 말하고 싶다. 하나는 공유할 수 있는 공부를 함께 하면 좋겠다. 함께 하는 것이 어려우면 누구라도 한 사람이 먼저 하면 좋겠다. 다른 하나는 '아내 & 남편을 애인으로 대우하자.'이다. 즉, '관점 바꾸기'이다. ① '아는 사람'이 ② '애인'이 되고, 결혼하면 ③ '신랑 & 신부'로, 아이가 태어나면 ④ '애들 엄마, 아빠'로, 결혼시키고 나면 ⑤ '웬수 또는 집사람' 등으로 부른다. 서로 가장 많이 배려할 때가 '애인'일 때이다. 남은 평생을 '애인'하고 산다면 얼마나 좋을까? 불가능하다 말하지 마라. 사람이기 때문에 가능하다. 이 책을 통해서 졸혼이나 이혼을 고민하던 부부가 다시 함께 가꾸어 가는 삶을, 행복한 노년을 보낼 수 있으면 좋겠다. "우리, 더불어, 함께, 윈윈(Win Win), 서로, 역지사지(易地思之), 다같이"라는 말을 좋아한다.

나의 견해이고, 경험이다. 악조건 속에서도 우리 부부는 버텨왔다. 어떤 면으로는 성장도 했다. 덜 아팠으면 좋았겠지만⋯⋯.

아이들도 밝게 자라 주었고, 성인이 되어 각자 자기 일을 찾아 열심히 잘하고 있다. 모두에게 똑같이 해 보라고 권하고 싶은 마음은 없다. 다만 부부관계가 막혔거나 풀리지 않을 때, 또 하나의 열쇠가 되었으면 하는 마음이다. 하나의 해법으로……. 누구에게 도움을 주기에 앞서 남은 삶에 대한 나의 각오이기도 하다. 더 행복해질 것 같다.

차 례

1장

졸혼이 유행하는 시대

남녀가 사랑해서 만난다. 사랑이 식어 이별도 한다. 사랑이 뜨거워 결혼을 한다. 그 불타던 사랑이 각방 쓰기에 이어 별거도 한다. 졸혼이라는 신조어까지 나왔다. 이혼도 한다. 다시 합치기도 한다. 사별까지 가면 종착역에 다다른다. 이 모든 것들은 혼자서는 절대로 할 수 없다. 철저하게 동반자가 필요하다.

남녀의 사랑과 결혼을 권투에 비유해 보았다. 권투도 혼자서는 할 수 없다. 상대가 있어야 한다. 상대는 내가 쓰러뜨려야 하는 적이기도 하다. 그런데 그 적이 없으면 권투를 할 수 없다. 완벽한 동업자로 링에 올라 피 터지게 싸운다. 그리고 둘 다 그렇게 돈을 벌고 산다. 경기하려면 먼저 해볼 만한 상대를 고른다. 상대에 맞는 전략을 세워 열심히 연습한다. 경우에 따라서는 아예 질 것을 알면서도 맞선다. 돈을 벌기 위해서다. 링에 오른다. '땡' 하고 1회전 공이 울린다. 철저하게 분석하고 연습했지만 헛손질을 해 가면서 상대방을 탐색한다. 그렇게 1, 2

회전이 지나간다. 혼신의 힘을 다해 붙는다. KO로 승부가 난다. 패자도 깨끗하게 인정하고 축하해 준다. 질질 끌다가 판정까지 가기도 한다. 승패는 나지만 썩 개운하지 않을 때도 많다. 무승부도 있다.

이 사람 저 사람 만나 본다. 이 사람이다 싶으면 일단 올인한다. 연애의 시작이다. 도저히 아니다 싶으면 다른 사람으로 갈아탄다. 뜨거운 사랑을 만났다. 드디어 결혼이다. 게임의 시작이다. 신혼 초에 치열하게 주도권 싸움을 한다. 한 사람이 주도해 가는 KO 승부가 나도 패자는 없는 것이 부부생활이다. 그래도 깨가 쏟아진다. 아이가 태어난다. 키우느라 정신없다. 행복하다. 그렇게 중년이 되고, 무덤덤하게 노년을 맞이한다. 외롭고 쓸쓸한 황혼이다. 사별이 기다린다.

이혼은 일단 둘 다 승자라고 하기에는 어렵다. 이혼을 하기 위해서 결혼을 한 것이 아니기 때문이다. 어쩌면 승리(?)일 수도 있다. 불행한 결혼생활에서 빠져나오는 것이 지상과제였다면. 그래도 기분 좋은 승리라고 하기에는 좀 그렇다. 그렇다고 패자라고 단정할 수도 없다. 무승부라고 정의하고 싶다. 자식이 있다면 절대로 빠져나올 수 없는 링이다.

각방, 별거, 졸혼도 무승부다. 이혼할 용기도 없다. 능력도 없다. '소 닭 보듯이 한다.'라는 속담이 있다. 100세 시대에 30～40년을 이렇게 산다. 고독한 황혼이다. 아무리 생각해 봐도 끔찍한 세월이다. 졸혼을 싫어하는 이유다. 별거도 다를 바 없다. 별거와 졸혼 둘 다 무승부다.

결혼식 주례사의 단골메뉴인 '백년해로'의 다른 표현이다. 부부에게도 가족에게도 모두 Win Win이 되는 행복한 결혼의 갈무리. 그래서 "행혼(幸婚)"이라고 이름 붙여 말하고 싶다. 외롭고 쓸쓸하지 않은 노후, 행복한 황혼이 우리를 맞는다.

1. 간섭 없는 노후

간섭은 꼭 나쁜 것일까? 좋을 수도 나쁠 수도 있다. 간섭을 하는 사람은 간섭인 줄 모른다. 어린아이에서부터 노인까지 결코 다르지 않다. 그 행위가 간섭인지 아닌지 판단은 누가 할까? 간섭받는 사람이 간섭이라고 느끼면 간섭이다. 아니면 아니다. 똑같은 관여를 누구는 간섭으로 누구는 사랑으로 느낄 수 있다. 사랑으로 느낀다면 얼마나 좋을까?

간섭으로 느끼는 몇 가지를 보자. 술 많이 먹지 마라, 공부해라, 일찍 자라, 일찍 일어나라, 일찍 들어와라, 게임하지 마라, 이불 개라, 방 청소 잘해라, 밥 먹고 바로 이 닦아라…… 수도 없이 많다. 참 재미있다. 이 모든 말들은 굳이 누가 얘기하지 않아도 스스로 할 줄 아는 일이다. 하면 좋다는 것도 안다. 다만 안 하고 있었다. 깜빡하고 못 하는 것도 있다. 어떤 것은 지금 막 하려던 참이었다. 이 순간 그것을 하라고 말하면 하기 싫어진다. 사람의 심리는 묘하다. 이럴 때 간섭받는다고 느낀다. 나도 수도 없이 겪어 본 일이다. 야구 경기가 끝나면 청소기를 돌리려고 마음먹고 있었다. 9회 말 2아웃 상황이다. 이제 슬슬 일어나려고 했다. 아내가 "청소 좀 해 줘."라고 한다. 하기가 싫다. 내 마음인데 나도 모르겠다. 청소할 생각이 없었을 때는 즉답이 나간다. "이거 끝나면 할게." 기분 나쁘지 않다. 신기하다.

간섭하는 사람의 마음을 들여다보자. 간섭은 사랑의 한 표현이다. 일말의 관심도 없었다면 간섭하지 않는다. 걱정의 표현이다. 자식이 공부를 잘했으면 좋겠고, 건강했으면, 사람들과 관계도 좋았으면, 자기 일은 스스로 했으면 좋겠다. 한마디로 사랑해서 하는 소리다. 정확한 표현은 "사랑소리"다. 이런 것들은 유치원생 정도만 지나면 배워서 다 알고 있다. 다만 깜빡 잊었거나, 우선순위를 뒤로 두었거나 다양한 이유가 있어서 당장 실천하지 않고 있을 뿐이다. 여러 이유로 부모 또는 가족이 하는 '사랑소리'를 '잔소리'로 번역해서 듣는다. 이 능력은 가르치지 않았다. 스스로 체득했다. 또 하나의 탁월한 능력이다.

어르신들도 별 차이는 없다. 있다면 나이 때문인 것은 있다. 차 조심하세요, 빙판길 조심하세요, 옷 자주 갈아입으세요, 머리 자주 감으세요, 잔소리하지 마세요, 술 적게 잡수세요, 약 꼬박꼬박 챙겨 드세요. 등 어르신들 대답은 한결같다. "나도 다 안다. 니들도 나이 들어 봐라."이다. 20여 년간 어르신들께 봉사 다니면서 얻은 교훈 중의 하나다. 지금 나는 장인 장모님께 이런 말씀은 잘 드리지 않는다. 그럴 바엔 차라리 농담을 한마디 더 한다. 기분이라도 좋으시라고. 아주 가끔 슬쩍 지나가는 말로 조심하시라고 한다.

상대가 간섭으로 느낀다면 굳이 말할 필요가 없다고 생각한다. 결혼 50년이 넘은 노부부 이야기다. 할아버지께서 평생 술을 좋아하셨다. 당연히 자주 드셨다. 할머니께서 신혼 때부터 지금까지 50년 넘게 술 좀 적게 드시라고 하셨단다. 지금도 술을 즐겨 드신다. 아직도 안 끊으셨다. 할머니께 말씀드렸다.
"하나마나한 소리 하지 마세요."라고. 할머니께서 빵 터지셨다. 맞는 말이라고.
"안 해야 되는데 그게 안 된다."라고 하신다. 나도 허허 웃어 넘겼다.
"애써 봐요. 할매." 하고 두 손 잡아 드렸다.

분명히 사랑소리를 했다. 저쪽 귀에는 '잔소리'를 넘어 간섭으로까지 느껴진다. 잔소리까지는 참을 만하다. 간섭으로 느끼면 싸움으로 번질 확률이 매우 높다. 노년기에는 이게 더 심하다.
"저것들이 내가 늙었다고 무시하나." 하고 생각하시는 경우도 많다. 그래서 어른들께 사랑소리를 할 때는 더 조심해서 해야 한다. 마음에 상처까지 받으시기 때문이다. 사랑소리는 드문드문하자. 싫어한다고 너무 안 하면 무관심으로 오해한다. 잔소리다 싶을 때는 '사랑소리' 하시는구나, 하고 생각해 보자. 의도적으로 노력하자. 시도해 보자. 분명 내 마음이 편해진다.

나이 50 중반을 넘었다. IMF 이후 운영하던 학원이 실패로 끝났다. 2000년대 초에 지방(경주)에서 고졸로 프리랜서 건강교육강사의 꿈을 가지고 일을 시작했다. 만만치 않았던 사정은 뒤에 언급하기로 한다. 일이 별로 없었다. 당연히 수입도 바닥이었다. 어쩔 수 없이 아내가 직장을 구했다. 지인이 운영하는 철물점의 경리였다. 아내의 얇은 월급봉투에 네 식구가 의존해야 했다. 이를 바라보는 장인 장모님의 심정은 오죽하셨을까? 예쁜 맏딸이 생고생을 하고 있으니. 갈 때마다 바리바리 싸 주셨다. 과일, 채소가게를 하셨으니 늘 넘치게 주셨다. 가난했지만 과일과 음식은 풍족히 먹을 수 있었다. 고마웠다. 그러나 죄송했다. 아무 말씀 없으셔도 죄인 심정이었다.

"김 서방, 일은 매일 나가나?", "한 번 가면 얼마나 받노?", "먼 길 운전 조심해라." 등등 무한한 사랑의 소리와 걱정을 해주셨다. 절에 불공드릴 때마다 큰사위 잘되라고 하셨단다. 그때는 왜 "잔소리"로 들렸는지 모르겠다. 아무 말씀을 드릴 수가 없었다. 처가에 가기 싫었다. 쥐구멍이라도 있으면 들어가고 싶다는 말을 이해한 순간이었다. 하루 이틀이 아니었다. 맏사위이다 보니 처가에 갈 일이 많았다. 어른들 얼굴 마주 대하기가 싫었다. 또 사랑소리 하실까 봐. 그래도 가야 할 때는 꼬박꼬박 갔었다. 어려운 가운데 잘한 일 중의 하나라는 생각이 든다.

4~5년 전쯤으로 기억한다. 일이 조금씩 자리를 잡아가고 있었다. 앞서 말한 '사랑소리를 잔소리로 듣고 있구나.' 하는 깨우침이 왔다. 사랑소리를 그대로 받아들이기 시작했다. 그때부터 처가에 가는 것이 싫지가 않았다. 강의차 근처에 가면 일부러 들렀다가 오곤 했다. 전화도 자주 드리고 농담도 했다. 장난을 치기도 한다. 흐뭇해하셨다. 지금도 여전히 사랑소리는 한치도 변함없이 하신다. 어른들은 어쩜 저렇게 한결같으신지 모르겠다. 전화하기 전에 '오늘도 사랑소리 하시겠지.' 하고 생각한다. 집에 갈 때도 대문 앞에서 혼자 싱긋 웃고 들어간다. 그듣기 싫었던 말이 이제 싫지는 않다. 그렇다고 유쾌하다는 것은 아니다. 호호.

간섭은 안 하는 것이 좋겠지만 하는 사람을 어떻게 할 수는 없다. 당하는 내가 지혜롭게 생각하자. 발상의 전환이다. 관점을 바꾸니 세상이 달라졌다. 나부터 편하기 위해서다. 나는 간섭을 하고 있지는 않은지 늘 반성하면서…… '얼마나 사랑하면 저러실까?' '나는 절제된 사랑 표현을 하는 걸로.' 한구석에는 네가 잘해야 내가 편하다는 마음도 있겠지만. 생각과 관점 바꾸기의 위대한 힘이라는 것을 알았다.

2. 혼자 사는 게 편하다

　말해 뭐 하나. 좋다. 늦잠을 잔다고, 양말을 아무 데나 벗어
놓는다고, 청소하라고, 개똥 치우라고, 염색하라고, 방에 들어
가서 자라고, 매일 면도하라고 아무도 말하는 사람이 없다. 모
든 것은 내 마음 가는 대로 하면 된다. 몸이 편한 대로 하면 된
다. 그야말로 제멋대로다. 이 어찌 편하지 않겠나. 그 뒤의 결과
물은 어떨까? 상상해 보라. 툭 하면 지각에, 신을 양말이 없어
서 새 양말 또 사야 되고, 먼지투성이 집안에, 악취는 진동을
하고, 가뜩이나 대머리에 20년은 더 나이 들어 보이고, 일어나
면 찌뿌둥하고, 밖에 나가면 꾀죄죄하게 보일 거다. 한마디로
보통의 사람 모습이 아닐 것 같다. 관점을 다르게 보면 약간의
불편함을 감수하고 얻는 이익이 훨씬 많다. 100% 남편인 내 입
장에서 그렇다는 얘기다.

늘 깨끗한 환경에서 따뜻한 밥 먹을 수 있고, 깨끗한 옷과 양말, 밖에 나가면 신사로 보이고 등. 이 누리는 혜택 뒤에 감수해야 하는 것들이 많다. 조금은 눈치를 볼 때도 있다. 시키기 전에 하면 매우 좋아하니까 얼른 하기도 하고, 벽에 못도 박고, 청소기 돌리고, 걸레질하고, 세면대 구멍이 막히면 뚫고, 쓰레기도 버리고, 마당도 쓸고, 개똥도 치우고, 화단에 물도 주고, 높은 곳에 있는 물건 내리기도 한다. 그래도 손해 보는 장사는 아니라는 것은 확실하다. 지금 나를 보면.

인간은 사회적 동물이다. 혼자서는 사는데 필요한 모든 것을 해결할 수는 없다. 혼자 산다고 하지만 집이라는 범위를 정해 두고 보면 그렇다. 집만 나서면 같이 산다. 누군가 빵을 판다. 나는 사 먹는다. 직접 빵 굽는 일을 하지 않을 뿐이다. 누구는 세탁소를 한다. 나 대신 세탁을 해 준다. 통닭을 배달해 준다. 닭 튀기는 번거로운 일을 하지 않아도 된다. 쓰레기를 치워 준다. 그 대가를 우리는 돈으로 치른다. 교통신호를 지켜야 하고, 쓰레기 함부로 버리면 안 되고, 침도 못 뱉는다. 담배도 마음대로 못 피우고, 요즘은 지나가는 꼬맹이 예쁘다고 쳐다보는 것도 조심스럽다. 내 차로 마음껏 속도도 낼 수 없다. 심지어 조금 빨리 달렸다고 벌금까지 낸다. 밖에 나가면 간섭투성이이다. 아무런 불평도 하지 않는다. 불평해도 소용이 없다. 그냥 지킨다. 그래야 모두가 편하게 사니까. 법이라는 미명하에. 그런데

집에만 들어오면 모든 것을 무시하려고 한다. 룰도 없다. 예의도 없다. 누가 뭐라고 하면 내 집에서 내 마음대로 하고 싶단다. 그래서 혼자 살고 싶단다. 편하다고.

어떤 이는 집에 가면 자기가 왕처럼 하고 싶단다. 한마디로 웃기는 얘기다. 왕은 멋대로 하고 살아도 된다고 착각하고 산다. 왕은 옷도 격식에 맞춰 입어야 하고, 걸음걸이, 말투, 공부하는 시간, 먹는 것 등 어느 것 하나 자기 마음대로 할 수 없다는 것을 왜 모를까? 심지어 똥도 내시들이 보는 앞에서 싼다. 변기를 '매화틀'이라는 고고한 이름까지 붙여 부르고 있다. 임금의 건강을 체크한다는 명분도 분명하다. 지금으로 치면 유아들 변기나 다름없다. 그냥 똥통일 뿐인데. 이뿐이랴, 아내와 잠자는 것도 통제받는다. 이것을 왕실의 법도라고 한다. 1년 365일 누가 내 뒤를 졸졸 따라다닌다. "전하, 이리저리 하셔야 되옵니다." 말은 극존칭을 한다. 결국 "이래라저래라."이다. 속박투성이다. 상상만 해도 끔찍하다. 왕은 얼마나 답답했을까? 이 모든 것을 통제받는 대가로 왕 노릇을 하는 것은 아닐지. 왕 노릇의 대가로 이 정도면 양호한 편인가?

궁의 법도에 비하면 우리 집은 천국이다. 아니 지상낙원이다. 지나친 비약이라는 것을 안다. 구구절절 늘어놓은 이유가 있다. 인간은 집단사회를 이루고 산다. 함께 살아도 혼자 사는 것처럼 편하게 살려면 지킬 것을 지켜야 내가 편하게 살 수 있다.

이런 법을 제정해서 공포하면 어떨까?

'민법 2조 2항. 양말을 아무 데나 벗어 두면 벌점 5점에 범칙금 5만 원, 3회 위반 시 가정에서 격리하여 1개월 여관생활에 처한다. 단속 권한은 주부에게 있다.'

많은 주부들이 좋아할까? 남자들이 좋아할까? 어떤 이는 재미있겠다고 할 수도 있다. 이 얼마나 삭막할까. 법으로 만들지 않는 것이 좋다. 공동체를 위해서도 법 없이도 잘 돌아가는 곳이 좋다. 스스로를 위해서도 좋다. 그것이 함께하기 위해서 하는 소소한 일들이다.

아내를 위해서 양말 통에 넣는 것이 아니라, 나를 위해서 하려고 노력한다. 제법 습관이 되어 간다. 습관은 같은 행위를 수도 없이 반복하면 생긴다고 했다. 작은 것부터 조금만 신경 써 보자. 노력해 보자. 부끄럽지만 20여 년 넘게 걸린 것 같다. 작은 것을 했는데 사랑소리가 확 줄어든다. 집에 웃음꽃이 핀다. 이것이 편하게 사는 소소한 행복이려니 한다.

결혼 전에 혼자 자취를 했다. 7년쯤 된다. 퇴근하고 집에 들어갈 때 깜깜한 방에 들어가서 불을 켜는 것이 싫었다. 아이들은 독립했다. 아내와 맞벌이를 한다. 내가 먼저 퇴근해서 집에 들어와서 불을 켤 때는 아주 가끔 옛 생각이 난다. 그러나 차원이 다르다. 조금 있으면 사랑하는 아내도 퇴근한다. 때때로 미처 치우지 못해 어지러운 집안을 보고 아내가 찡그릴 때도 있다. 그래도 사랑스럽다. 그래도 내가 안 하면 치워 주기도 한다. 겸연쩍은 미소로 화답하고 치우면 된다.

한 달에 몇 번 아이들도 온다. 소소한 할 일이 많아진다. 귀찮을 때도 있다. 그 뒤에 찾아오는 기쁨이 더 크다. 나는 혼자 살고 싶지 않다. 혼자 살면서 얻는 편함보다 함께하는 행복을 누리기로 했다. 앞으로도 그러고 싶다. 선택은 각자의 몫이다. 어떤 선택을 하든 그 자체가 현명한 선택이었으면 좋겠다. 행복한 삶으로 귀결되었으면 한다.

3. 유행인가, 사회적 문제인가

유행의 사전적 의미를 짚어 보자. 두 가지로 나온다. 하나는 '전염병이 널리 퍼져 돌아다님'이다. 하나는 '특정한 행동 양식이나 사상 따위가 일시적으로 많은 사람의 추종을 받아서 널리 퍼짐 또는 그런 사회적 동조 현상이나 경향'이라고 나온다. 우리는 전염병을 싫어한다. 엄청난 결과 때문이다. 옛날에는 한 고을이 몰살하기도 했다. 지금 최첨단 과학의 시대에도 무시무시한 위력을 발휘한다. 사스, 조류독감, 신종플루 등 다양한 전염병은 인간을 옴짝달싹 못 하게 한다. 격리수용도 한다. 사람 많은 곳을 피하게 한다. 대규모 행사도 못 하게 한다. 계획된 행사조차 취소한다. 대부분 관련한 산업들이 엄청난 타격을 받는다. 아이러니컬하게도 일부는 특수를 누리기도 한다. 기쁨을 표시하지는 못한다. 소수이기도 하지만 많은 피해자들을 배려하지 않을 수 없다. 100% 경험이다. 신종플루가 번질 때 많은 강의가 취소되기도 했었다. 서울 금천구보건소에서 관내 경로당을 순회하는 신종플루 예방교육을 했다. 메인 강사로 참여하였다. 취소된 일정의 3배 정도는 더 많이 했다.

졸혼을 처음으로 언급한 사람은 일본의 '스기야마 유미코'라는 작가다. '졸혼시대'라는 책을 세상에 내놓으면서 퍼지게 된 신조어다. 처음부터 꼼꼼히 읽었다. 지금 우리나라에서 유행하고 있는 졸혼과는 사뭇 다르다. 우리에게는 '노후에 서로 간섭하지 않고 편하게 사는 것'으로 인식되어 있다. 특히 우리 전통문화는 가부장적이다. 아내가 남편을 받들며 살았다. 그래서 남편 신경 쓰지 않고 편하게 사는 것이 졸혼이라고 생각하는 아내들이 대부분이다. 『졸혼시대』의 어느 부분에서도 그렇게 느껴지는 부분은 없었다. '서로를 존중하며, 각자의 역량을 충분히 발휘할 수 있도록 도와주고, 독립성을 인정하고 존중하는 삶을 살자.' 하는 것으로 느꼈다. 배우자를 존중하고, 도와주는 졸혼이라면 얼마든지 찬성이다. 사랑이 바탕이 되지 않으면 그런 삶은 없다.

우리 사회에 유행하는 졸혼은 그저 귀찮게 하지 말고 편하게 살자는 풍조다. 상대방을 배려하고 존중하는 부분은 거의 없다. 우리 속담에 '소 닭 보듯 한다.'라는 말이 있다. 현재 유행하고 있는 졸혼은 '한집에 살면서 소 닭 보듯이 사는 것'이라고 정의

하고 싶다. 이 책에서 말하는 졸혼은 '서로 귀찮게 하지 말자. 나만 편하게 살면 되지.'라는 뜻으로 한정해서 쓰겠다. 스기야마 유미코가 말한 서로 존중하는 졸혼의 의미가 아님을 밝혀 둔다.

유행도 유행 나름이다. 좋은 영향을 주는 유행도 많다. 요즘은 남편들이 일찍 귀가하여 집안일을 함께한다. 이런 유행이라면 얼마든지 좋다. 졸혼도 유행이라고 본다. 나쁜 영향을 주는 것이 문제다. 이런 유행은 고착화되지 않았으면 좋겠다. 일시적으로 지나가는 유행에 그쳐야 바람직하다. 머지않아 우리나라도 고령사회가 된다. 현재도 독거노인의 고독 문제는 심각하다. 고독 또는 고독사 때문에 정부에서 어마어마한 재정을 투자하고 있다. 부부가 함께 사는데도 고독함을 느낀다면 어떻게 해결해야 하나? 고령사회가 되면 심각한 사회문제가 된다. 바람직하지 못한 사회현상이라는 생각이다. 전염병이라고 해도 좋다. 전염병은 예방이 상책이다. 예방주사 한 방으로 해결할 수 없다. 예방주사가 있다면 얼마나 좋을까. 유일한 대책은 졸혼까지 가지 않게 해야 한다. 중년 이후에 서로 아끼며 살면 된다.

배려는 상대방 중심으로 생각하고 행동하는 것이다. 다른 것을 틀리다고 보는 것이 문제다. 남녀가 서로 다른 점에 대한 이해가 필요하다. 본성의 차이를 알아야 한다. 차이를 알면 배려와 존중이 쉽다.

4. 짚고 넘어가야 할 문제

　지금 우리나라에서 사회적 흐름으로 받아들이는 졸혼은 주로 중년 이후에 나타나는 현상이다. 중년이 지나면 곧 노년기가 된다. 흔히 황혼이라고도 한다. 젊은 시절에 없었던 고통이 생긴다. 4대 고통이라고 한다. 질병, 고독감, 경제적 빈곤, 역할 상실이다. 세계적인 현상이다. 우리만의 걱정은 아니다. 다만 우리나라가 유독 더 심하게 겪고 있다. OECD 회원국 중 우리나라가 노인 빈곤율 1위, 자살률 1위이다. 그 주요 원인이 빈곤과 고독감이다. 한 번쯤 심각하게 생각해 볼 일이다. 급속한 발전의 후유증이라고 하기에는 너무 안타깝다.

　세계 10위권을 넘보는 경제대국이 되어 있는데, 경제적 빈곤이 심하다. 아이러니컬하다. 선진국이 200~300년 걸려서 이루어 온 성장이다. 우리는 그것을 50~60년 만에 이룬 쾌거였다.

지금의 중년과 노년층이 앞만 보고 달려온 열매다. 고도성장을 할 당시에는 대부분 70세 전후에 사망에 이른다. 자식 공부시키고, 결혼시키고, 5~10년만 더 살면 된다. 남은 재산은 겨우 집 한 채 정도다. 약간의 저축과 퇴직금, 연금, 남은 재산으로 그럭저럭 사는 데 큰 지장은 없었다. 아뿔싸! 100세 시대가 되었다. 요즘 장례식장에 가 보면 80은 기본으로 넘는다. 90을 넘기는 분이 허다하다. 통계청 자료에 의하면 2017년 말 현재 우리나라의 100세 이상이신 분이 3,908명이다. 미국에서는 2015년에 태어난 아기는 140세를 넘긴다고 예측한다. 생각도 못했던 일이 벌어졌다. 첨단과학의 발달로 지금의 예측을 능가할 게 분명하다. 실천주의 건강교육강사라는 직업을 떠나서 기대된다. 건강하게 오래 살 수 있다는 것은 매우 바람직한 일이다.

심각한 오류가 생겼다. 1970년대 평균수명은 61.9세이었다. 퇴직 후 10년 남짓만 살 계획을 잡으면 됐다. 이제는 20~30년 이상을 더 살아야 한다. 아무도 예상하지 못했다. 당연히 노후대책을 하지 못할 수밖에 없다. 10년 먹을 양식으로 30년을 나눠 먹어야 한다. 부자가 되었는데 가난하게 살아야 한다. 노부모의 부양에 대한 의식조사에 따르면, 1998년에는 노인을 '가족이 부양해야 한다.'가 89.9%이었다. 2016년에 '사회적 부양'이 45.5%, '가족부양'이 30.8%로 바뀌었다. 희망사항이 바뀌었다. 사회적 부양이 가능하려면 부담이 늘어야 한다. 아직 완전한 사회적 공감대도 형성되어 있지 않은 것 같다. 복지선진국처럼 국가가 책임져 줄 여력도 준비되지 못했다. 온갖 지혜를 짜내야 한다. 우리 모두의 공통 과제다. 정책도 사회적 분위기도 그 방향으로 가고 있다. 충분히 해낼 수 있다고 믿는다. 한강의 기적을 이루어 낸 저력이 있으니까.

경제적 문제보다 더 심각한 문제가 있다. 고독이다. 고독사로 이어지는 경우가 많다. 자녀의 분가, 사별, 이혼 등 사유가 분명한 경우는 이해가 된다. 졸혼은 어떨까? 한집에는 산다. 독거는 아니다. 사실상은 독거나 다름없다. 어쩌면 더 외로울지도 모른다. 차라리 독거노인이면 정부나 자방자치단체, 사회단체 등으로부터 지원이라도 받는다.

독거노인을 위한 좋은 프로그램의 예를 보자. '노인돌봄기본서비스사업'이 있다. 전문적인 교육을 받은 '독거노인생활관리사'가 주 1회 방문, 전화 통화 2회를 기본 서비스로 한다. 말벗도 되어 드리고, 안부를 묻고, 필요한 것을 체크하여 도와 드리고, 약간의 건강음료를 갖다 드리기도 한다. 이런 활동을 일지로 작성하여 관리한다. 생활관리사의 소양이나 능력에 따라 질좋은 서비스 혜택을 누릴 수 있다. 이 서비스의 대상은 혼자 사는 노인이다. 자식들이 있어도 거의 찾아오지 않는다거나 이웃과의 왕래가 거의 없는 경우도 해당이 된다. 실질적인 독거 상태여야 한다. 이 외에도 다양한 프로그램들을 운영한다. 장수대학, 노인대학, 취미교실, 자서전쓰기 등등 노인의 고독문제를 해결하기 위한 노력을 경주하고 있다. 문제는 적극적인 참여를 해야 한다는 것이다. 노후 40년이 외롭지 않으려면.

부부가 함께 살지만 뒷방 늙은이가 되어 버린 할아버지는 어떨까? 아내가 졸혼까지 선언했다면, 가끔씩 오는 자식들도 인사만 하고 엄마하고만 이야기를 한다. 젊을 때 열심히 일하느라 아이들과 놀아 주지도 못했다. 이야기를 잘할 줄도 모른다. 안 해 봤으니 잘하지 못하는 것은 당연하다. 할 말은 있다. 가끔 대화에 끼어들어도 잔소리가 대부분이다. 자녀들이 싫어한다. 열심히 일한 당신을 인정해 주지 않는다. 아버지의 헌신적인 모습을 잊은 지 오래다. 농경사회에서는 직접 일하는 모습을 보기라도 했다. 지금은 직장에서 얼마나 힘들게 일하는지 보지도 못한다. 인간의 간사함이 현재의 모습만으로 판단한다. 눈으로 본 것만 믿는다. 집안에 사람의 왕래는 있다. 그런데 외롭다. 자괴감까지 들지 않을까? 차라리 혼자 산다면 기대라도 하지 않을 텐데…….

최근 하버드대학교의 75년간 724명의 남성을 대상으로 추적 연구한 "성인발달연구"에 따르면,

1. 좋은 관계가 우리를 건강하고 행복하게 만든다.
2. 관계의 질이 무엇보다 중요하다.
   - 친구의 수가 많은가, 안정적이고 공인된 관계를 갖고 있는가
     가 아니라
   - 50세에 관계만족도가 가장 높았던 사람들이 80세에 가장 건
     강했다.
   - 배우자 만족도가 높았던 남녀 80대는 신체적인 고통이 심한
     날에도 마음은 행복하다.
3. 좋은 관계는 몸뿐만 아니라 뇌도 보호해 준다.
   - 애착으로 연결된 관계를 가진 80대가 더 건강하다.
   - 힘들 때 의지가 되어 줄 거라고 믿는 사람이 기억력이 더 선
     명하고 오래간다.
   - 부부가 다퉜지만 힘들 때 서로 의지가 되어 줄 거라고 믿는
     한 기억력에 타격이 없다.

이 연구팀의 4대 팀장인 로버트 웰딩어 교수는 다음과 같은 결론을 내렸다.

"은퇴 후 가장 행복했던 사람들은 직장동료와 친구가 되려고 적극적으로 노력했던 사람들이다."라고. 이 발표를 보면서 한 가지 생각한 점이 있다. 친구도 중요하지만 뭐니 뭐니 해도 가족이 최고구나. "자식보다 등 긁어 줄 수 있는 배우자가 있어야 한다."라는 말이 실감난다.

멀리서 찾을 것이 없다.

54년째 함께하시는 장인 장모님을 보면 안다. 가끔씩 뵙지만 뵐 때마다 사소한 의견 충돌이 있으시다. 흔히 하는 말로 토닥거리신다. 목소리도 크다. 옆에서 보면 부부싸움이다. 정작 두

분은 일상의 대화다.

　장모: "찌개가 와 이리 짭노."

　장인: "소금 털어 넣을 때 알아봤다."

　장모: "시끄럽데이. 물 더 부으면 되지."

　장인: "그러면 그게 찌개가? 국이지."

　장모: "국이면 어떻고, 찌개면 어떻노."

　장인: "저런, 저런……" 하고 웃고 마신다.

　사위인 나도 옆에서 빙그레 웃는다. 때론 한 수 거든다. "맛만 좋으면 된다."라고. 아내랑 가끔 이야기한다. "두 분이 함께 계셔서 다행이고, 고맙다."라고. 혼자 가끔 생각해 본다. 두 분이 혼자되셨다면 어떤 모습일까? 함께 계시니 어떻게 되실까 걱정하지 않아도 된다. 아니 절반만 해도 된다. 고맙고 또 고마운 일이다.

　영화 <나부야 나부야>의 한 장면을 보자. 78년을 함께 살며 한날한시에 눈을 감는 것이 소원이었던 부부의 대화다. 우리 옆에 이런 분들을 흔히 볼 수 있다.

　김순규 할머니: "영감, 둘이서 건강하게 오래 살다가 같이 갑시다."

　이종수 할아버지: "오래오래 사세."

　(중략)

　할아버지: "화개에 꽃피면 할멈이랑 나하고 놀러 가세."

할머니: "우리 둘이 가면 좋아."

할아버지: "좋아."

(손을 꼭 잡으시고 마주 보고 미소 지으신다.)

영화 마지막에 할아버지의 독백이 많은 생각을 하게 한다.

"젊어서 그럭저럭 지냈는데, 나이가 먹을수록 정이 두터워지고, 자기 없으면 나 못 살고, 나 없으면 자기 못 살고 그런 마음으로 살지."

"요즘은 엊그제 결혼했다가 서로 안 맞는다고 헤어지고 그렇게 하면 되는가?"

고 이종수 할아버지께서 졸혼이 유행한다는 소리를 들으셨다면 뭐라고 하셨을까?

"졸혼, 무슨 개 풀 뜯어 먹는 소리를 하는가?" 아니면

"귀신 씻나락 까먹는 소리 하지 마라."

"부부는 서로 다른 사람이 만나 맞춰 가면서 사는 것인데……"라고 하시지 않았을까 추측해 본다.

78년을 함께하신 두 분은 "고독"이라는 단어를 아실까? 1시간의 영화에 대화도 별로 없다. 그런데 찡하다. 먹먹하다. 과연 우리 부부는 저렇게 늙어 갈 수 있을까? 아내의 무릎을 베게 삼아 그렇게 우리의 미래를 그려 본다.

『톰 소여의 모험』을 쓴 작가 '마크 트웨인'이 한 말이 생각난다.

"시간이 없다. 인생이 짧기에,
다투고, 사과하고, 가슴앓이하고,
해명을 요구할 시간이 없다.
오직 사랑할 시간만이 있을 뿐이며,
그것은 말하자면 한순간이다."

'엎친 데 덮친다.'라는 속담이 있다. 빈곤과 고독이 겹치면 더 심각한 문제다. "둘 중 어느 것이 더 심각하겠느냐?"라고 묻는다면 "고독"이 더 큰 문제일 것 같다. 졸혼이 해결책은 아니다. 빈곤이야 사회적 도움으로 해결할 가능성이라도 높지만, 고독은 쉽지 않을 것 같다. 좋은 관계를 위한 노력은 행복의 필수 영양소다.

5. 내 자식도 졸혼을 한다면

문명의 발달로 인간의 삶이 편리해졌다. 윤택하기까지 하다. 인간은 더 좋은 것을 추구한다. 끝없는 욕망의 덩어리라 아니 할 수 없다. 인간은 지구에 산다. 지구를 떠나서 살 수 없다. 미래에는 어떨지 모른다. 지구의 한정된 자원을 이용해야 한다. 자연의 질서를 파괴하지 않으면서. 그런데 현재의 상황은 어떤가? 자연의 질서는 파괴되고 있다. 결과로 '지구의 온난화'로 심각한 생태계의 변화가 일어나고 있다. 급기야 후손을 걱정하기에 이르렀다.

'미래 세대의 욕구를 충족시킬 수 있는 능력을 저해하지 않으면서 현재 세대의 욕구를 충족시키는 발전을 해야 한다.' 하는 목표로 "지속 가능한 성장"이라는 용어가 나왔다. 주로 지구 환경변화와 관련하여 쓰이는 말이다. 인간의 끝없는 욕망 때문에 생긴 일이다. 지금의 만족을 위해 환경파괴를 자행한다. 미래를 내다보지 않는 무분별한 성장을 추구한다. 그 뒤안길에서 미래를 걱정하는 무리들의 소리는 묻힌다. 막을 수가 없다.

지금의 성장도 중요하지만 지속 가능해야 의미가 더 크다. 후손들에게 죄를 짓는 일인지도 모른다. 아니 당장 함께 살고 있는 우리에게 피해를 주고 있는 것도 사실이다. 한쪽에서는 성장을 위한 파괴를 한다. 상대 쪽에서는 반대도 하고, 보호를 한답시고 어마어마한 노력과 에너지를 쏟는다. 파괴자들이 벌어서 내는 세금으로 그 비용을 충당한다. 아이러니컬하다. 악순환의 연속이다. 이 와중에도 얻은 것은 있다. 지각하는 사람들이 많이 늘어나고 있다는 사실이다. 다행이다. 그러나 그들은 힘이 없다. 지속 가능한 성장이 어려운 이유다.

부부의 사랑에도 적용해 보면 어떨까? 백년해로할 수 있는 사랑, 후손들에게 귀감이 되는 지속 가능한 사랑을 해야 한다. 완벽할 수는 없다. 서로의 희생과 봉사가 뒷받침이 되어야 가능하다. 30~40년 가족을 부양하느라 고생한 공은 온데간데없는 선택, 자식들을 배려하지 않는 짓, 나만 편하자고 상대를 배려하지 않는 졸혼. 유행이라고 하지만 생각해 볼 점이 참 많다.

안타깝게도 우리 사회는 졸혼을 받아들이는 분위기로 가고 있다. 더 나은 삶을 위하여 약간의 환경파괴는 인정하는 것처럼. 어쩌면 약간이 아닐지 모른다. 옛말에 '가랑비에 옷 젖는다', '낙수가 바위를 뚫는다.'라고 했다. 특히 인간관계는 조금씩 금이 가기 시작하면 돌이키기가 어려운 법이다.

'부부싸움은 칼로 물 베기'라고 한다. 세게 치면 물이 점점 튀어 나간다. 나중에는 목욕탕 안에서 알몸으로 난투극을 벌일 수도 있다. 이런 황혼이 되고 싶지는 않다. 소 닭 보듯이 사는 졸혼보다 깨끗한 이혼이 나을지도 모른다. 지금 상처는 크겠지만 아물면 되니까. 이혼을 못 한다면 "졸혼"보다는 "행혼(幸婚)"을 선택하자. 부부가 함께 승리로, 행복으로 갈무리하는 결혼이다. 자녀들도 존경할 것이 분명하다. 영화 <님아, 그 강을 건너지 마오>(2014), <나부야 나부야>(2018)처럼.

자녀 둘을 모두 출가시킨 결혼 35년 차 부부가 부모님께 찾아왔다. 결혼 60년 차에 90이 넘은 부모님이시다.
며느리: "어머니, 아버지, 저희 부부 이제는 이혼하겠습니다."
아버지: "뭐야, 황천길 코앞에 둔 90 넘은 부모 앞에서 무슨 소리를 하는 거야. 이유나 들어 보자."
며느리: "아범이 저를 너무 귀찮게 해서 도저히 못살겠습니다."
아버지: "구체적으로 얘기해 봐라."

며느리: "하루에 밥 세 끼 집에서 꼬박꼬박 챙겨 줘야 되지요. 담배 끊더니 간식까지 챙겨 달라고 합니다. 아주 귀찮아 죽겠습니다. 외출도 마음대로 못 하고."

어머니: "아이쿠, 큰애야. 어지간하면 그냥 살아라. 나도 그 짓을 60년이나 하고 살았다. 지금도 이렇게 잘살고 있잖아."

아들: "어머니, 따끔하게 혼내 주세요."

며느리: "당신은 가만히 있어요."

아버지: "으흠! 으흠!"

어머니: "불쌍한 내 새끼 어여삐 여기고 그냥 잘 데리고 살아라. 응?" (눈물 바람)

아버지: "쓸데없는 소리 하려거든 가라. 다시는 오지 마라."

부부: "…… 안녕히 계십시오."

부모: "안녕은 무슨……."

일주일 뒤 다시 찾아온다.

며느리: "그러면 어머니, 졸혼이라도 하겠습니다."

아버지: "뭐 졸혼, 졸혼이 뭐고?"

며느리: "한집에 살면서 소 닭 보듯이 사는 겁니다. 아버님."

어머니: "졸혼이 뭔지는 모르겠지만 한집에는 산다는 말이지?"

며느리: "네. 어머님."

어머니: "밥은? 빨래는?"

며느리: "그건 제가 다 해 놓으면 아범이 챙겨 먹겠죠."

아버지: "으흠! 으흠!"

어머니: "밥은 어미가 해 준다는 말이지?"

며느리: "네. 어머니."

어머니: "졸혼이 뭔지는 모르겠지만, 한집에 살고, 밥은 해
　　　　준다고 하니 됐다. 이혼은 아니지?"

며느리: "네. 어머니."

어머니: "알았다. 영감, 애비 밥은 해 준다고 하니 지들 마음
　　　　대로 하게 내버려 둡시다."

아버지: "모르겠다. 젊고 똑똑한 너희들이 알아서 해라."

아들: "엄마, 아버지, 이러시면 안 되는데……."

아버지: "꼴도 보기 싫다. 가거라." "달랑 35년 살아 놓고 뭔
　　　　이혼 이야기를 하느냐."

　　　　"졸혼인지 나발인지 알아서 해라."

부부: "……." 방을 나온다.

상상해 봤는가? 이런 모습을. 노부부의 심정은 어떨까? 나라면?
물론 옛날과 지금은 다르다. 그래서 더 현명해져야 한다. 배
운 것도 많은 우리가 더 잘해야 하지 않을까? 청춘대학 등 노년
층을 위한 프로그램이 많다. 찾아서 잘 이용하면 배우자를 귀
찮게 하지 않을 수 있다. 얼마든지 많다. 정부나 지자체, 각종
사회단체에서 많은 프로그램을 개발하여 보급하고 있다. 정작

당사자들은 찾아보는 노력도 안 하는 사람이 많다. 특히 남성들이 더 심하다. 당장 가까운 집안 어른들께 말씀드려도 남녀가 받아들이는 차이가 분명하다. 건강교육강사로서 20여 년을 어르신들을 만나 보면서 느낀 점이다. 아쉽기 그지없다. 준비는 되어 가고 있는데 이용하는 사람은 극소수다. 그런 이유는 뒤에서 언급하겠다.

　문득 10여 년 전 경로당에서 강의할 때의 기억이 난다. 경로당에 건강강의를 하려고 11시에 도착했다. 20여 분의 할머니들이 계셨다.

　90대 할머니: "강사 양반, 몇 시에 "마치능교?"(마칩니까? 의 경상도 사투리)"

　나: "네. 12시에 마칩니다. 왜요?"

　90대 할머니: "영감 밥 차려 주러 가야 된다."

　나: "알겠습니다. 어쩌고저쩌고 60분을 했다." 마쳤다.

　90대 할머니: "이제 가도 "되능교?"(됩니까? 의 경상도 사투리)

　나: "네. 어머니, 조심히 가시고 영감님 잘 챙기세요."

　90대 할머니: "지랄하고 다른 영감들은 다 죽고 없는데, 나만 영감이 살아 있어서 90이 넘도록 밥이나 차려 주러 가야 된다. 귀찮아 죽겠네."

하고 나가셨다. 잠시 후

　70대 중반 할머니: "나는 그런 영감이라도 있었으면 좋겠다."

(중얼중얼) (사별한 지 6개월 됨.)

2~3분간 정적이 흘렀다. 즉흥적인 상황정리를 잘하는 편인데 무슨 말을 해야 할지 몰랐다. 모두 눈만 껌벅이고 있었다.

그날 집에 돌아오면서 많은 생각을 했다. 당시에 이제 갓 20년 차가 되는 우리 부부는 어떤가? 사별하면 애틋해할까? 오래 살면 귀찮아할까? 30년 차가 다가오지만 아직도 그 답은 찾을 수가 없었다. 다만 서로가 애틋해하였으면 좋겠다는 희망만은 분명히 가지고 있었다.

또 하나 얻은 것이 있다. 귀찮아 죽겠다고 구시렁거리며 나가시는 할머니의 생명유지의 끈은 무엇일까? 바로 귀찮게 하는 할아버지셨다. 할아버지가 안 계셨다면 어떨까? 귀찮은 일은 대폭 줄겠지. 반대로 집에 가면 이야기할 사람도 없다. 외롭다. 할 일이 없다. 그냥 죽는 날까지 멍하니 시간만 보내는 삶이 되지 않을까? 70대 중반 할머니에게서 진한 외로움이 묻어났다. 90대 할머니는 외로워 보이지는 않았다. 무엇이 좋다, 나쁘다를 말하기는 어렵다.

다만 인간은 사회적 동물이다. 누군가와 함께 있을 때 삶의 의미가 더 크다는 것은 분명하다. 관점을 바꿔서 보면 다르게 보이는 것이 많다는 것을 느꼈다. 지속 가능한 사랑 정말 어렵다. 그러나 성공해야 한다. 그래야 가정이 산다. 가정이 살아야 사회가 살고 나라가 산다. 지구가 산다.

부부의 사랑도 자식사랑도 "지속 가능한 사랑"을 해야 한다고 본다. 방식은 모두가 다를 것이다. 각양각색의 지속 가능한 사랑이 꽃피는 그날까지 함께 노력해 보자.

2장

⋮

부부의 의미

1. 가족이란 무엇인가

한집에 사는 사람, 한솥밥 먹는 사람, 한 울타리에 사는 사람. 다양하게 표현한다. 적어도 두 사람 이상이 같이 사는 경우를 말한다. 보통은 혈연으로 맺어진다. 결혼을 하고, 자식이 생겨 가족을 이루는 것이 일반적이다. 대체로 부부를 중심으로 이루어진다. 시대의 변함에 따라 꼭 혈연으로만 이루어지는 것은 아니다. 부부의 이혼, 사별, 별거 등으로 인해 부부가 중심에서 벗어나는 경우도 많다. 주거형태는 더 다양하다. 가족이지만 직장 때문에 한집에 살지 않는 경우도 많다. 여기서는 사전적 의미나 법적 정의보다 부부를 중심에 두고 이야기하고 싶다.

범위부터 구분해 보자. 휴대폰 연락처에 '가족'이라는 카테고리에 저장해 둔 사람들. '지금 이 글을 쓰려고 보니 참 애매하다. 누구까지가 가족일까? 한 분씩 열어 보자.

장인, 장모님: 떠올리기만 해도 먹먹하다. 해 드린 것보다 받은 게 너무 많아서. 생전에 다 갚을 수 있을까? 못할지도 모른다. 늘 이런 마음은 가지고 있다. 행복하게 열심히 살아가는 모습을 보여 드리는 것도 일종의 보답이라고.

형님 부부: 옛말에 맏이는 부모 대신이라고 했던가. 그냥 미안하고, 고맙고, 든든하고, 때론 안쓰럽기도 하다.

그 외 큰조카 둘과 조카사위, 누님 내외와 조카 둘과 조카사위, 동생 내외와 조카 둘, 큰 처제 부부와 조카, 작은 처제 부부와 조카, 처남 부부와 조카 둘까지 30명이 가족으로 묶여 있다. 누가 시켜서도 아니다. 그냥 가족으로 묶어 두고 싶어서였다. 아주 최근에 한 명 더 늘었다. 사위다. 조카 둘은 시집을 갔다. 가족에서 빼야 하나? 조카사위 둘은 '가족' 카테고리에 저장해 두지 않았다. 가족이 많으면 좋을 것 같아 범위를 넓게 두고 있다.

우리 다섯 식구로 돌아와 보자. 아내와 딸, 아들 그리고 사위. 작년에 딸이 결혼을 해서 하나 더 늘었다. 딸의 선택으로 얻은 가족이다. 가족은 나의 희망이었다. 어려움을 극복하게 한 버팀목이었다. 내 삶의 보람이었다. 앞으로도 삶의 의미를 가득 채워 줄 소중한 사람들이다. 특히 아내는 더 그렇다.

1986년 가을에 한 여인을 만났다. 꼬집어 어디에 끌렸는지는 모르겠다. 암튼 끌렸다. 약 4년의 사귐을 거쳤다. 프러포즈를 했고, 1990년 9월 23일 비 오는 초가을에 웨딩마치를 울렸다. 2박 3일 신혼여행 내내 비가 왔다. 어른들께서 이렇게 말씀하셨다.

"결혼식 날 비가 오면 잘산다."라고.

위로의 말이라는 것을 잘 안다. 기분이 나쁘지는 않았다. 비가 와서인지 이듬해 예쁜 공주를 얻었다. 5년 뒤 둘째인 아들이 태어났다. 결혼 직전에 오픈한 학원을 운영하며 평범한 행복을 누리는 가정이었다.

반전이 없으면 인생이 재미가 없는 것일까?

1996년 말에 무리해서 학원을 확장했다. 누구나 그렇듯 장밋빛 청사진은 있었다. 1997년 금융위기(IMF 사태)가 닥쳤다. 반토막 나는 수강생 숫자에 휘청했다. 오르는 금리와 줄지 않는 건물 임차료는 치명타였다. 문을 닫았다. 쓰라린 20년의 서막이 올랐다. 집안에 웃음이 사라지기 시작했다.

몇 군데 은행과 카드회사에서 걸려 오는 전화를 피하기 바빴다. 거짓말과 핑계로 일관했다. 가까운 친인척과 친구에게도 신세를 졌다. 돈을 구할 방법이 없었다. 더 빌릴 수가 없었다. 아니 돈을 구할 수가 없는 것이 아니었다. 갚을 대책이 없었다. 나이는 30대 후반에 할 수 있는 일이라고는 운전뿐이었다. 고졸에 기술도 없다. 학원 외에는 경력도 없다. 막막했다. 집도 이사를 했다. 전세에서 월세로, 도심에서 시골집으로(아는 사람 집을 아주 싸게). 지인의 소개로 학원버스를 운전하는 일을 했다. 새벽에 우유배달 아르바이트도 했다. 아내도 작은 철물점에 경리로 취직해서 생활비를 보탰다. 네 식구 생활비도 모자랐다. 빌린 돈은 갚을 엄두도 내지 못했다.

가장으로서 너무 괴로웠다. 거의 매일 소주 1병씩을 마셨다. 집에서 마셨으니 아이들에게 좋은 모습이 아니었다. 지금 와서 생각하면 가장 후회되는 일 중의 하나다. 금융기관 부채는 밀리고 밀려 결국 신용회복위원회 지원 신청을 하게 되었다. 독촉에서 벗어나니 스트레스는 한결 덜 받았다. 이 모든 것은 현명하지 못한 내 선택의 결과물이었다. 그때로 다시 돌아간다면 같은 결과를 내지는 않을 것 같기는 하다.

아내는 단 한 번도 내 탓을 하지 않았다. 미안했다. 눈물 나도록 고맙다. 지금도 장거리 강의를 하고 돌아오는 길에 자주 듣는 노래가 있다. 이선희의 <인연>과 <그중에 그대를 만나>이다. 차를 갓길에 세워야 할 만큼 눈물이 쏟아질 때가 많다. 그래도 듣는다. 사랑하는 아내를 생각하면서.

한 줄기 빛이 생겼다. 2000년 12월경 우연한 기회에 "과학적 식이요법" 프로그램을 접하게 되었다. 당시 내 몸은 88kg의 체중에 고혈압, 당뇨병, 협심증 증세가 있었다. 가끔씩 가슴통증과 계단을 오를 때 숨이 차올랐다. 심각한 상태였다. 내 몸을 마루타로 써 볼 수 있는 기회였다. 채소 속의 파이토케미컬을 이용하는 안전한 방법이었다. 효과는 3개월 만에 확실히 느낄 수 있었다. 천만다행이었다. 우리의 먹거리 문화가 잘못되었다는 것도 알았다. 이 일로 새로운 돌파구를 찾기로 했다. 난제였다. 식이요법은 요리를 가르쳐야 하는 일이다. 환자의 가정에 방문해서 하는 일이다. 남자로서 하기가 만만치 않았다. 고민을 많이 했다. 이 일을 어떻게 할까? 답을 찾았다. 요리를 가르치는 '식이요법지도사'가 아니라 '건강교육강사'로 나서 보기로 했다. 강의는 자신 있었다. 15년의 학원 강의 경력이 있다. 나름 '강의를 재미있게 한다.'라는 소리도 들었다.

새로운 꿈이 생겼다. 사람에게 꿈이 있다는 것은 매우 중요함을 느꼈다. '우리 아이가 달라졌어요.'가 아니라 '내가 달라졌다.'였다. 새로운 꿈은 생겼지만 미지의 세계를 개척하는 것이 얼마나 힘들다는 것은 나중에야 알았다. 의사나 교수님들 강의는 내용은 좋다. 그러나 어려웠다. 실천보다는 이론 중심이었다. '강의는 의사보다 쉽고 재미있게 잘할 수 있겠다.' 하는 자신감 하나로 출발했다. 지금 생각해 보면 무모하기 짝이 없었다. '고졸'로 상고생을 대상으로 '부기'를 가르치던 사람이 '건강교육'을 한다는 것, 계란으로 바위 치기였다. 누가 봐도 무모한 도전이었다. 쌍수를 들고 말리는 친구들도 있었다. 첩첩산중이었다. 어마어마한 공부를 해야 했다. 의학정보, 건강지식, 영양학, 요리법 등 한두 가지가 아니었다. 묵묵히 했다. 남들이 10년 걸리면 나는 20년 걸려도 하면 되지. 유일한 희망이었다. 눈빛만은 살아 있었다. 돈을 벌기보다는 쓰는 게 더 많았다. 새로운 공부를 하자니 교육비, 책값, 교통비 등등 만만치 않게 들었다. 중간중간 고비도 많았다. 포기할까도 생각했다. 버팀목은 아내였다. 그렇게 20년 가까이를 믿어 주었다. 말없이. 그 맹목적인 믿음이 없었다면 오늘의 내가 있었을까? 생각할 때마다 가슴이 먹먹해진다.

몇 번 아내와 이런 대화를 한 기억이 난다.

나: "너무 힘든데 막노동할까?"

아내: "자기가 하고 싶은 일을 했으면 좋겠어."

나: "당신도 힘들고, 아이들 교육도 시켜야 되는데 내가 언제 돈을 많이 벌지도 모르겠어."

　　"우리 집은 언제 사고."

아내: "나도 돈을 많이 벌어오는 것이 좋겠지만, 막노동하는 사람들 보면 일당은 많이 받는 것 같은데, 일이 없는 날도 많고, 나이 들면 할 수도 없고 혹시 다치기라도 하면 큰일이잖아. 당신이 잘할 수 있는 일이 있는데 억지로 하는 모습은 보고 싶지 않아."

나: "……."

아내: "내 집 없어도 괜찮아. 당신 하고 싶은 일 해서 늦게라
도 성공하면 되잖아."

나: "……." 눈만 껌뻑껌뻑했다.

아내: "당신은 강의할 때 가장 빛나고, 살아 있는 것 같아."
"당신 잘할 수 있잖아."

나: "그래. 꼭 성공할게." (치밀어 오르는 뜨거움을 삼켰다.)

지금 생각해도 아내는 무슨 마음으로 그렇게 믿어 주고 응원
해 주었는지 이해가 안 된다. 그래서 맹목적인 믿음이라고 말
한다.

2014년 대학에 입학했다. 아내는 50이 넘은 남편을 뒷바라지
하는 학부형이 되었다. 기꺼이 불평 없이 밀어 주었다. 2018년
에 4년의 뒷바라지를 받고 대학을 졸업했다. 지금은 연간 300
여 회 강의를 한다. 강의료를 많이 받지도 못한다. 연금도 넣지
못했다. 저축도 없다. 아직 내 집도 없다. 다만 강의는 정년이
없이도 할 수 있다. 나만 게으르지 않으면 된다. 정년퇴직을 하
는 친구들이 많이 부러워한다. 갓 25세인 아들도 "아빠는 좋겠
어요. 정년 없이 할 수 있는 일이 있어서요."라고 한다. "그래.
아빠도 그렇게 생각한다."라고 화답했다. 절망 속에서 꿈이 꺾
이지 않고 피어날 수 있었던 힘은 무엇이었을까?

"당신 잘할 수 있잖아." "당신이 하고 싶은 일을 했으면 좋겠어."라는 아내의 맹목적인 믿음과 응원 덕분이다. 이 말 속에는 많은 희생과 사랑이 녹아 있다. 이런 아내와 부부로 함께 사는 나는 행운아다. 남편이기 때문에 믿어 주고 용기 주면서 응원해 주었다. 아무도 믿어 주지 않았지만 아내는 믿어 주었다. 그냥. 그런 엄마의 영향 때문이었으리라. 두 아이 또한 아빠를 무한 신뢰해 주었다. 나에게 우리 가족은 든든한 버팀목이었다. 희망의 불씨였다. 힘의 원동력이었다. 아내에게 무슨 마음으로 그런 말을 했는지 물어보지는 않았다. 물어볼 용기가 없었다. "그냥 방법이 없잖아"라고 할까 봐.

가족이란? 희로애락을 함께하면서 끝까지……

2. 결혼의 필요성에 대하여

인간의 삶의 목적은 무엇일까? '생존, 종족번식, 행복한 삶' 크게 세 가지로 구분하고 싶다. 생존과 종족번식은 본능에 가깝다. 특별히 의식하는 부분은 아니다. 행복은 그 사람의 의식에 의해서 많이 좌우될 수 있다.

생존은 혼자서도 가능하다. 태어나서 20여 년을 부모님의 도움을 받는다. 그 이후에는 스스로 해결해 나가는 것이 일반적이다. 혼자 살아가면서 자기 나름의 행복을 충분히 누릴 수 있다. 반드시 결혼을 해야 행복한 것도 아니다. 결혼을 하면 생존도 더 쉬워지고, 행복의 범위가 넓어지고, 질이 좋아질 수 있는 확률이 높아진다. 그 반대일 수도 있다. 생존은 선택의 문제는 아니다. 태어난 것이 내 선택이 아니었듯이. 스스로 선택을 한다는 것은 자살을 의미한다. 바람직한 선택은 아니다.

행복은 순간순간 어떤 선택을 하느냐에 따라 달라진다. 혼자서도 충분히 누릴 수 있다. 좋아하는 일을 하면서 살면 행복지수도 높아진다. 하기 싫은 일을 억지로 하면 행복지수가 낮아진다. 매우 상대적이기도 하다. 행복지수가 높은 선진복지국가는 상향평준화에 의한 것이다. 모두가 일정 수준 이상의 삶을 누린다. 후진국은 모두가 가난한 하향평준화에 의한 것이다. 모두가 빈곤하니 특별히 불행하다고 느끼지 않는다. 우리나라의 경우 후진국에 비해서도 행복지수가 낮다. 빈부 격차가 심해서다. 잘사는 사람들과 비교해서 상대적으로 불행하다고 느낀다. 절대빈곤에 허덕이는 후진국에 비해 행복지수가 낮은 이유다. 행복은 어떻게 생각하고 선택하느냐에 따라 달라진다.

종족번식은 반드시 결혼을 통해서만 가능하다. 두 남녀가 만나 가정을 이루는 성스러운 절차이다. 가족이 생긴다. 자식이 태어난다. 드디어 종족번식의 꿈을 이룬다. 그 첫 번째 단추가 결혼이다. 자식을 낳기 위해서 결혼한다고 의식적으로 생각하지는 않는다. 본능적 반응에 의해 서로가 끌린다. 열정적인 사랑을 불태운다. 결실을 맺기 위해 인정받는 절차가 결혼식이다. 주변에 공포하고 축하하는 자리가 결혼식장이다. 인간이 만든 의식이다. 지구상 많은 생물 중에서 인간만이 가지고 있는 독특한 의식이다. 모두가 부부로 인정한다. 남의 남자 또는 남의 여자로 본다. 넘보지 않는다. 약육강식의 동물의 세계에서는 볼 수 없다. 결혼을 통해서만이 종족번식이 가능하다. 실질적 인정은 물론 형식적 인정까지 모두 통과하는 절차이다. 멸종하지 않는 유일한 방법이다. 특별한 경우가 아니라면 선택이 아닌 필수다. 그래서 20~30대가 되면 결혼을 하는 것이 당연한 일이다.

최근 세계적인 추세의 하나가 출산율 저하이다. 먹고살기 힘들어서 결혼을 안 하기도 한다. 결혼은 하되 자식을 낳지 않기도 한다. 생산인구의 감소를 걱정하기도 한다. 크게 걱정하지 않아도 된다고 하는 이도 있다. 전체적인 수명연장으로 전체 인구수는 줄지 않는다. 출산율 저하가 개체 수를 조절하는 자연적인 현상이라고 보는 이도 있다. 여기서는 구체적인 언급은 자제한다.

결혼하면 얻어지는 행복의 범위가 매우 넓어진다. 혼자서는 상상도 할 수 없는 행복이 찾아온다. 굴비 엮이듯이 엮여 온다. 부부간의 사랑으로 얻어지는 행복, 자식이 생길 때의 설렘, 자식이 커 가면서 주는 많은 것들, 자식마다 다른 개성으로 얻을 수 있는 색다름, 묘함, 짜릿함, 보람, 흐뭇함 등 수도 없이 많다. 혼자서는 절대로 느낄 수가 없다. 여기에는 반드시 반대급부를 치러야 하는 것은 당연한 일이다. 돈도 많이 벌어야 한다. 힘이 든다. 혼자 살아도 생존을 위해 벌어야 한다. 투자 대비 얻어지는 행복은 훨씬 크다. 관계정립이 되지 않아 힘들 때도 있다. 노력하면 안 될 것은 없다. 전혀 모르던 사람을 만나 결혼도 했는데 못 할 일이 무엇이랴. 얻어지는 행복에 비하면 작은 투자다. 가족으로부터 얻는 행복이 가성비는 최고다.

덤으로 얻는 가족도 생긴다. 이른바 사돈, 시월드, 처월드다. 인적 네트워크가 넓어진다. 생존의 수단인 경제활동을 하는 데 적잖은 도움이 될 수 있다. 혼자서 해결 못하는 것을 가족이라는 이름으로 해결할 수 있는 것이 많아진다. 복잡해져서 머리가 더 아플 수도 있다. 때로는 손해를 볼 때가 있기도 한다. 무한경쟁시대다. 성공 가능성 측면에서 보면 가족의 수는 많은 것이 훨씬 유리하다. 혼자서 하는 것보다 더 큰 것을 이루어 낼 수 있다.

혹자는 꼭 결혼하지 않아도 종족번식이 가능하다고 한다. 방법은 '동거'라고. 인정한다. 속을 들여다보면 실질적 결혼 상태를 유지하는 것이 동거이다. 무늬만 다르지 결혼과 다를 바 없다. 다만 인간 세상에만 존재하는 주민등록 등의 기록으로 남지 않을 뿐이다. 인간은 묘한 존재다. 서류에 기록하고 서명하면 확 달라진다. 없던 책임감도 생긴다. 그 책임이 싫어서 동거를 선택하는 세태가 안타깝다.

결혼을 족쇄쯤으로 여기는 사람도 많다. 부양과 양육을 해야 하는 부담을 싫어한다. 이로 인해 결혼을 기피하고 동거를 선택하는 경우가 많다. 부부로서 즐거움은 누리고자 한다. 부담은 지지 않으려 한다. 매우 이기적이다. 선진국에서는 동거도 많이 늘어나고 있다. 아예 법적으로 인정하는 나라도 있다. 결혼을 기피하니 출산율이 떨어진다. 인구가 줄어든다. 국력이 쇠퇴하기 때문에 인정할 수밖에 없다.

군이 종족번식적인 차원만 본다면 강제적 방법도 있다. 대부분 침략전쟁을 하는 경우를 보자. 침략자는 점령지의 남자는 모두 몰살시킨다. 힘을 이용해 강제로 임신을 시키기도 한다. 아기를 낳거나 말거나 뒤도 돌아보지 않고 돌아간다. 나중에 아기가 태어난다. 엄마는 모성 본능으로 아이를 키운다. 일부는 여성을 데리고 와서 함께 살기도 한다. 뒤이어 아기가 태어난다. 모두 번식의 성공이다. 인류 역사에 수도 없이 많이 나타나는 현상이다. 결코 바람직한 방법은 아니다. 모두에게 사랑받고 존중받는 아이로 자라야 한다.

'결혼은 해도 후회하고, 안 해도 후회한다.'라고 했다. 이왕 후회를 한다면 더 높은 생존율과 번식 가능성, 넓고 깊고 높은 행복을 누릴 수 있는 선택을 하는 것이 바람직하다 하겠다. 거창하게 인류의 미래를 걱정하고 싶지는 않다. 결혼을 통해 평범한 인간으로서의 행복을 얻자. 소소한 행복을 누리자. 하지 않으면 느낄 수 없는 행복이 있다.

  사람마다 선택은 다를 수 있다. 어떤 선택이든 존중받아야 한다.

3. 평생의 동반자

1989년 한 남자의 인생을 바꾼 노래가 있다. <옥경이>다. 대한민국 중년 이후의 사람은 누구나 다 안다. '옥경이' 대신 자기 아내 이름으로 바꾸어 수도 없이 부르기도 했다. 가수 태진아 씨의 노래다. 옥경이는 태진아 씨의 아내로 안다. 실명은 '이옥형'인데 '옥경이'로 불렀다.

"희미한 불빛 아래 마주 앉은 당신은"으로 첫 소절이 시작된다.

(중략)

"물어도 대답 없는 고개 숙인 옥경이"로 끝난다.

태진아 씨는 1973년에 데뷔하여 반짝 인기를 얻었다. 이후 실패를 겪고, 이민을 가서 부인과 결혼했다. 정착하지 못하고 1984년에 귀국했다. 계속 앨범을 발표하였으나 거듭 쓴맛을 보던 그였다. 어느덧 데뷔 17년이 되었다. 1989년 그의 아내가 인생을 송두리째 바꿔 놓았다. 그녀는 특별한 아내도 아닌 것으로 안다. 한 남자 옆에 보통의 아내로 있었을 뿐이다. 가족이니까. 아내니까. 동반자니까. 그저 묵묵히 버텨 준 아내를 절규하며 불러댔다. 대박이 났다. 인생역전이 되는 순간이었다. 많은 이유가 있었겠지만 단연 으뜸은 아내의 내조였으리라는 생각이 든다. 아내는 두 손 맞잡고 함께하는 것만으로도 큰 힘을 발휘한다.

15년 뒤 그녀가 또 한번 대한민국을 요동치게 만들었다. 2004년에 발표한 <동반자>다. 이 곡은 아들까지 동참했다. 작사자로. 전체 가사를 음미해 보자.

"당신은 나의 동반자 영원한 나의 동반자"

"내 생애 최고의 선물 당신과 만남이었어"

"잘 살고 못 사는 건 타고난 팔자지만"

"당신만을 사랑해요 영원한 동반자여"

똑같은 가사를 세 번 반복하는 것으로 노래가 마무리된다. 대한민국 유명인 중에서 아내 덕을 가장 많이 본 사람이 아닐까? 가사처럼 영원한 동반자는 그의 옥경이만 해당되는 말일까? 많은 성공한 남자들 뒤에는 훌륭한 아내가 있다.

그들 중에 필자도 포함된다. 아직 성공했다고 말하기는 어렵지만……. 얼마 되지 않는 월세도 밀려서 내기 일쑤였다. 수도 요금, 전기요금에 연체료가 붙지 않았을 때가 거의 없었다. 아이들 급식비도 밀렸다. 선생님께 전화를 드려서 아이들은 모르게 했다. 부부 모두 신용불량으로 신용카드가 없었다. 처제의 신용카드를 빌려서 썼다. 우리로선 눈물겹도록 고마운 일이었다. 연체를 하면 처제에게 피해가 간다. 내가 피해를 보는 것은 어쩔 수 없지만 처제에게 피해를 줄 수는 없었다. 그렇게 해서도 안 된다. 아슬아슬한 돌려막기로 살얼음판을 걸었다. 겨우 연체는 면했다. 저축은 꿈도 꾸지 못했다. 15년 넘게 그런 세월을 보냈다. 생각만 해도 끔찍한 나날들이었다.

그런 와중에도 꿈을 향해 묵묵히 앞만 보고 걸어왔다. 지출의 우선순위는 아이들 필수교육비와 기초생활비였다. 다음 순위는 성장을 위한 공부에 투자했다. 교육비와 책값, 교통비 등 절약하며 최선을 다했다. 없으면 빌려서라도 갔다. 때로는 돌아올 차비가 없어서 빌려서 온 적도 있다. 반드시 성공해야 했다. 실낱같은 희망은 있었다. 강사로서 성공하는 데는 자신이 있었다. 확신이 없었다면 버텨 내지 못했을 것이다. 2015년을 기점으로 서서히 자리 잡기 시작했다. 무려 15년이 걸렸다. 절망의 구렁텅이에서 헤어날 수 있었다. 아내의 맹목적인 믿음 덕분이었다. 아내의 이름은 '최경아'이다.

만약 아내가 믿어 주지 않았다면 어떻게 되었을까? 내 성격

상 버텨 내지 못했을 것이 분명하다. 아내는 삐치면 말이 없어진다. 그러면 답답하다. 며칠이 간다. 드물게 열흘 넘게 가기도 한다. 아이들이 있어서 풀리기도 한다. 나는 많이 미안했다. 이 모든 상황이 내 책임이니까. 살갑게 "미안하다."라고 말도 못 했다. 아니 안 했는지도 모른다. 쪽팔려서. 그래서 더 길게 갔다. 실수를 했으면 솔직하게, 빨리, 진심으로 사과를 하면 됐을 텐데. 지난 시간들이 많이 아쉽다. 후회도 되지만 잘 고쳐지지 않는다. 타고난 성격을 고치는 것이 어렵고도 어렵다. 그럼에도 불구하고 아내는 묵묵히 버텨 주었다. 내 아내로, 아이들 엄마로. 잔소리를 늘어놓았으면 어땠을까? 아마 나는 돌아 버렸을 것 같다. 술을 많이 먹고 폐인이 되었을지도 모른다. 꿈을 좇아 지금까지 올 수 없었을 것이다. 더구나 이글을 쓸 일은 꿈에도 없었을 것이다. 지금은 누가 먼저라고 할 것도 없이 서로 노력한 덕에 빨리 풀린다. 아이들이 없어도, 내 마음속에 애인이라고 여기니 쉬웠다. 손뼉도 마주쳐야 소리가 난다고 했다. 덕분에 스트레스를 덜 받는다. 일을 즐겁게 할 수 있다. 다행이다. 함께하는 사람과의 관계가 중요함을 뼈저리게 느낀다.

비단 '옥경이'와 '경아'만 그런 것은 아닐 것이다. 세상의 많은 아내들이, 남편들이 그럴 것이라고 믿는다. 반대의 경우도 있다. 배우자의 잘못된 선택으로 평생 쌓아 온 공든 탑이 하루아침에 물거품이 되는 것을 수도 없이 본다. 여기서 열거하고 싶지는 않다. 너무나 쉽게 찾을 수 있기 때문에. 어쩌면 아내의 입장에서 보면 내가 그런 사람이었는지도 모른다. 처절하게 반성한다. 남은 세월 동안 충분한 보상을 해야 한다. 반드시 할 것이다.

사전에서 정의하는 '동반자(同伴者)'는

1. 어떤 행동을 할 때 짝이 되어 함께하는 사람.
2. 어떤 행동을 할 때 적극적으로 참가하지는 아니하나 그것에 동감하면서 어느 정도의 도움을 주는 사람. 유의어로 '동행인', '배우자', '동조자'로 표기되어 있다.

태진아 씨에게 '옥경이'는 어떤 사람이었을까 궁금하다. 옆에 있으면 물어보고 싶다.

아내에게 나는 어떤 사람일까? 아내에게 물어보고 싶다.
"어떻게 견디어 왔느냐?"라고.
지금 내 짐작으로는 이런 대답을 할 것 같다.
아내: "세 가지."
나: "세 번째는 뭐야?"라고 물으면 (두 가지는 짐작이 확실히 된다.)
아내: "그냥 믿고, 기다리고, 버티어 주는 것밖에는 아무것도 할 수가 없었던 사람."이라고 대답할 것 같아서 물어볼 수가 없었다. 얼마나 아팠을까? 20여 년 그 무거운 것

을 지고 아무 말 없이……. 책이 출간되면 아내가 읽고 대답을 해 주겠지. 기다려 보기로 한다.

사귀는 여자라고 인사시키는 날 어머님께서 그러셨다. "너무 약하다."라고. 그랬던 그녀가 지금은 제법 아담하고 오동통해졌다. 삶의 무게에 눌려서이리라. 귀갓길 운전 중에 이선희의 <인연>을 자주 듣는 이유가 있다. 가사 중에 "고달픈 삶의 길에 당신은 선물인걸"이라는 대목 때문이다. 운전을 할 수 없을 만큼 눈물이 흐를 때도 많다. 고마움, 미안함, 후회가 범벅이 된 다짐의 눈물이라고 해 두자. 운전을 할 수가 없다. 가끔 갓길에 세워 두고 목청껏 따라 불렀다. 속이 후련했다.

그녀가 기다리는 집으로 다시 액셀을 밟는다. 어김없이 강산에의 <거꾸로 강을 거슬러 올라가는 저 힘찬 연어들처럼>을 따라 불렀다. 한 바가지의 눈물을 또 쏟아 낸다. 어느새 집에 도착한다. 여전히 환한 모습으로 맞아 준다. 초저녁에도 새벽 3～4시에도 똑같다. 마치 어릴 적 엄마처럼.

연강에 장거리 운전을 해서 피곤할 법도 하다. 이상하게도 집에 돌아오는 길에 잠이 오는 경우는 드물었다. 비록 내 명의의 집은 아니지만 가족이 기다리는 따뜻한 둥지가 있어서이겠지. 더 정확히 말하면 아내가 아니 바보 같은 동반자가 거기 있기 때문이리라. 그 믿고 기다림의 끝을 더 환하게 밝혀 주고 싶다. 큰 성공이 아니어도 좋다. 소소한 일상의 행복을 누릴 수 있으면 되겠지.

사람들은 대부분 받는 것을 좋아한다. 어릴 때부터 받는 데 익숙하다. 도움도 받는 것을 좋아한다. 사랑도 그렇다. 월급 받는 것을 좋아한다. 주는 것에 익숙하지 않다. 그래서인지 이런저런 배우자가 되어 주었으면 하고 많이 바란다. 요구를 할 때도 많다.

성공한 사람들을 보자. 받기보다 주는 것을 좋아한다. 도움, 사랑을 주는 것을 좋아한다. 성공한 사업가를 보면 스스로 "많은 사람을 벌어먹여 살린다."라고 생각한다. 월급 받는 종업원보다 주는 사장이 되기를 원한다. 성공한 정치가, 종교인, 학자 등 대부분 그렇다. 베풀고 돕는 것을 좋아한다.

"나에게 이런 동반자가 있으면 좋겠다."라고 생각한다면 바꿔 봤으면 한다.
"내가 어떤 동반자가 되어 줄 수 있는지?"를. 베풀고 돕는 사랑 주는 사람으로. 나 또한 받은 것을 갚아야 한다. "연인 대하듯이" 해 보려 한다. 정확하지는 않다. 3~4년 전부터 휴대폰에 아내를 "애인-Happy maker"라고 저장해 두었다. <님아 그 강을

건너지 마오>와 <나부야 나부야>를 보면 더 간절하다. 72년과 78년을 함께하신 분들이다. 어느 젊은 연인이 저런 모습으로 연애할 수 있을까 싶다. 몇 번을 다시 보면서 우리의 모습으로 오버랩해 봤다. 옆에 있는 동반자를 꼭 안으며……

4. 부부생활은 한 편의 연극(?)

　연극은 배우, 관객, 희곡의 3요소로 이루어진다. 무대를 더하여 4요소라고 한다. 많은 요소가 있지만 가장 중요한 부분을 짚었다. 작가에 의해 잘 써진 희곡이 기본이다. 완벽히 연기할 배우는 꽃이다. 완성도 높은 연극도 봐 줄 관객이 없다면 아무런 소용이 없다. 연습은 관객 없이도 하지만 실제 공연은 한 사람이라도 관객이 있어야 의미가 있다. 공연을 올릴 무대도 중요하다. 성패를 좌우할 요소는 아니다. 그 외 감독, 소품, 조명, 홍보 등 수많은 요소가 있다. 멋진 하모니를 이루어야 완성도 높은 공연이 된다.

　연극은 혼자서 만들지 못한다. 작가와 연출자, 스텝, 주연, 조연 배우와 보조출연자, 많은 사람이 혼연일체가 되어야 멋진 공연을 할 수가 있다. 영화와 드라마는 한번 필름에 담으면 그대로 상영된다. 전국 어디서 봐도 똑같다. 연극은 다른 요소가 많다. 매번 살아 숨 쉬는 공연을 한다. 장소도 달라질 수 있다. 관객도 바뀐다. 어떤 사람은 같은 공연을 여러 차례 반복해서 보기도 한다. 때로는 배우가 달라질 때도 있다. 똑같은 공연을 할 수가 없다. 같은 공연이지만 미세한 차이가 난다. 감동이 다를 수밖에 없다.

우리 삶, 그중 부부생활은 어떨까? 비슷한 듯 다른 것이 많다. 매 순간 살아 숨 쉬는 것은 똑같다. 작가, 연출, 스텝, 배우 등 모든 역할은 100% 부부가 모두 감당한다.

먼저 배우를 보자. 연극은 대부분 잘생긴 남자와 예쁜 여자들이 주인공을 맡는다. 연기력이 출중하다. 경험도 많다. 소위 말하는 관중 동원력이 뛰어나다. 흔히 "누가 출연을 하면 믿고 본다."라고 한다. 그게 아니면 수많은 사람들 중에서 뽑는다. 오디션을 거쳐서. 이들 또한 보통의 사람이 아니라는 것쯤은 모두가 안다. 여기에 수많은 조연 및 보조출연자들이 주인공을 빛나게 해 준다. 엔딩 또한 멋지게 연출한다.

관객 중 일부는 오직 주인공을 보기 위해 오는 사람도 있다. 보조출연자에 관심을 두는 관객은 극히 드물다. 그들의 가족, 친구인 경우가 대부분이다. 같은 대본을 들고 수도 없이 연습을 반복한다. 호흡이 맞지 않으면 맞을 때까지 한다. 심한 경우

배우를 바꾸기도 한다. 쉽게. 성공적인 공연의 혜택도 주연배우가 가장 많이 누린다. 반대로 실패에 대한 책임도 그렇다. 주연배우가 조연과 스텝 등을 많이 배려하면 그 팀은 화기애애하다. 연극의 주인공은 배우다. 그것도 주연배우 중심이다.

부부생활을 보자. 잘나고 못나고도 없다. 오디션? 처음 사귀기 전에 상대 배역으로 '적당한가' 정도는 저울질하기도 한다. 연출자도 없다. 조연도 없다. 보조출연자도 없다. 스텝도 없다. 연습도 없다. 바로 실전이다. 상대와 호흡이 안 맞는다고, 마음에 들지 않는다고 바꾸기도 쉽지 않다. 연출은 누가 하면 좋을까? 커플마다 다르다. 남편이 하는 집, 아내가 하는 집. 상황에 따라 남편과 아내가 번갈아 하는 것이 바람직하지 않을까? 아주 드물게 서로 미루는 경우도 있다. 좋은 선택은 아닌 것 같다.

행복한 결혼생활의 열매도 부부가 같이 누린다. 연극처럼 주인공이 스포트라이트를 집중해서 받지는 않는다. 한쪽만 행복한 부부는 없다. 있다면 온전한 가정이라 보기가 어려울 것 같다. 많이 배려하는 부부일수록 행복하다. 50년 이상 살아 내신 집안 어른들을 봐도 그렇다. 20년 가까이 어르신들 모시는 강의를 하면서 물어봐도 그렇다고 하신다. 갓 30년을 살아 낸 우리도 그것을 뼈저리게 느낀다. 이 점은 연극 주연배우의 배려와 일치한다. 실패한 공연에 대한 책임도 같이 진다. 오직 내가,

부부가 주인공이다.

　희곡은 어떤가? 연극에는 전문작가가 있다. 처녀작가라 하더라도 많은 습작을 거친 경우가 대부분이다. 어릴 때부터 작가의 꿈을 가지고 매진한 사람이다. 연출자가 정해지면 협의해서 고치기도 한다. 연습과정에서도 수정한다. 부부생활은 다르다. 지난 세월은 수정할 수도 없다. 누가 대신 써 주지도 않는다. 아주 가끔은 부모가 끼어드는 경우도 있다. 별로 행복해 보이지는 않는다. 대역을 쓸 수도 없다. 때에 따라 상대 배우를 바꿀 수도 없다. 한번 선택하면 끝까지 가는 것이 기본이다.

　과거에는 대부분 그랬다. 검은 머리 파뿌리가 될 때까지라고 했다. 요즘은 세태가 많이 바뀌긴 했다. 연극에서 상대를 바꾸면 바뀌는 사람만 불행하다. 주변 사람은 동정한다. 금방 잊어버린다. 부부생활은 바꾸면 많은 부작용이 있다. 그나마 자식이 없으면 많은 문제가 발생하지 않는다. 있으면 죽을 때까지 안고 가야 하는 굴레가 되어 버릴 수도 있다. 연극의 대본은 심혈을 기울인다. 고치고 또 고쳐 가면서 한다. 부부생활에 대한 희곡은 대부분 쓰지 않는 것 같다. 쓴다고 해도 신혼 초기에만 하는 경우가 대부분인 것 같다. 심각하게 생각해 볼 일이다.

관객. 연극은 관객에게 보여 주기 위함이다. 관객이 한 사람도 없으면 공연을 올리지도 않는다. 연습을 할 때는 관객 없이도 한다. 수도 없이. 어쩌면 공연보다 더 많이 할지도 모른다. 부부생활은 누구에게 보여 주기 위한 것은 아니다. 오직 부부가 부부에 의한, 부부를 위한 공연이다. 주변에 가족, 친구, 공동체 등이 있기는 하지만 관객은 아니다. 연극에서 관객은 공연시간 내내 몰입을 한다. 우리 부부 삶에 관객은 없다. 관심이 있다고 해도 양가 부모님 정도다. 자식이 있다면 그들은 관객이라기보다는 한 팀이다. 조연이라고 말하기도 어렵다. 관객을 위한 쇼윈도 부부가 있다. 누구를 위한 삶인지 생각해 볼 일이다.

무대를 보자. 연극은 정해진 장소에, 내용에 맞게 잘 세팅되어 있다. 수십 차례 공연을 해도 같은 장소다. 같은 배경이다. 공연이 끝나면 무대는 사라진다. 부부의 무대는 어떤가? 같은 무대라고 해야 집과 직장 등 한정된 공간이다. 매일 그대로인 것 같지만 수시로 변화를 준다. 내가 원해서 바꾸기도 한다. 내 의지와 관계없이 변하기도 한다. 어느 한쪽이 죽으면 공동의 무대는 끝이 난다. 이혼을 해도 그 무대에서 내려온다. 자식이 있으면 가끔씩 한 무대에 올라야 할 때도 있다. 오르기 싫지만. 끝이 없는 무대가 된다. 많은 요소가 연극과 비슷하지만 다른 요소가 많다.

1~2시간 내외의 연극보다는 소중한 우리 삶이다. 혼자도 아니고, 둘의 공동작품이고, 셋, 넷, 다섯 이상의 인생이 걸린 일이다. 이 책을 집필하면서 많은 아쉬움이 남는다. 지나온 삶에는 후회가 많다. 100세 시대다. 남은 삶이라도 행복하려면 무엇을 해야 할지……. 희곡부터 잘 썼으면 좋겠다. 부부가 함께 쓰면 더 좋다. 존중하면서, 배려하면서, 희생을 강요하지는 않았으면 좋겠다. 누가 더 돋보이려고. 우리는 지금 그렇게 하려고 노력하고 있다. 신혼부부가 이 글을 본다면 바로 서로에게 맞는 희곡부터 점검했으면 좋겠다.

주인공다운 생각과 행동을 해야 하지 않을까? 부부가 모두 주연이다. 남편의 조연도, 아내의 조연도 아니다. 자식을 위한 희생자도 아니다. 오직 주인공의 삶을 살 때 더 행복해질 가능성이 높아진다고 본다. 한 무대에 오른 배우라면 운명을 함께 하는 것은 필연이다.

연극은 실패로 끝나도 삶에 크게 타격을 받지는 않는다. 다음 연극으로 성공하면 된다. 수없이 실패를 해도 한 번의 대박을 터트릴 수도 있다. 부부생활은 한 번의 실패가 치명타가 될 수 있다. 나에게만이 아니다. 함께하는 배우자, 아이들, 가족 모두에게.

석가, 예수, 공자, 소크라테스, 세종대왕, 플라톤, 맹자께서 말씀으로 행동으로 가르침을 주셨는데 몰랐다. 어리석게도 30년쯤 지나 보니 이제야 연출의 맛도, 배우의 맛도 조금은 알 듯하다. 앞으로는 꼭 겪어 봐야 아는 우를 아주 적게 범하고 싶다. 작가로, 연출자로, 배우로, 스텝으로, 관객으로 남은 부부의 무대를 행복하게 공유할 수 있었으면 좋겠다. 공부하고 깨달으면서 실천하고 싶다. 이 무대에서 소풍 끝내는 그날까지.

5. 사랑, 칭찬 먹고 자라는 사람

배가 고프다. 뭔가를 먹어야 한다. 뭘 먹을까 고민을 한다. 부장님께서 추천을 한다. '그 집 된장찌개 끝내준다.'라고. 평소 신뢰가 두터운 사람이라 믿고 간다. 처음 가는 집이다. 메뉴판도 안 보고 된장찌개를 주문한다. 얼마나 맛이 좋을까? 잔뜩 기대하면서 기다린다. 구수한 냄새와 함께 눈앞에 나왔다. 허겁지겁 먹었다. 정말 맛있다. 엄지 척이다. 다음에 아내와 간다. 가족과 함께 간다. 친구들과도 간다. 이렇게 5~6차례 연속으로 간다. 2~3주 만에. 어느 날 점심시간에 누군가가 '그 집 된장찌개 먹으러 가자.'라고 한다. 왠지 내키지 않는다. "듣기 좋은 꽃노래도 한두 번이다."라는 속담이 생각난다. 싫증 아니 질리기 시작한다. 그렇게 맛있는 된장찌개가. 삼겹살이……

집밥은 어떤가? 엄마가, 아내가 해 주는 집밥은 질리지 않는다. 이유가 무엇일까?

기업에 교육을 가면 직장인 남성들에게 물어본다.

나: "아내가 해 주는 음식이 맛이 좋은가요? 식당에서 해 주는 음식이 맛이 좋은가요?

남성들: "식당에서 해 주는 음식이 맛은 더 좋습니다." (전부는 아니지만)

나: "아내가 음식을 더 맛있게 하기를 원하십니까?"

남성들: "예." (일제히 한 명도 예외 없었다.)

나: "꿈 깨세요."

남성들: "왜요?"

나: "첫 번째, 보통의 식당에서 화학조미료 쓸까요? 안 쓸까요?

남성들: "쓸 것 같은데요."

나: "아내는요?"

남성들: "거의 안 쓸 것 같아요."

나: "두 번째, 식당의 요리사는 전문가인가요? 아닌가요?"

남성들: "전문가입니다."

나: "아내는요?"

남성들: "전문가가 아닙니다."

나: "예. 맞습니다. 비전문가가 조미료도 안 쓰고 더 맛있게 할 수 있을까요?"

남성들: "없겠네요."

나: "포기하는 것이 당연합니다."

남성들: "그러면 어떻게 하나요?"

나: "맛은 조금 못해도 먹을 만은 하죠?"

남성들: "예." (일제히)

나: "그냥 꾸역꾸역 드시면 됩니다."

남성들: "에이." (일제히)

나: "운동선수들은 같은 동작을 수도 없이 반복해서 몸에 익
힙니다. 자동으로 반사하게 만드는 거죠. 음식도 자꾸 하
면 잘할 수 있습니다. 음식을 했는데 맛이 없다고 타박을
하면 하기 싫고, 안 하면 실력이 좋아지지 않습니다. 설
령 맛이 없어도 먹어 주면 요리솜씨도 좋아집니다. 그래
서 참고 드셔야 합니다. 가족이 안전한 음식을 맛나게 먹
으려면."

남성들: "알겠습니다." (모두 체념하듯 웃으면서)

나: "맛없는 아내의 음식이 질리지는 않죠?"

남성들: "예." (다수가 잠깐 머뭇거린다.)

나: "이유가 뭘까요?"

남성들: "집밥이니까요, 중독되었으니까요, ……."

남성1: "사랑 때문인가요?"

나: "빙고! 정답입니다. 저는 그것이 사랑 때문이라고 생각합
니다."

남성들: "아. 예!" (고개를 끄덕이며)

나: "식당 밥에는 사랑이 없습니다. 손님 지갑 속의 돈에 의해서만 밥상이 차려집니다. 손님을 사랑해서 차리는 것은 아닙니다."

남성2: "사랑이 넘치는 식당주인도 있습니다."

나: "맞습니다. 한 끼 정도는 줍니다. 단골이니까. 두 끼 세 끼 그냥 주지는 않습니다. 아내는 어떤가요? 월급이 적다고 밥을 적게 차려 주나요?"

남성들: "아니요."

나: "부부싸움을 했다고 안 차려 주나요?"

남성1: "아니요."

남성2: "안 차려 줍니다." (일제히 웃음)

나: "부부싸움을 했다고, 아이들이 말을 안 듣는다고, 성적이 떨어졌다고 이것 먹고 죽어라. 이러는 사람은 없겠죠?"

남성들: "당연하죠."

나: "가족을 사랑하는 마음이 바닥에 깔려 있기 때문입니다. 아주 흥건하게 녹아 있습니다."

남성들: "끄덕끄덕."

나: "음식을 먹는 것이 아니고 사랑을 먹는 겁니다. 맛이 별로여도 그냥 먹어 줍시다. 실력은 자꾸 해야 늡니다. 음식은 운동처럼 '연습 따로 실전 따로'가 되지 않습니다. 연습으로라도 하면 일단 먹어야 합니다."

남성3: "강사님 집에서는 그렇게 합니까?"

나: "넵. 무조건 맛이 좋다고 합니다. 잘 먹습니다. 당신 음식 솜씨는 최고야! 하고 칭찬하면서요."

남성3: "짜거나 매우면 어떻게 하나요?"

나: "그래도 먹습니다. 한마디는 합니다. 좀 짜네, 정도면 충분합니다. 솔직히 신혼 초에는 이렇게 하지 않았습니다. 아니 못 했습니다. 소금을 적게 치지, 등으로 타박을 했었습니다. 10년은 넘어서 이렇게 한 것 같습니다."

남성3: "노력해 보겠습니다."

나: "반드시 칭찬을 함께 해야 훨씬 효과적입니다. 나이 들어 남자가 함께 부엌일을 돕는다고 해도 나보다는 아내가 밥을 더 많이 합니다. 이왕 먹는 음식 안전하고 맛있게 먹으려면 칭찬이라도 잘 합시다. 실력은 많이 하는 것이 중요합니다. 칭찬도 자꾸 해 봐야 잘 할 수 있습니다. 음식처럼……."

40~60대 여성들이 대상인 주부대학에 가서 물어봐도 비슷하다. 도드라진 차이점이 있다.

하나는 "열심히 해서 밥상을 차렸는데 가족이 맛이 없다고 해서 내가 먹어 봐도 맛이 없을 때는 정말 속이 상한다." "먹지는 못하겠고, 버리자니 아깝고, 울고 싶다."라고 한다. 결혼 연차가 짧을수록 심하다.

또 하나는 이런 풍경이다. 아내가 최선을 다해 음식을 차렸다.

신랑: "맛이 왜 이래? 엄마한테 가서 좀 배워 와라."

아내1: "알았어. 여보. 다음에 시댁 가면 배울게." (둘이 사이
　　　가 좋을 때)

아내2: "그렇게 엄마 음식이 좋으면 엄마하고 가서 살지 왜?"
　　　　(사이가 나쁠 때)

보통은 사이가 좋을 때도 시어머니 솜씨와 비교되는 것을 좋
아할 아내가 있으랴. 30년 가까이 엄마 손맛에 길들여진 입맛
이 하루아침에 적응할 수 있을까? 그것도 완전 초보주부에게서
무엇을 기대하는가? 기대하는 사람이 어리석다.

나: "늦은 시간까지 저녁도 안 먹고 들어오는 남편이 있습니
　　다. 어떻게 대하시나요?"

주부들: "귀찮습니다. 밖에서 먹고 들어오지."

나: "귀찮아하지 마세요. 남편은 밥을 먹으러 들어오는 것이
　　아니라 사랑 먹으러 들어오는 겁니다."

주부들: (뜨악! 눈을 휘둥그레 뜬다.)

나: "지금까지 한 번이라도 이런 생각을 해 본 적이 있으신
　　가요?

주부들: "아니요." (놀라거나 심각해지거나)

나: "사랑을 밖에서 먹고 오라는 것과 마찬가지 아닐까요?"

주부들: "다시 생각해 봐야겠어요."

나: "물론 남편의 배려가 필요합니다. 미리 연락을 해 주는

사소한 배려죠."

주부들: "정말 그래 주면 좋겠다." (고개를 심하게 끄덕인다.)

나: "저는 5~6년 전부터 그렇게 하려고 노력하고 있습니다. 노후를 위해서……."

주부들: (박수와 웃음)

나: "시어머니에게서 입양한 어리광쟁이 큰아들 잘 다독거리며 사세요. 이왕 입양했으니 끝까지 책임지셔야 하지 않을까요?"

대부분 크게 웃고 넘어간다. 우스개처럼 말했다. 진심이다.

세상에 질리지 않는 몇 가지 중의 하나가 사랑과 칭찬이다. 연인 사이나 신혼부부일 때는 너무도 잘했던 일이다. 연인 앞에서는 음식 타박도 별로 하지 않는다. 신혼 때는 맹탕인 음식도 웃으면서 맛 좋다고 말하면서 먹었다. 칭찬까지 아끼지 않았다. 어느 순간부터 무너졌는지 모른다.

지금 40~60대의 중년은 거의 100세를 살아야 한다. 정년 이후 무려 30~40년을 함께해야 한다. 신혼 때에 비하면 음식도 맛나게 잘한다. 경험도 많다. 배려해야 하는 것도 안다. 약간의 희생도 필요하다는 것쯤은 거론할 필요도 없다. 지금까지 그래왔다. 새삼스러운 것도 아니다. 일방적인 희생을 요구하는 것은 아니다. 서로의 성향이나 상황에 맞는 노력이 필요치 않을까?

연인 때처럼 배려할 수 있다면 어떨까? 졸혼보다 백년해로를 위해. 질리지 않는 사랑과 칭찬으로. 행동하지 않으면 변화가 생기지 않는다.

6. 콩깍지는 왜 벗겨질까

2000년 초부터 과학적 식이요법을 배웠다. 당시 키 173cm, 체중 88kg, 허리둘레 36인치였다. 계단 2층만 올라가도 숨이 찼다. 간헐적으로 심장을 바늘로 찌르는 듯한 통증이 오기도 했다. 건강공부를 하면서 협심증의 대표증상임을 알았다. 내 몸을 가지고 실험하기에 적합했다. 3개월 동안 집중적인 식이요법을 했다. 체중이 10kg 줄었고, 숨이 차는 것도 통증도 사라졌다. 허리도 줄었다. 맞는 옷이 없었다. 새 옷을 사야 했다. 기뻐해야 하는데 마냥 기뻐할 수가 없었다. 경제적 여유가 없으니 가격은 저렴하게, 보기는 그럴듯한 실용적인 선택을 할 수밖에 없었다.

한 줄기 희망이 생겼다. 실천할 수 있는 건강교육을 지향하는 강사라면 할 수 있겠다는 생각이 들었다. 고졸의 학력으로 무모한 도전이었다. 의사, 약사, 한의사, 교수 등의 전문가보다 더 쉽고, 재미있게 전달하기 위해 꾸준히 노력했다. 방법은 공부밖에 없었다. 강사로 활동하면서 해마다 2~3가지 자격증을 취득했다. 2012년 스트레스 관련한 '감정노동관리사' 자격 공부를 하게 되었다. 또 하나의 무기가 생겼다. 이 과정에서 '진화심리학'이라는 학문을 접하게 되었다. 행운이었다. 심취했다. 관련한 책도 읽고, 꾸준히 공부했다. 이 책을 쓰게 된 계기가 되기도 했다.

그러면서 알게 되었다. 콩깍지는 원래 없었다는 것을. 잠시 생겼다가 사라졌을 뿐. 조물주의 조화라고나 할까. 특별할 것도 없다. 그저 번식을 위해 필요한 과정이다. 알고 나니 너무 싱겁다. 복잡하고 어려운 뇌과학과 의학을 쉽게 해석해 보려고 한다. 전문가들이 보면 뚱딴지같다고 할 수도 있다. 학교에서나 학술세미나라면 어려워도 원칙대로 배워야 한다. 보통사람들은 어려우면 아예 포기한다. 알아보려 하지도 않는다. 우리 일상생활에 쉽게 적용해 보자는 취지다. 쉬워야 잘 따라 한다. 실천해야 답이 나온다. 건강문제는 더더욱 그렇다. 이론만 열심히 가르치는 것으로는 부족하다. 오래 기억되어야 한다. 잊었다가도 생각나야 된다. 그게 실천교육이다. 나부터 해야 한다. 함께 하자고 해야 한다. 그래서 스스로를 '실천주의 건강교육강사'라고 지칭한다. 이 책도 쉽게 이해하고 한 사람이라도 실천하는 독자가 생겼으면 하는 마음이다.

콩깍지는 왜 벗겨질까? 우리 몸의 신호전달물질인 호르몬 분비의 변화 때문이다. '페닐에틸아민'이다. 이 호르몬을 우리나라 사람이 처음 발견하였다면 아마도 '콩깍지'라고 이름 붙이지 않았을까 싶다. 사랑에 빠진 사람의 뇌 속을 보면 페닐에틸아민 수치가 올라간다. 열정이 분출되어 행복감에 빠진다. 이성이 마비되기도 한다. 인지능력과 감각인지에도 영향을 준다. 유쾌해진다. 흥분과 긴장감이 동반된다. 이런 상황이 되면 상대방의 단점이 보이지 않는다. 사랑하는 사람을 생각만 해도 쾌감 중추가 활성화된다. 이런 페닐에틸아민은 천연각성제라고도 한다. 거친 남자를 터프해 보인다고 미화하고, 고집도 주관이 뚜렷한 것으로 보이고, 음식을 제멋대로 시켜도 밉지가 않다. 우리 조상들은 이때를 눈에 콩깍지가 씌었다고 말했다. 한마디로 모든 것이 좋아 보일 수 있다.

우리 몸에서 나오는 호르몬은 필요에 따라 조절된다. 이 콩깍지 호르몬은 언제까지 나올까? 전문가들에 의하면 길어야 3년이라고 한다. 보통 결혼 2~3년이면 콩깍지가 벗겨지는 기간과 일치한다. 왜 2~3년일까? 진화심리학자들은 인간도 동물로 본다. 특히 본능적인 반응은 상당 부분 동물과 같다고 해석한다.

인간의 존재 목적을 생존, 종족보존, 행복한 삶의 추구로 보자. 그중 종족보존의 측면에서 보면 쉽게 이해가 된다. 남녀가 만나 사랑을 한다. 결혼을 통해 만천하에 공식적인 커플로 인정받는다. 콩깍지 호르몬이 듬뿍 나온다. 배우자의 단점이 보이지 않는다. 매너 없는 남자도 '야수', '짐승남', '나쁜 남자'라는 표현으로 미화한다. 뜨거운 밤을 자주 갖는다. 옛날에는 신혼부부와 형제자매가 한 방에서 자는 경우가 허다했다. 그런 상황에서도 별별 방법으로 만난다. 콩깍지의 위대한 힘이라고 지칭하고 싶다. 자식을 갖게 된다. 번식 성공이다. 유전자 입장에서 보면 쾌재를 부를 일이다. 건강에 문제가 없는 부부라면 3년이면 자식이 하나 또는 둘이 생기는 시점이다. 더 이상 콩깍지 호르몬이 분비되지 않아도 된다. 특별한 문제가 없다면 부부로서 평생을 살아간다. 소위 자식 때문에 산다. 정으로 산다. 등의 말을 하면서.

흔히들 2~3년이 지나고 변했다고 한다. 아니라고 강력히 주장하고 싶다. 변한 것이 아니라 원래 모습으로 돌아온 것이다. 모르던 남자가 1. 아는 남자가 된다. 아는 남자와 눈이 맞아 2. 연인이 된다. 연인들이 만나 결혼을 하면 3. 신랑. 아이를 낳게 되면 4. 애기아빠. 세월이 20~30년 지나 아이들이 독립을 하면 빈 둥지가 된다. 이때가 되면 5. 그 인간, 웬수 등으로 불린다. 똑같은 사람이다. 2. 연인 때부터 콩깍지 호르몬이 분비된다. 결혼 후 2~3년 사이에 4. 애기아빠가 된다. 이 시기에는 콩깍지 호르몬의 유효기간이다. 좋게만 보이는 시기다. 콩깍지가 벗겨지는 순간 원래의 모습이 보이게 된다.

그 사람이 변한 것이 아니다. 내 뇌 속의 호르몬 농도가 달라졌을 뿐이다. 사람이 변한 것으로 착각한다. 변했다고 생각하면 화가 난다. 부부싸움의 빌미가 되는 경우가 많다. "연애할 때는 안 그러더니 결혼하고 나니까 왜 그래."라는 말은 드라마에서도 많이 본다. 실생활에서도 많이 한다는 얘기다. '원래 그런 사람이었다.'라고 생각하면 어떨까? 그래도 화가 날 수는 있다. 다만 인정하고 나면 머리끝까지 치밀어 오르지는 않는다. 결혼 25년 정도는 우리 부부도 그랬다. 이런 점을 깨닫고 나니 그리 서운한 일이 아니었다. 최근 5년은 더 행복한 이유이기도 하다. 진화심리학 공부를 하면서 얻은 소득이다. 남편이 보는 아내의 변화도 똑같다. 아는 여자가 애인, 신부, 애기엄마, 집사람으로 변한다. 딱 한 사람이다. 다르게 볼 일이 하나도 없다. 우리는 다른 사람으로 본다. 변했다고? 아니다. 원래 그 사람이다.

페닐에틸아민은 이 시기가 지나면 영원히 나오지 않는가? 그렇지 않다. 전문가들의 연구에 따르면 운동을 하면 페닐에틸아민의 농도를 75% 이상 높일 수 있다고 한다. 멜로영화나 연애소설을 보는 것만으로도 수치가 올라간다고 한다. 부부가 함께 운동하자. 같은 취미를 갖자. 취미가 같지 않아도 좋다. 비슷해도 좋다. 달라도 좋다. 서로가 있는 그대로를 인정하면서 충분한 대화를 할 수 있는 소재가 된다면. 멜로영화나 소설을 함께 보면 어떨까?

다행인 것은 '사랑의 호르몬'이라고도 하는 '옥시토신'이 있다. 뜨거운 시기가 지나고 나면 많이 나오는 호르몬이다. 서로를 편안하게 느낀다. 좋은 분위기를 만든다. 행복감을 느낀다. 옥시토신은 부부관계를 할 때도 듬뿍, 엄마가 아이에게 젖을 먹일 때도 듬뿍, 상대방에게 사랑을 베풀 때도 듬뿍 나온다고 한다. 콩깍지가 사라져도 행복하게 살아갈 수 있는 힘이다. 콩깍지에 2~3년을 의지했다면 인생의 대부분을 '옥시토신'에 의지하고 살면 어떨까? 생각해 볼 일이다. 인간은 행복을 추구하는 동물이니까.

영장류 중에서 관점을 바꾸어 볼 수 있는 동물은 사람이 유일하다. 사람은 손가락으로 멀리 있는 나무를 가리키면 그 사람의 손가락 끝을 보는 것이 아니라 가리키는 나무를 바라본다. 드물지만 자폐를 앓고 있는 사람은 손가락을 바라본다고 한다. 침팬지나 원숭이, 고릴라 등의 영장류들은 손가락 앞으로 가서 손가락 끝을 바라본다고 한다. 이 관점을 바꾸는 능력을 잘 활용할 수 있으면 부부생활에도 많은 도움이 되리라 생각한다. 손가락 끝을 보지 말자. 상대방의 입장에 서서 보자. 상대방이 가리키는 곳을 함께 보자. 상대방의 시각으로 보자. 사소한 다툼이 많이 줄어든다. 다툼이 줄면 행복한 삶이 된다. 살아온 날을 돌이켜 보면 대부분 부부싸움의 소재는 사소한 일이었다. 말 한마디의 실수, 옷을 아무 데나 벗어 두는 것, 집 안이 조금 어지러운 것 등 정말 자질구레한 것들이다. 큰일로 부부싸움을 한 경험은 별로 없다.

서로 모르던 다른 사람이 만나 맞춰 가면서 사는 것이 결혼이라고 했다. 덤으로 자식도 새로운 가족도 얻는다. 행복이 가득한 삶은 함께 만들어 가야 한다. 자기중심적으로만 생각하지 말자. 변한 것이 아니라 원래 그렇다는 것을 인정하자. 콩깍지 벗겨졌다고 실망하지 말자. 사람은 관점을 바꿀 수 있기 때문에 콩깍지를 스스로 다시 씌우는 노력을 할 수 있다. 쉽지는 않지만 가능하다. 해 봐서 안다. 딱 콩깍지가 나오는 그때 시절의 모습을 바라보자. 날씬하고 가냘팠던 그녀는 없다. 오동통한 아줌마가 옆에 있다. 현실이다. 몸은 옛날로 되돌릴 수 없다. 그러나 생각은 바꿀 수 있다. 그래서 휴대폰에 아내의 이름 대신 "애인-Happy maker"라고 저장해 두었다. 전화를 할 때마다 애인으로 생각하려고. 생활이 많이 바뀌었다. 부부싸움의 횟수가 확 줄어들었다. 하더라도 화해의 시간이 빨라졌다. 함께 노력해 봤으면 좋겠다.

상대방에게 변하라고 요구하지 말자. 내가 변하기 어려우면 상대도 어렵다. 내가 나에게 맞추는 것도 어렵다. 하물며 상대방이 나에게 맞추기란 더 어렵지 않을까? 나부터 바꾸어 보자. 내가 바뀌면 상대방도 바뀐다. 이것은 확실하다. 그래서 더 행복하게 살아가는 중이다.

100세 시대가 마냥 좋은 것은 아니다. 힘도 없다. 수입도 확 줄었다. 건강도 좋지 않다. 여기에 더하여 외로운 30~40년을 산다는 것은 지옥일 것 같다. 살아 보지 않아서 모른다. 대신 보여 주신 분들이 많다. 어른들의 사시는 모습을 보면 보인다. 어떤 노후를 맞을 것인가. 지금부터 준비를 해 보자. 부부가 함께 희곡도 다시 쓰자. 무대도 만들자. 연출도 하자. 명연기도 하자. 외롭지 않은 노후는 등 긁어 줄 수 있는 배우자와 함께……

7. 아내란? 여자, 엄마, 애들 엄마, 가사도우미

1990년 6월경 결혼을 앞두고 학원을 오픈했다. 3층 건물에 2, 3층을 사용하였다. 실평수로 약 50평 규모다. 2층 전부는 학원 사무실과 강의실 2개를 꾸몄다. 3층은 4m×4m 정도가 되는 방 세 개, 주방, 거실이 있는 주택이었다. 칸막이를 쳤다. 방 두 개는 강의실로, 방 하나와 부엌과 거실을 살림집으로 썼다. 신혼부부가 살기에는 꽤 넓은 공간이었다. 우리는 신혼 초부터 학원을 운영했다. 집과 일터가 붙어 있었다. 상고 출신으로 '부기'를 가르치는 강사였다. 당시 경주에서는 "제일 쉽고 재미있게 가르친다."는 평을 들었다. 지금 '강사'라는 직업을 가지고 있는 이유이기도 하다. 아내는 행정업무를 담당했다. 당시에는 '경리'라고 했다. 24시간을 같은 공간에 있었다. 행복했다. 아침, 점심, 저녁을 함께 먹었다. 아내의 역할이 많았다. 한 남자의 아내로, 학원과 집의 두 살림을 맡았다.

이듬해 봄이 되면서 아내의 배가 불러왔다. 누가 봐도 똥배가 아니었다. 장난기 많은 여학생 제자는 아내의 배를 어루만지면서 물었다.

제자: "사모님, 몇 개월이에요?"

아내: "6개월."

제자: "결혼은 언제 했어요?"

아내: "작년 9월 23일에."

제자: "아, 맞네." (손가락을 꼽아 보고)

아내와 제자, 주변 사람 모두 폭소를 터트렸다.

이렇게 행복한 나날을 보냈다. 그해 8월에 천사 같은 공주가 태어났다. 집과 일터가 함께 있다 보니 자연스럽게 육아에 함께 참여했다. 목욕시키기, 기저귀 갈기, 병원 가는 일 등 많은 것들을 자연스럽게 함께 했다. 남자여서 그런가? 다소 귀찮기도 했다. 아이의 재롱을 보는 것은 매우 기뻤다. 귀찮음을 상쇄하고도 남았다. 충분했다. 아내를 도울 수 있어서 더 좋았다. 세월이 흐른다. 4년 뒤 둘째로 아들이 왔다. 신경 쓸 일이 많아진다. 골치가 아픈 일들도 가끔은 있다. 그래도 행복하다. 얻는 것이 더 많아서 좋다. 큰아이가 작년 가을에 시집을 갔다. 아내는 친정엄마가 되었다. 머지않아 할머니가 되겠지. 나는 할아버지다.

대박이다. 우리의 유전자가 또 퍼져 나간다. 역할이 하나둘씩 늘어난다. 자식으로, 아내로, 주부로, 남편으로, 엄마로, 아빠로, 할머니로, 할아버지로, 맞벌이 부부로, 이 책이 나오면 작가로.

큰아이가 초등학교 4~5학년쯤 다닐 때의 일이다. 외출에서 돌아왔다. 아내가 보이지 않았다. 아이들에게 물었다.

나: "엄마는?"

딸: "시장 갔어요."

나: "알았다."

방에 들어왔다. 무심코 TV를 켰다. 아내가 집에 없으니 왠지 마음이 불편했다. 불현듯 어릴 적 생각이 났다. 학교에 갔다가 집에 돌아오면 당연히 엄마가 집에 계시는 것으로 여겼다. 농촌이다 보니 집에 안 계실 때도 있었다. 논과 밭 몇 군데만 보면 엄마가 보였다. 편했다. 숙제도 하고 소 풀도 뜯기고, 꼴도 베고, 동네 친구들과 놀기도 했다. 농번기에는 엄마에게 달려가 일을 거들기도 했다. 물론 하기 싫었다. 그래도 해야만 했다. 그 시절에는 다 그렇게 살았다. 생각이 여기에 이르자 뭔가 뇌리에 스쳤다. 내가 아내에게서 엄마의 그 무엇인가를 기대하고 있구나. 이 느낌은 뭐지? 말로 표현할 수 없다. '묘했다!'라는 말밖에는. 싱긋 미소를 짓는 것으로 혼자의 추억으로 간직하고 있다. 아직까지 아내에게 그때의 느낌을 말하지 않았다. 왠지 부끄러웠다. 나이도 더 많고, 덩치도 큰 남편인데 아내에게서 엄마를 느끼다니……. 지금은 아니다. 괜찮다. 약간 쑥스러울 따름이다. 어쩌면 지금 더 기대하고 있는지도 모르겠다. 마음 한구석에서는.

아내의 역할이 하나 더 늘었다. 시어머니 아들의 엄마 역할까지 해야 된다. 참 힘들 것 같다. 지금도 퇴근할 때 아내가 있으면 좋다. 결혼 전에 불 꺼진 자취방에 들어가는 것이 싫었다. 빨리 결혼을 결심하게 된 이유 중의 하나였다. 당시 다섯 살이 많은 형님이 33세로 4월에 결혼을 했다. 9월에 둘째를 결혼시키려니 엄마는 얼마나 힘드셨을까? 돌이켜 보면 나는 엄마의 힘드심은 안중에도 없었다. 노총각 형님이 결혼을 했으니 다음 순서는 나였다. 엄마의 걱정에도 불구하고 밀어붙였다. 어렴풋이 기억난다. 엄마의 말씀이. "용범이 고집을 누가 꺾겠노." 어렸을 적부터 고집이 셌던 나였다. 지금 내가 생각해도 참 어이가 없다. 6개월이 채 지나지 않은 9월 23일 추석을 보름 앞두고 해치웠다. 그 고집쟁이를 품고 사는 사람이다. 아내의 따뜻한 미소가 있는 집이다. 고집이 미소에 녹아 버렸다. 밥까지 따뜻하다. 밥이 아니지. 사랑을 먹는 곳이다. 집이다. 가족이다. 행복이다. 그 중심에 아내가 있다. 애인이 있다. 내가 애인으로 여기면 애인이다. 언제나 보고 싶고, 손잡고 싶고, 안고 싶은.

'열 여자 싫어하는 남자 없다'는 속담이 있다. 진짜 많은 여

자를 좋아한다는 뜻일까? 반은 맞고 반은 틀린 말이라고 생각
한다. 어쩌면 단순한 숫자가 아닌지도 모르겠다. 열 여자의 의
미를 다르게 보자.

1. 밤에는 섹시한 여자.
2. 외출할 때는 예쁜 여자.
3. 밥 잘해 주는 여자.
4. 빨래도 청소도 잘하는 가사도우미 같은 여자.
5. 강철체력을 가진 여자.
6. 아이들에게는 신사임당 같은 여자.
7. 힘들 때 위로해 주는 여자.
8. 기댈 수 있는 여자.
9. 알뜰한 여자.
10. 돈도 잘 버는 여자.
11. 고추친구 같은 여자.
12. 누구에게도 말 못할 고민을 털어놓을 수 있는 여자.
13. 대화가 통하는 여자.
14. 애교가 넘치는 여자.
15. 때로는 엄마같이 품어 주는 여자.
16. ……．
17. ……．

열 여자가 넘는다. 남자들이 이런 아내를 기대하는지도 모르
겠다. 나에게도 기대가 많았던 것 같다. 이런 여자와 사는 남자
는 얼마나 좋을까? 세상에 그런 여자가 있을까? 아마도 없을 것
이다. 없다. 확실하다. 주변을 아무리 둘러보아도 그런 아내는
없어 보인다.

여자는 어떤 남자를 꿈꾸고 있을까?

1. 밤에는 변강쇠 혹은 짐승남.
2. 외출할 때는 멋진 남자.
3. 돈 잘 버는 남자.
4. 빨래도 청소도 잘하는 마당쇠 같은 남자.
5. 감기 한 번 안 걸리는 상남자.
6. 아이들에게는 모범이 되는 남자.
7. 힘들 때 와락 안아 주는 남자.
8. 실수조차도 감싸 주는 남자.
9. 아무 생각 없이 확 기댈 수 있는 남자.
10. 쓸 때 쓸 줄 아는 화끈한 남자.
11. 소꿉친구 같은 남자.
12. 누구에게도 말 못할 고민을 털어놓을 수 있는 남자.
13. 대화가 통하는 남자.
14. 자상한 남자.
15. 때로는 아버지처럼 든든한 버팀목이 되어 주는 남자.
16. …….
17. …….

역시 이런 남자는 없다.

우리는 왜 기대할까?

이런 남자와 여자를. 욕심이 많아서다. 욕심은 내려놓으면 그만이다. 실현 가능한 목표라면 노력이라도 하면 된다. 어느 정도는 노력하면 되는 부분도 있다. AI 시대에 위의 모든 것을 세팅한 로봇을 만들 수 있을까? 1. 짐승남 모드, 2. 멋진 남자 모드, 3. 자상한 남자 모드 등 누를 때마다 바뀐다. 환상적일 것 같다. 하지만 감성까지 불어넣을 수 있을까? 따스한 체온을 느낄 수는 없다. 사람은 살아 있음에 시시각각으로 변하는 생물이다. 로봇은 페닐에틸아민, 옥시토신, 세로토닌, 도파민 같은 호르몬이 나오질 않는다. 인간끼리처럼 교감할 수 없지 않을까? 인간미를 느낄 수는 없다.

상대에게 바라는 것은 포기하자. 내가 먼저 상대가 바라는 점을 채워 보자. 완벽하려고 하지 말자. 엄청난 스트레스다. 불가능한 일이다. 안 되는 것을 억지로 하려 들지 말자. 할 수 있는 것부터 변화를 주자. 열 남자가 될 수는 없겠지만 여섯, 일곱 남자 정도는 될 수 있을 것 같다. 100세 시대에 졸혼으로 외로운 말년을 맞는 것보다는 더 나은 선택이다. 내가 변하면 상대도 따라 변한다. 인간만이 관점을 바꾸어 볼 수 있다. 가능하다고 하면 가능하다. 해 보자. 나부터.

8. 완벽한 50:50의 유전자 상속

지구상에는 다양한 결혼제도가 많다. 일부일처, 일처다부, 일부다처, 형이 죽으면 동생이 형수와 함께 사는 곳, 몇 형제가 한 여인과 가정을 이루기도 한다. 반대도 있다. 지역별, 환경적, 문화적 차이에 의해서 적절한 방법을 선택한다. 일부일처가 대세다. 사별 또는 이혼을 했을 때 다시 결혼하지 않았을 경우에만 일부일처라고 말할 수 있다. 남자가 이혼하고 다른 여자와 결혼하면 일부이처가 된다. 반대의 경우 일처이부가 된다. 몇 가지를 흥미롭게 들여다보자.

옛날이나 지금이나 권력자나 돈이 많은 남자들은 여러 아내를 거느리기를 원한다. 이유는 무엇일까? 본능으로 해석하면 자기 종족을 많이 퍼뜨리고 싶어서이다. 인간이나 동물이나 이런 면은 다를 바가 없다. 역사적으로 전쟁이 일어나면 정복자들은 꼭 하는 짓들이 있다. 남자는 죽인다. 여자는 겁탈하거나 데리고 오기까지 한다. 그것을 즐기고 누린다. 세기의 정복자 칭기즈칸은 어땠을까? 어떤 조사에 의하면 동북아 지역의 남성들 중 200명당 1명이 칸의 Y유전자를 보유하고 있다고 한다. 중앙아시아로 좁혀 보면 약 8% 정도가 된다고 한다. 100명 중 8명이다. 무엇을 의미할까? 시사하는 바가 매우 크다. 정복자 칭기즈칸은 고향으로 돌아갔다. 그의 종족은 세계 여러 곳에서 존재하고 있다. 무엇을 위한 전쟁이었는가 생각해 볼 일이다. 정복을 당하는 사람들은 아픈 일이다. 겉으로 드러나는 것은 땅을 넓히고 지배하는 것이다. 본능의 저변에는 왕성한 번식활동이라고도 볼 수 있다.

현대는 법적, 사회적, 관습적으로 모두 일부일처제이다. 그럼에도 불구하고 능력 있는 유명 인사들의 스캔들 기사를 자주 접한다. 온통 나라가 들끓는다. 남자만 나빠서도 아니다. 상대 여성이 없었다면 일어나지 않을 일이다. 뻔히 알면서도 본능에 이끌려 사고(?)를 친다. 능력 없는 남자는 할 수 없는 일이다. 본인이 그렇게 하고 싶어도 따라오는 여성이 없다. 남자에게 의존해서 안전하게 살면서 종족번식을 할 수 없기 때문이다.

남자들에게 물어본다.
"일부일처, 일부다처 중에서 어떤 것이 좋겠습니까?"

대부분 이렇게 대답한다.

"일부다처제가 좋다."

참 바보 같은 질문이고, 바보스러운 대답이다. 나도 진화심리학을 공부하기 전에는 그렇게 생각했었다. 망설임 없이 "일부다처제"라고 대답했다. 지금 생각하면 피식 웃음이 날 뿐이다. 지구상의 인구 중 절반은 여자, 절반은 남자다. 그중 어떤 돈 많고, 권력 있는 잘난 남자가 여러 여자를 거느린다. 그런 남자가 여럿 있다고 하자. 어느 고을에 남자 50명, 여자 50명이 있다고 가정해 보자. 그중 잘난 남자 4명이서 각각 10명의 여자를 거느리고 산다. 남은 여자는 10명이다. 남자는 46명이 남았다. 남은 사람끼리 1:1로 짝을 맞추어도 36명의 남자는 결혼할 기회조차 얻지 못한다. 나와 결혼할 여자가 남아 있지 않을지도 모른다. 내가 잘나지 못했다면 더 끔찍하다. 번식의 기회 자체를 박탈당하는 꼴이 된다.

동물의 세계가 그렇다. 힘센 수컷이 암컷 여럿을 거느린다. 약한 수컷이 기회를 엿보다 어찌어찌하여 한 암컷과 짝짓기를 한다. 힘센 수컷에게 들키지 않으면 번식에 성공할 수 있다. 어쩌다 들키기라도 하면 응징을 당한다. 때로는 무리에서 쫓겨나기도 한다. 조용히 웅크리고 살면서 호시탐탐 기회를 엿본다. 동물을 주제로 한 다큐에서 흔히 보는 광경이다.

일부일처제는 약한 남자가 가장 안전하게 번식에 성공할 수 있는 최상의 시나리오다. 남자들이 이것을 모른다. 어리석게 '일부다처제'가 좋다고 한다. 아내와 완벽하게 50:50의 유전자를 공유하는 번식은 일부일처제에서 확실하게 보장받을 수 있다. 유전자는 50:50 그 이하도 이상도 아니다. 딱 절반씩 물려준다. 아내가 몰래 다른 남자와 짝짓기를 하지 않는다는 전제가 있다. 결혼은 했는데 다른 남자와 관계를 가진다면 남편 유전자의 전달은 불가능해질 수도 있다. 아내는 어떤 남자와 관계를 맺어도 반드시 유전자를 남길 수 있다. 보통의 남자들이여, 바보같이 일부다처제가 좋다고 하지 말자.

일부다처인 경우 여러 아내가 한 남자와만 짝짓기를 한다면 이보다 더 좋은 번식의 기회는 없을 것이다. 남자의 입장에서다. 번식은 많이 했다. 여자의 입장은 자신의 유전자를 남긴다는 측면에서 보면 일부일처나 크게 다를 게 없다. 합방하는 날만 잘 맞으면 전혀 문제가 없다. 오히려 능력 있는 남자의 그늘 아래 더 안전하게 살아갈 수도 있다. 아내가 있는 남자인 것을 알면서도 돈 많고, 권력 있는 남성들에게 잘 넘어가는 이유일 수도 있다. 아내가 많아지고 자식이 많아지면 골치 아픈 일이 한둘이 아니다. 재산 싸움, 권력 다툼 등등 지금도 우리 주변에서 비일비재한 일이다. 남자의 입장은 모두 내 자식이다. 아내들의 입장은 모두 다르다. 내 자식이 남편의 모든 것을 물려받기를 원한다. 아귀다툼이 되는 요소다. 나라가 망하는 꼴도 본다. 동서양을 구분하지 않는다. 인간의 본능 때문이라고 말하고 싶다. 단순히 종족번식이라는 본능적인 차원에서 그렇다는 얘기다.

일처다부인 경우는 어떨까? 남자는 자기 자식을 한 명도 못볼 수도 있다. 번식의 기회가 대폭 줄어든다. 여자는 아무 상관 없다. 누구의 아이가 되었든 내 유전자 50%가 들어간다. 확실하다. 남자는 알 수가 없다. 현대는 과학의 발달로 유전자 분석을 할 수 있다. 옛날에는 어땠을까? 불확실하다. 이 자식이 내 자식인지 아닌지 알 수가 없었다. 다른 남편의 자식이라고 가정해 보자. 남자의 입장에서 보면 피땀 흘려 벌어서 먹여 살렸는데 내 자식이 아니다. 헛일을 하게 된 경우다. 어느 남자가 좋아하겠는가? 이 점은 여자도 다를 바가 없을 것 같다.

지역의 결혼문화에 따라 여러 자매와 한 남자가 한 가정을 이루거나 여러 형제와 한 여자가 한 가정을 이루고 사는 경우가 드물게 있다. 일종의 일부다처, 일처다부가 된다. 결혼을 하려면 여자 또는 남자의 집에 재산을 보내주어야 하는 경우에 이런 문화가 있는 곳도 있다. 이런 문화는 아주 드물다. 이때는 최소한 25%의 유전자를 물려주는 효과가 있다. 형제는 유전자가 50%는 같다. 내 자식이라면 자식의 DNA 중 50%가 내 것이다. 아내의 유전자도 50%다. 형제의 유전자의 50%를 물려주기 때문에 25%가 된다. 아들 유전자에 내 유전자와 같은 유전자가 최소한 25%는 물려진다. 일부일처의 조카와 동일하다. 직접적인 내 유전자는 아니지만.

삼촌이나 고모, 이모들이 조카들에게 각별하게 잘해 준다. 하나의 이유가 될 것도 같다. 순수하게 번식적인 차원에서 보면 그렇다. 관점을 바꾸어 보면 참 흥미롭다. '조카니까 잘해 줘야지'라고 의식하지 않는다. 본능적으로 그렇게 한다. 심지어는 형제자매가 죽거나, 이혼하거나 하여 키울 수가 없을 때 아예 맡아서 키우는 사람도 있다. 남의 자식이라면 그렇게 하기가 쉽지 않다. 흔히 핏줄은 당긴다고 하는 것도 이 때문이 아닐까? 남자의 입장에서 여자 쪽 조카, 여자의 입장에서 남자 쪽 조카는 내 유전자를 물려받는 확률은 0%다. 친조카처럼 가깝게 느껴지지 않는다고 하는 사람이 많다. 이 때문인가? 자세히 들여다보면 조카라고 다 같은 조카가 아니다.

흔한 일은 아니지만 입양해서 자식을 키우는 사람도 있다. 두 가지 경우다. 자식이 없는 경우와 자기 자식이 있지만 입양을 하는 경우다. 어떤 이유로 입양을 하든 대단한 결정이다. 자기 DNA를 1%도 물려줄 수 없다. 장애를 가진 아이를 입양하는 사람도 있다. 무한한 사랑과 헌신, 인류애가 없으면 불가능하다. 아무나 흉내 낼 수 없는 일이다. 생활의 여유가 있어서 하는 것도 아니다. 그래서 존경받는 것이다.

요즘 결혼을 포기하는 젊은 세대를 보면 안타깝다. 어려운 세상이 되어 본능까지 포기하고 살아야 한다. 혼자 즐기고 살다가 가려는 사람은 제외한다. 옛말에 '자기 밥숟가락은 가지고 태어난다.'라고 했다. 농경사회에서 가능한 이야기이다. 사회적 장치는 완벽하게 보장되어 있다. 50% 유전자 상속의 기회가. 현실은 만만치가 않다. 선진국으로 넘어가는 과도기라 더 어려운지도 모르겠다. 지도자들이 잘 이끌고, 보통사람인 우리는 열심히 본분에 충실하면서 따라가면 될 일이다.

능력 있는 자들이 상식을 지키고, '일부다처제' 꿈도 꾸지 말자. 쳐다보지도 말자. 잠시의 유혹을 못 이겨 패가망신하는 사람을 한두 번 보는 것도 아니다. 어쩌면 지금 이 순간에도 그런 일이 일어나고 있는지도 모를 일이다. 상식이 통하는 사회가 되었으면 좋겠다. 피를 함께 나누고 섞는 가족이라면 더 그렇다. 가까운 가족을 외롭게 하고 어디서 행복을 찾겠는가? 소소한 작은 행복이 있는 집. 그 집에 내가 있어야 좋다.

자식 유전자의 50%만 나의 것이다. 아내 혹은 남편은 부족한 50%를 채워 준 사람이다. 100을 만들어 준 사람이다. 정확하게 반씩 자식에게 기여했다. 혼자서는 절대로 할 수 없는 일을 가능하게 해 준 사람이다. 지구상에 딱 하나뿐인 존재이다. 이 세상에서 가장 소중한 사람을 물으면 누구라고 답하고 싶은가? 내리 사랑이라 했다. 부모는 예외로 두자. 자식 이전에 그가 있었다. 남은 생에 올인할 가치가 있는 사람이다. 그의 이름은 배우자다.

9. 가정에는 아내의 역할이 더 중요하고 크다

인간의 탄생과 성장, 죽음에 이르는 과정을 살펴보자. 남녀가 만나 사랑을 하고 짝짓기를 한다. 임신에 성공하면 약 10개월 동안 엄마 배 속에서 자란다. 영양은 주로 탯줄을 통해서 공급받는다. 기다리고 기다리던 탄생의 순간이 온다. 엄마와 아빠, 할아버지, 할머니 등 모든 가족들이 아기의 탄생을 기다린다. 단지 태어났을 뿐인데 많은 사람들에게 기쁨을 주는 존재이다. 우리의 아기들이다. 나도 그랬고, 아내도 그랬다. 모두가 그랬다. 지금도 바로 앞에 있는 것 같다. 입을 오물거리며 까만 눈동자로 쳐다보는 그 모습을 잊을 수가 없었다. 신비로웠다. 30년 결혼생활 중 최고의 순간 중의 한순간이다. 아기에게는 이제부터 새로운 도전이 시작된다. 목도 가누지 못한다. 무엇 하나 마음대로 할 수 있는 것이 없다. 세상은 거칠고 험하다. 난감하다. 태어났으니 살아 내야 한다. 다행이다. 헌신적인 엄마가 있다.

1~2년을 온전히 엄마의 젖에 의존하는 삶의 시작이다. 이쁨이랴. 말도 못한다. 똥오줌도 못 가린다. 모든 것을 엄마가 해결해 준다. 비바람, 추위, 더위 모든 것을 엄마가 완벽하게 막아준다. 필요한 것이 있으면 그냥 울기만 해도 엄마는 알아차린다. 신기하다. 아기에게만큼은 척척박사다. 초능력자가 아닐까 싶다. 1년 정도가 지나면 겨우 걸음마를 한다. 말도 한두 단어를 익힌다. '엄마'라는 단어 하나를 하는 데 1년이 걸린다. 걸음마는 어떤가. 넘어지면 또 손잡아 주고, 한 걸음을 떼면 손뼉치며 환호하며 칭찬하고 응원한다. 새로운 것 하나를 익히는 데 수백 번 넘게 반복을 시킨다. 못한다고 짜증을 내지도 않는다. 엄마의 인내심은 어디까지일까? 타고난 교육자가 아니고서야 그 일을 어떻게 할까. 강사로서 어른을 교육하는 데도 힘이 들 때가 많다. 말귀도 못 알아듣는 아이들에게 세상살이의 기본적인 것은 다 가르친다. 위대한 교육자다. 그런 세월을 장장 10년 정도 보낸다. 유치원이나 학교를 가기 전까지는 엄마의 역할이 제일 중요하고 크다. 학교를 가더라도 학교에서 배우지 못하는 대부분의 것들을 엄마가 주로 가르친다. 10년 정도가 되면 스스로 생존에 필요한 일을 할 수 있다. 옛날이야기다. 현대는 20년을 넘긴다. 경우에 따라서는 30년, 40년을 서포터 한다. 그 뒤에 엄마의 헌신적인 희생이 있다.

그동안 남자는 무엇을 하고 있을까? 새 생명을 잉태시키는 데

십수 분 열심히 힘을 쓴다. 최악의 경우 이것으로 역할을 끝내는 경우도 있다. 그래도 여자의 헌신에 의해 자신의 유전자는 상속되는 혜택을 누린다. 대부분은 열심히 사냥도 하고, 일을 해서 아내와 자식을 먹여 살린다. 남자들에게 아기를 보라고 하면 2~3시간을 넘기기 힘들어한다고 한다. 아내에게도 헌신적이고, 아빠의 역할을 다하는 이도 있다. 돈만 벌어다 주는 것으로 자신의 역할을 다한 것처럼 행동하는 이도 있다. 성품에 따라 다르기는 하다. 여자는 어떤가? 그 어떤 경우에도 엄마 역할을 소홀히 하지 않는다. 왜 확연한 차이를 보이는 것일까?

인류 역사를 거슬러 수만 년 전으로 가 보자. 아니 석기시대 정도까지만 봐도 된다. 남자의 주요 역할은 사냥으로 대표되는 수렵과 채집활동이었다. 고상하게 표현하면 번식자원의 획득이다. 주거지와 멀리 떨어진 곳까지 다녀야 했고, 위험도 감수해야 하는 일이다. 오랜 세월 같은 일을 반복하면서 신체구조나 사고구조도 사냥을 잘하도록 진화되었다. 한마디로 사냥에 특화된 종족이다. 사냥은 혼자서 하기가 힘들다. 여럿이 함께 해야 쉽다. 같이 갔는데 제멋대로 움직이면 안 된다. 먼저 힘세고 지혜로운 사람으로 대장을 뽑는다. 대장의 지시에 의해서 일사불란하게 움직인다. 사냥을 떠나기 전에 모여서 작전회의를 한다. 출발을 하면 더 이상 말이 필요 없다. 목표물을 발견하면 더 조용히 해야 된다. 예로부터 사냥을 하는 데는 말이 필요 없다. 사냥은 과정도 중요하지만 결과를 더 중요시한다. 때로는 남이 사냥해 놓은 것을 가로채서 오기도 한다. 이유는 오직 하나다. 내 새끼와 가족을 먹여 살려야 하기 때문이다. 남자가 말이 적은 이유가 여기에 있다. 대화를 하려고 하면 "결론만 말하라."라고 하는 경우도 허다하다.

재미있는 일이 있다. "배우자를 애인으로 대우하자"라는 주제로 강의를 할 때는 꼭 하는 말이다.

나: "남자는 말이 필요 없는 동물입니다."

청중: "강사님은 남자인데 말을 잘하시잖아요."

나: "저는 지금 말을 하고 있는 것이 아니라 '사냥'을 하고 있는 겁니다."

청중: "아, 그렇군요." (박장대소를 한다.) "집에 가면 다른 남자들처럼 말이 적습니까?"

나: "넵. 그렇습니다만, 4~5년 전부터 의도적으로 대화를 많이 하려고 노력하고 있습니다. 강의 중에 있었던 일, 오고 가는 길에서 생긴 일 등 자질구레한 일들을 아내에게 많이 하는 편입니다."

전문 강사여서 말을 해서 먹고사는 사람이다. 강의는 일반적인 생활 속의 대화가 아니다. 특정한 목적을 가지고 상대에게 정보를 전달하고, 그것을 받아들이고 공감하여 실천을 통해서 생활의 변화를 가져오게 하는 행위라고 생각한다.

사냥은 한 번에 두 마리의 목표물을 잡을 수가 없다. 오직 한 개의 목표물에만 집중해도 놓칠 때가 많다. 한 가지에 몰입하지 않으면 생존 자체가 불가능했을 가능성이 매우 높다. 남자가 TV를 보고 있을 때 아내가 불러도 대답하지 않는 이유가 아닐까 싶다. 이런 이유로 남자가 더 중독에 많이 노출되는 경향이 짙다고 하는 학자도 있다. 남자들은 사냥을 해 오면 자기 할 일 다 했다고 생각할 수 있다. 퇴근하고 집에 돌아오면 내 할 일 다 했으니 편히 쉬면 된다고 생각할 확률이 매우 높다. 육아나 사소한 집안일에 관심이 적다. 집안일이 눈에 들어오지 않는 이유가 된다. 오랜 세월 동안 그런 생활을 해 온 결과다. 말수가 적고 몰입을 잘하는 것은 기능적인 측면에서 용불용설이 적용된다고 해석해 본다.

여자는 어떤가? 주거지 주변에서 매일 단순 반복되는 일을 한다. 아주 사소한 일들이다. 그러나 삶에는 매우 중요한 일들이다. 밥, 청소, 빨래로 대변되는 집안일이다. 해도 해도 끝이 없다. 지겹다. 지겨움을 해소할 수 있는 유일한 방법이 수다였다. 한마디로 '심심풀이 오징어 땅콩'이라고 해 두자. 동네 주부들이 빨래터에 모여서 빨래를 하면서 심심풀이로 수다를 떤다. 했던 얘기를 반복해도 아무런 상관이 없다. 심지어 한 사람은 자식 이야기, 다른 한 사람은 남편 이야기, 또 한 사람은 시어머니 이야기로 각기 다른 이야기를 하면서도 재미있게 한다.

다음 날 같은 이야기를 또 하면서도 깔깔댄다. 심심풀이니까. 특별한 의미를 담을 필요가 없다. 그냥 하면 된다. 서열을 정할 필요도 없다. 서로의 관계만 좋으면 된다. 서로 편하고 도울 수 있는 수준이면 충분하다. 척을 질 필요는 전혀 없다. 공동체 생활에 도움이 되지 않는다. 여자들이 수다를 잘 떠는 이유가 아닐까 짐작해 본다. 이런 여자들의 모습을 말 한마디 없이도 사냥을 할 수 있는 남자들은 이해할 수가 없다. 이해가 안 된다.

제일 중요한 과업이 있다. 생산과 육아이다. 안타깝게도 집안일과 함께 해야 된다. 세 가지 일은 분리해서 되는 일이 아니다. 모두 동시에 벌어지는 일들이다. 여자들은 수다 떨면서 빨래하면서 아기까지 본다. 제 아이만 보지 않는다. 다른 집 아이들도 함께 봐 준다. 관계성이 좋아야 하는 중요한 이유다. 동시에 여러 가지 일을 해낼 수 있도록 진화되었다. 역시 용불용설이 적용된다. 아마 남자들에게 시키면 이렇게 하지 않을까 싶다. 아기만 보고 있다. 아기가 자면 빨래를 하러 간다. 청소를 한다. 밥을 하려고 하니 해가 저물었다. 식구들은 굶을 수도 있다.

생산과 육아, 집안일 모두 중요하다. 열심히 일해서 가족들 먹여 살리는 것 또한 중요하다. 일의 경중을 따질 수가 없다. 누가 더 우월하다. 잘했다, 못했다도 아니다. 다만 잘할 수 있는 일이 다를 뿐이다.

현대는 생활패턴이 많이 변했다. 유전자는 변하지 않았다. 고착화된 사고구조도 변하지 않았다. 본능적 반응도 변하지 않았다. 변하려면 오래 걸린다. 오죽하면 진화심리학자들은 현대인을 '원시인이 넥타이 매고 벤츠를 타고 다니는 격'이라고 했을까?

주로 여자들이 잘하는 일은 옛날이나 지금이나 거의 변한 게 없다. 한 가지 일이 더 늘었다. 맞벌이라는 이름으로 번식자원을 획득하는 데 지대한 공헌을 한다. 시대의 변화로 여성들에게 안성맞춤인 일이 많아졌다. 감성적이고 관계성이 좋아야 잘할 수 있는 일이 많다. 남자보다 사회생활을 잘하는 사람도 허다하다. 영역파괴다.

남자들의 일은 바뀌었다. 바뀌어도 너무 많이 바뀌었다. 적응조차 힘든 일이 많다. 잘할 수 있는 사냥은 어디에서도 하지 않는다. 오랜 세월 여자들이 주로 담당해 왔던 육아에도 참여해야 한다. 아내가 맞벌이를 하니까. 집안일도 해야 된다. 익숙하지 않다. 하기는 했는데 어설프다. 여자들이 보면 마음에 들지 않는다. 타박을 한다. 최선을 다했는데 핀잔을 들으면 다시는 그 일을 하기 싫어진다. 부부싸움의 단초가 되기도 한다. 짜증이 난다. 술로 해결하려 들기도 한다. 끝없는 단초를 제공하는 꼴이 된다. 남자는 현대생활에 불리하다. 본능적으로 행동하면 맞지 않기 때문이다. 더 노력해야 되는 이유다.

어쩔 수 없이 다를 수밖에 없는 점은 인정하자. 모르면 공부를 해야 한다. '알아야 면장을 한다.'라는 말이 있다. 알아야 배려할 수 있다. 무식한 것이 자랑은 아니다. 서로 다른 점을 존중하고 배려해야 한다. 연인일 때는 모든 것을 몰라도 배려를 너무 잘했다. 유효기간이 짧은 '콩깍지 호르몬' 덕분이기는 하지만. 다행스럽게도 관점을 바꾸는 것이 가능한 인간이다. 일부러라도 콩깍지를 쓰고 살아 보면 어떨까?

한 가정에서 아버지가 몸살이 나서 하루 이틀 누워 있다고 가정해 보자. 아이들은 아빠가 아픈 것도 모르는 경우도 많다. 집안은 별 탈 없이 잘 돌아간다. 엄마가 그러면 대부분의 집은 난장판이 된다. 남편도 우울하다. 아이들은 말할 것도 없다. 이것이 현실이다. 누가 더 잘나서가 아니다. 능력의 차이다. 잘할 수 있는 역할이 다르다.

10. 남자는 얼간이다(긍정오류 & 부정오류)

　2016년 3월 9일 세계적인 관심을 끄는 대결이 있었다. 사람과 컴퓨터 1,202대와의 대결이다. 이세돌과 알파고의 대결이다. 1승 4패로 인간대표가 완패했다. 세계가 충격에 휩싸였다. 보는 시각도 다양했다. 마치 세상이 끝이 나는 것처럼 여기는 사람, 대수롭지 않게 여기는 사람도 있다.

　인공지능의 발달로 인간의 삶이 위협받기도 한다. 카이스트의 어느 교수님께서 외부강의 중에 한 말씀이 생각난다. "내가 이러려고 로봇을 만들었나! 편리하려고 만들었는데 우리 자식들 일자리 다 뺏겼네."라고. 현실은 인정하되 어떻게 잘 활용할 것이냐가 중요한 문제라는 생각이 든다. AI가 위협은 하지만 인간의 뇌는 실로 엄청난 능력을 지니고 있다는 것 또한 사실이다. 살아 있는 뇌만 가지는 능력이다. 나이가 먹거나 뇌졸중,

치매 등이 걸리면 깡그리 무용지물이 된다. 생명이 다하면 모든 것이 제로가 된다.

지금까지 인간 중에서 가장 똑똑한 사람 중의 한 분이 아인슈타인이다. 아인슈타인은 뇌의 몇 퍼센트를 사용했을까? 검색을 해 보면 3%, 4%, 5%, 10% 등 설이 다양하다. 정확히 알 수는 없지만 10%를 넘기지는 않는다. 인간 중에서 제일 똑똑한 사람이 10%도 사용하지 않았다. 나머지 대부분의 사람들은 1~3%도 사용하지 않는다고 한다. 가지고 있는 역량의 10%도 되지 않는 뇌만 사용하고도 어마어마한 결과를 만들어 내고 있다. 인공지능 또한 인간의 머리에서 나온 결과물이다. 인간의 뇌는 대단한 능력을 지니고 있는 것은 분명하다. 초능력을 지니고 있다고 해도 과언이 아니다.

그 똑똑한 뇌가 멍청하기 그지없을 때가 있다. 진짜 웃음과 가짜 웃음을 구분하지 못한다. '콩깍지 호르몬'이 나오면 상대방의 모든 것이 좋게 보인다. 같은 행위를 오래 반복하면 습관이 되어 자동으로 반응한다. 많은 학자들이 연구한 결과로 증명한다. 생존과 번식, 행복하게 살기 위한 본능적인 반응이리라 짐작해 본다. 완벽하게 이성적·논리적으로만 반응한다면 어떨지? 의문으로 남겨 둔다.

지금의 눈부신 발전을 이룬 결과는 주로 남자들이 만들었다. 흔히 역사를 만들어 가고 있는 그 남자들 뒤에 여자가 있다고는 하지만, 똑똑한 남자들의 멍청한 면을 보자. 바로 '긍정오류'다. 긍정오류란 실제로 '좋아하지도 않는데 좋아하는 것으로, 나쁜 사람인데 괜찮은 사람으로' 오류를 일으킨다는 것이다. 그것도 여자의 웃음에 심각한 오류를 일으킨다고 한다. 여성이 싱긋 웃어 주기만 해도 '저 여성이 나에게 관심이 있구나.' 하고 착각을 한다는 것이다. 심하게는 성적 관심이 있는 것으로까지 착각한다. 그리고 그 여성에게 구애를 한다. 똑똑한 남자의 뇌다. 똑똑한 뇌가 왜 이런 오류를 범할까? 덕분에 종족번식의 기회를 더 많이 얻을 수 있게는 되었다.

많은 남자들이 술집에 가서 지갑을 털리는 경우가 많다. 누가 털어 가는 것이 아니다. 본인이 털어 주고 온다. 그곳에는 모두 예쁜 직업여성들만 있는 것도 아니다. 그런데도 탈탈 털고 나가는 사람이 부지기수다. 예쁘거나 그렇지 않거나 공통으로 가지고 있는 그들의 무기가 있다. 웃음이다. 심지어 딸뻘 되는 젊은 여성들이 '오빠'라고까지 한다. 똑똑하던 뇌가 긍정오류를 일으킨다. 술까지 먹었다. 취했다. 인간의 이성을 관장하는 대뇌피질은 작동을 멈추고 말았다. 거의 무방비 상태가 되었다. 현금 다 털고도, 외상으로, 카드로 호기를 부린다. 스스로 미래의 부부싸움 불씨를 뿌리고 온다. 뒤늦게 알아차리지만 수

습할 방법이 없다. 돈 많고, 권력 있고, 똑똑한 남자조차도 예외는 없다. 모두가 그런 것은 아니다. 술에 만취가 되었어도 긍정 오류가 일어나도 꿋꿋이 아내에 대한 예의를 지키는 사람이 더 많다.

종족번식을 위한 짝짓기의 최종 선택권이 있다면 그것은 여성에게 있다. 감히 단정 지어 말하고 싶다. 여성이 허락하지 않으면 종족번식은 불가능하다. 남성은 운이 좋으면 딱 한 번 고작 15분 내외의 시간만 투자해도 번식에 성공할 수도 있다. 대부분은 열심히 일해서 상대 여성에게 번식자원을 제공한다. 함께 열심히 육아에 참여한다. 여성은 약 10개월간의 임신, 2년 내외의 수유, 10년 이상 걸리는 육아 등의 어마어마한 시간과 노력을 투자해야 번식에 성공한다. 시간과 노력이 남성의 그것과는 비교가 되지 않는다. 서로 상호보완적인 관계를 이루는 것이 최선의 길이다.

남성이 1년에 1,000명의 여성과 관계를 한다고 가정해 보자. 터무니없는 소리라고 할지 모르지만 남자에게는 가능한 일이다. 여성들이 허락만 해 준다면. 3%가 성공하면 1년에 무려 30명의 자식을 얻을 수 있다. 70이 넘어서까지 가능하다. 과장되게 표현하면 무한대라고도 할 수 있다. 칭기즈칸의 예를 보면 쉽게 이해가 된다.

여성은 어떤가? 똑같이 1,000명의 남성을 상대한다고 해도 딱 1명만 임신이 된다. 다둥이는 예외로 한다. 10개월 남짓의 임신기간, 2년 내외의 수유기간까지 있다. 이 기간에는 임신 자체가 불가능하다. 연년생을 두는 경우도 있지만 평균 2~3년에 1명의 자식을 낳는다. 평생 최대 20~25회 정도의 출산이 가능하다. 따라서 괜찮은 남자를 선택해야 좋은 후손을 낳을 확률이 높아진다. 신랑감을 잘 골라야 한다. 신중하게. 남자가 대시를 해 와도 일단 튕겨 놓고 본다. 이것을 부정오류라고도 한다. '좋아하는데 싫어하는 것으로, 괜찮은 사람인데 나쁜 사람으로' 착각한다. 진짜 괜찮은 사람인지 정확히 파악할 시간이 필요해서가 아닐까 싶다. 여성은 신중에 신중을 기해야 하기 때문이리라. 최소 10년 이상의 세월을 투자해야 하는 자식이니까.

반면, 남자는 사춘기 이후 평생에 걸쳐 임신을 시킬 수 있지만 자신에게 결정권이 없다. 기회가 주어지면 시도를 해야 종족번식의 가능성을 높일 수 있다. 그래서 여성이 웃으면 '나를 좋아하나? 관심이 있나?' 하는 것으로 착각을 일으킨다. 본능의 발현이라고 해석해 보고 싶다. 남성의 긍정오류가 여성에게 접근하게 하고, 여성은 많은 사람 중에서 가장 괜찮아 보이는 사람을 선택한다. 이 긍정오류와 부정오류는 인간의 의지로 해결되는 부분이 아니다. 본능적인 반응이다. 아무리 똑똑한 뇌를 가졌다고 해도 거의 비슷하다고 한다. 콩깍지가 끼어도 멍청해지기는 마찬가지지만. 자연의 묘한 조화라고 하고 싶다. 종족이 보존되는 자연의 이치라고나 할까.

처음 진화심리학을 공부하면서 소름이 돋았다. 대머리임에도 머리카락이 '쭈뼛' 서는 느낌을 받았다. 웃는 여자에게 약한 내 모습을 보았기 때문이다. 신세계였다. 다음 내용이 궁금했다. 순식간에 읽어 내려갔다. 왜 젊은 남자들은 긴 생머리의 여자를 좋아하는지, S라인을 가진 여성에게 눈길이 가는지, 왜 남자는 결과를 중시하는지, 여자는 과정을 중시하는지 등 많은 것을 알게 되었다.

아주 간단했다. 남자에게 건강한 아내를 얻는 것은 매우 중요한 일이다. 현대는 의과학의 발달로 건강을 체크할 수가 있다. 옛날에는 윤기 나는 머리와 풍만한 가슴과 S라인이 건강미를 나타내는 바로미터였다. 그래서 남자는 건강미인의 상징인 윤기 나는 긴 생머리의 여자를 좋아한다. 엄마가 건강해야 건강한 2세를 얻을 수 있기 때문이다. 사냥은 과정도 중요하지만 결과가 더 중요하고, 여자에게 매우 중요한 생산과 육아는 결과보다 과정이 훨씬 중요하기 때문이라는 것을 쉽게 알게 되었다. 어려운 것들이 아니었다. 많이 모르고 살았다. 지금 열거한 것들이 모두에게 똑같이 적용되는 것은 아니겠지만, 남자와 여자를 이해하는 데 도움이 되었다. 특히 아내의 말이나 행동을 이해하는 눈을 확 뜨는 데 결정적 계기가 되었다. 지나가 버린 25년의 결혼생활 중 아쉬움으로 느끼는 부분이 많았다.

아내가 늘 하던 말이 생각났다. "웃는 여자 조심하세요."라는 말이다. 학원 강사 시절 수강생의 80%가 여학생이었고, 지금도 청중의 90%가 여성들이다. 교육담당자의 70% 정도가 여성이다. 아내가 왜 그런 말을 했는지 비로소 알게 되었다. 진화심리학을 알게 된 덕분이다. 내 나름대로 스마트한 남자라고 생각하고 살았다. 알고 보니 본능에 많이 휘둘리고 살았다. 섬뜩했던 이유다.

아내는 진화심리학을 공부한 적이 없다. 남자가 여성의 웃음에 약하다는 것을, 긍정오류를 일으킨다는 것을 어떻게 알았을까 궁금했다. 아내의 답은 의외로 싱거웠다. "내가 여자잖아"였다. 그러면서 덧붙이는 말이 있었다. "남자들은 바보"라고. 맞다. 진짜 웃음과 가짜 웃음도 구분하지 못하는 바보였다. 뜨끔했다. 피식 웃음도 났다. 앞으로는 바보짓을 하지 말아야지 다짐도 했다.

딱 하나로 1,202대의 컴퓨터와 맞장 떠서 이기기도 하는 똑똑한 뇌를 가지고 있다. 눈부신 발달을 한 과학, 어디로 갈지도 모르는 미래 또한 인간의 똑똑한 머리에서 나왔다. 왕성하게 활동하는 젊은 시절에는 종족번식의 막중한 임무도 있었다. 번식자원의 획득을 위해 열심히 일에 빠졌다. 옆을 돌아볼 여유가 없다.

중년을 넘어 정년을 앞에 두면 어떨까? 벌써 손자를 봤다. 번식과 자원의 획득도 나의 주요 임무가 아니다. 남은 것은 아름답고 행복한 황혼의 모습으로 잘 마무리하는 것이 가장 중요한 임무가 아닐까? 앞으로는 자녀와 함께 늙어 가는 가정이 많이 늘어난다. 100세 시대의 필연이다. 아름다운 부모의 모습을 보여 주려면 현명해져야 한다. 알아야 한다. 똑똑한 뇌를 지혜롭게 사용해야 한다. 트렌드가 된다 해도 싫다. '한집에서 소 닭 보듯이 사는 졸혼'은 싫다. 행복한 100세를 위하여 행혼으로 갈무리하고 싶다. 노력해 보련다. 더 이상 얼간이가 되지 않았으면 좋겠다. 쉽지 않은 일인 것만은 분명하다.

11. 부부는 민주주의 불가능:
100:0 or 50:50

민주주의란 다수결의 원칙이다. 어느 쪽이든 최소 1표만 더 얻으면 된다. 심지어 대규모 선거에서는 3인 이상의 출마인 경우에 50% 이상을 득표하지 않고도 당선이 된다. 3인 출마 시 1/3, 다수인 경우 1/4 이하만 얻어도 당선이 되는 구조다. 결선 투표니 하는 복잡한 선거법은 언급하고 싶지 않다. 부부 사이에서는 적용되지 않기 때문이다. 내용이 선이냐 악이냐 하는 것보다 숫자가 더 크게 작용한다.

"소수의 의견도 존중한다."고 하지만

"패한 소수는 패배를 인정하고 다수를 따라야 한다." 그 내용의 선, 악이 중요치 않다. 이런 최악의 경우도 있다. 승자가 봐도 패자의 주장이 옳았다. 그러나 숫자에 밀렸다. 편 가르기의 결과다. 49:51로 아깝게 패했는데도 깡그리 무시당하는 경우를 무수히 봤다.

바깥 사회에서는 이럴 경우에 대비해 두었다. 법이다. 최선이
라서가 아니다. 차선이라도 사소한 문제를 안고서라도 전체를
위해서 한다. 법대로. 참 무서운 말이다. 상식으로 보면 가해자
다. 법 앞에 가니 무혐의가 된다. 때론 역전이 되는 경우도 있
다. 민주주의에 입각한 힘의 논리에 의해서. 주어진 힘을 악용
하는 자들의 농간도 한몫하기는 한다.

공산주의는 어떤가? 대부분 100:0이다. 지도자의 결정이 곧
민주주의다. 최고의 선이다. 반대하면 파멸이다. 그들의 주장으
로 보면 완벽한 민주주의다. 모두를 위한. 여기서 정치제도의
호불호나 문제를 논하고 싶지 않다. 다만 참고해 봤을 뿐이다.
가정도 둘 이상이 모인 최소단위의 사회니까.

이제 가정으로 들어가 보자. 부부의 의사결정구조를 보자. 민
주주의로 의사결정을 한다. 2:0, 1:1, 1:0, 0:0의 결과를 예측할
수 있다. 2:0은 완벽한 의견일치다. 선을 위한 의견일치라면 금
상첨화다. 경우의 수를 예상해 보자. 오늘 집안 청소를 한다. 1.
오늘 청소한다:2. 내일로 미룬다의 결정이다. 남편과 아내 모두
하기 싫다. 내일 하지 뭐. 하는 생각으로 투표했다. 0:2의 결과
가 나왔다. 완벽한 민주주의였다. 집 안은 어떻게 되겠는가? 청

소 정도의 사소한 결정이면 크게 상관없다. 더 중요하고 큰일이라면 어떨까? 민주주의의 가장 큰 폐해다. 이럴 경우 차라리 독재가 낫지 않을까!

1:1의 경우 한 사람의 양보가 없으면 대부분 부부싸움 소위 '기싸움'이라는 것을 한다. 사사건건 갈등이 생긴다. 살아 봐서 안다. 기싸움 해서 득 보는 것은 없다. 부부 사이에 골만 깊어진다. 하나의 기권으로 1:0, 승자는 있다. 패자는 없다. 기권을 패자라고 하자. 패자의 협조가 없으면 부부싸움으로 번질 가능성이 매우 높다. 0:0 둘 다 기권이다. 각자 제멋대로다. 집안일을 서로 미루고 방치한다. 청소를 하루 정도 방치하는 것, 빨래 정도를 미루는 것 등 대수롭지 않는 일이라면 크게 문제 될 것도 없다. 육아 등의 시기를 놓치면 안 되는 일을 이렇게 하면 집안 망할 징조다.

자식이 하나 태어났다. 둘이 태어나 식구가 넷이 되었다. 이때의 의사결정은 더욱 복잡해진다. 아이들이 스스로 의사결정을 할 수 있다고 해도 편 가르기가 될 가능성이 매우 높다. 아이들은 누구 편을 들어야 내가 유리한가를 본능적으로 안다. 때로는 무서운 권위에 눌려 의사표현을 전혀 못 하기도 한다. 회유책을 쓰는 부모도 너무 많다. 자신에게 유리하게. 아니 편리하게.

의견일치가 되는 경우는 제외한다. 환상적인 결과니까. 모두가 만족하니까. 모두 행복하다.

자식이 없는 부부가 외식할 메뉴를 결정한다.

남편: "오늘 뭐 먹으러 갈까?"

아내: "짜장면 먹으러 가요."

남편: "나는 짬뽕."

이렇게 나오면 아주 쉽다. 중국집에 가서 각자 시켜 먹으면 된다. 아주 화목한 외식이 된다. 모두가 행복할 수 있다.

남편이 "치킨" 또는 "삼겹살"이라고 하면 여러 가지 결정을 할 수 있다.

1. 누구 하나가 양보하고 따라간다. 행복하지 않은 사람 1인 발생.
2. 가위바위보로 결정할 수 있다. 재미로.
3. 각자 먹고 싶은 것을 먹으러 간다. 일면 최선으로 보인다. 둘 다 처량한 혼밥 신세다. 개성이 충분히 반영되었다고 하면 할 말이 없다. 가족이 왜 가족인가?
4. 한 사람이 삐친다. 한 사람만 외식하고 한 사람은 집에서 대충 때운다.

최악이다. 뻔하다. 부부싸움으로 간다. 단둘인데도 이렇게 다양한 변수가 나온다. 이래서 동수인 경우는 누구의 의견을 더 중요시한다. 지혜로워야 한다. 사안에 따라서 누구의 판단이 더 현명한지 잘 헤아려야 한다. 묵시적인 룰이 필요하다. 일종의 법 같은.

자녀가 하나로 셋인 가정에서 외식을 할 메뉴를 결정한다.

아버지: "오늘 뭐 먹으러 갈까?"

아내: "짜장면이요."

아이: "저는 치킨이요."

아버지: "나는 삼겹살."

어디로 가야 할까요.

1. 합의를 도출하지 못했으니 아예 안 간다:모두 대 실망.
2. 가위바위보를 해서 정한다. 진 사람이 깨끗이 인정하고 기쁘게 따라 주면 모두가 행복이다. 누구 하나라도 시큰둥하면 아이들에게는 신나는 외식이 없어지고, 부부에게는 행복이 사라진다. 맛난 음식 즐겁게 먹자고 나가는 외식인데 싸우고 돌아오는 경우도 많다.
3. 둘이 양보해서 짜장면으로. 배려와 존중이 깔려 있는 양보라면 모두가 OK! 행복한 외식.
4. 2:1로 갈라서 간다. 엄마·아빠:아이(부모 등), 엄마·아이:아빠, 아빠·아이:엄마.
5. 모두가 각자 먹고 싶은 것을 먹으러 간다.
6. …….

이렇게라도 의견을 존중해서 흔쾌히 갔다 오면 모두가 행복할 수 있다. 그것이 안 된다면 흔히 말하는 콩가루 집안이 될 공산이 크다.

가끔은 엄마, 아빠가 아이들에게 윙크를 한다. 회유책이다. 장난감, 게임, 놀이동산 가는 것 등 종류도 다양하다. 방법도 즉석에서 바로 하기도 한다. 사전에 치밀하게 해 두는 경우도 있다.

아이도 같은 방법을 쓰기도 한다. 부모가 하는 것을 봤으니까. "자식은 부모 뒷모습을 보고 자란다."라는 말이 있다. 이런 아이들이 민주시민으로 자라기는 어렵다. 바깥에 나가면 뇌물 공여 및 수수 등의 법이 적용되지 않을까? 3만 원이 넘지 않으면 김영란법에 걸리지 않나? 부모가 싹을 키운 것인지도 모른다. 논리비약인 것을 안다. 그렇지만 가정에도 보이지 않는 규칙이 필요하다. 벽에 붙여 두어도 좋다. 그렇게 하면 안 된다는 법은 없으니까.

남매를 둔 닭살가정을 들여다보자. 아이들이 제 부모를 "닭살부부"라고 한다. 가끔은. 그래서 닭살가정이라고 이름 붙였다. 이 집은 경상도에 있다.

아빠: 오늘 뭐 무로(먹으러의 경상도 사투리) 갈래?

아들(둘째): "아빠, 저는 삼겹살이요." (무표정)

딸(첫째): "좋아요. 저도 삼겹살." "아빠는요." (생긋)

아빠: "엄마한테 물어보고." (무덤덤)

아이 둘 동시에: "에이, 또 엄마한테 물어봐야 돼요." "맨날 엄마한테 물어보고 난리다."

"엄마, 뭐 먹어? 아빠가 물어보라고 하시는데."

엄마: "아빠 먹고 싶은 거."

딸: "맨날 서로 미루고. 우째야 되노?" (볼멘소리)

엄마: "너거들 뭐 묵고 싶노?" (환하게 웃으며)

아들: "엄마, 우리는 삼겹살." (둘 다 엄마 아빠의 눈치를 살핀다.)

엄마: "나는 짬뽕이 먹고 싶지만 오늘은 참지 뭐."

아이 둘 동시에: "앗싸! 오늘은 삼겹살이다." (깡충깡충 뛰며) "아빠는요?"

아빠: "좋다. 삼겹살로 가자. 아빠는 소주도 1잔 한다." "채소 많이 먹기다."

아들: "알았어요. 우린 콜라 먹어도 되죠?"

아빠: "그래." (무뚝뚝하게, 실은 삼겹살 좋아하면서 건강을 위해서 많이 자제함.)

엄마: "가자." (삼겹살 팬)

모두 함께: 삼겹살집으로 go!

이 집 남편의 직업은 실천주의 건강교육 전문 강사다. 주 내용은 채식을 많이 해야 한다. 인스턴트식품, 곡류, 육류를 가급적 적게 먹을 것을 강조한다. 채식주의자는 아니다. 아내는 한의원의 사무를 담당하는 직장인이다.

큰아이인 딸은 2018년 11월에 시집을 갔다. 결혼하기 몇 년 전 딸과 엄마의 대화를 우연히 엿들었다.

딸: "아빠 같은 신랑을 만났으면 좋겠다. 엄마."

엄마: "그래, 아빠 같은 사람이면 좋지. 돈을 잘 벌면 더 좋고."

둘째인 아들은 네 살 터울이다. 미용을 배우고 있다. 누나가 결혼하는 것을 보고 아들 하는 말,

"나도 빨리 장가가고 싶다."였다.

둘 다 행복하게 살기를 바란다. 표정 하나, 말투까지 기억하는 이유는 뭘까? 우리 집이다. 대화의 일부를 공개하는 것으로 우리 집의 분위기를 알려 드리고 싶었다.

행복은 누군가의 희생과 책임이 바탕을 이룬다. 서로 다름을 인정하는 존중과 배려가 따라야 한다. 민주주의로만 가정이 잘 돌아가는 것은 아니다. 때론 독재(선한 방향)도 복종도 필요하다. 기꺼운 마음으로. 모든 것을 아우르는 말이 사랑이 아닐까 싶다.

3장

:

노후를 위하여

1. 외로움이 최악이다

30년 지기 친구 넷이 있다. 모임 이름은 3.1회다. 큰 뜻은 없다. 고등학교 때 3학년 1반이어서다. 결혼 전부터 커플이 함께 모였다. 여행도 같이 다녔다. 재미나는 추억도 있다. 청도의 운문사로 1박2일로 함께 여행을 갔다. 자고 일어나니 두 여친의 신발이 없어졌다. 운문사에서 스님들의 낡은 백고무신을 얻어 신고 다녔었다. 결혼을 하면서 아이들도 함께 모일 만큼 서로를 잘 아는 절친한 사이다. 아이들이 중학생이 되면서 따라오지 않았다. 이런 친구들을 만나면 외로움을 느끼지 않아야 한다. 그런데 한동안 친구를 만나고 있는 시간에도 외로움을 느꼈다. 그때는 모임에 나가기 싫었다.

첫 번째 이유는 이렇다. IMF 여파로 운영하던 학원이 망했다. 헤어날 구멍이 없을 만큼 참담했던 시절이었다. 아이들 급식비까지 내지 못한 상황이었다. 당연히 모임의 회비를 낼 수 있는 상황이 아니었다. 회비는 달랑 만 원이었다. 이러면 대부분 모임을 나가지 않았을 것이다. 그래도 나갔다. 부부가 함께. 나중에 형편이 풀리면 다 내면 되겠지. 그렇게 하겠노라고 말하고 나갔다. 친구니까 이해해 주리라 믿었다. 친구들도 그러라고 했다. 부끄러웠지만 고마웠다. 마음을 받아 주어서다.

그렇게 3년쯤 지났을 때였다. 회비를 못 내니까 모임에서 제외하는 것을 의논했다고 들었다. 쥐구멍이라도 들어가고 싶었다. 많이 망설였었다. 그래도 나갔다. 돈이 없을 뿐이지 나쁜 짓은 하지 않았기 때문에 부끄럽지만 계속 나갔다. 친구를 잃고 싶지 않아서였다. 그때 그런 생각을 했었다. '지금 돈이 없다고 모임을 안 나가면 나중에 형편이 좋아지면 나갈 수 있을까?' '다시 나간다고 해서 서먹한 마음이 없어질까?' 생각이 여기에 이르자 '철면피가 되자' 하고 마음먹었다. 10년 가까이 회비를 못 내고 나갔다. 아내에게 너무 미안했다. 나는 친구니까 그렇다고 치지만……

묵묵히 따라와 주었다. 백 번 천 번을 생각해도 고맙다. "창피해서 못 가겠다고" 말하지 않아서, 말없이 옆에 있어 줘서. 아내가 못 나가겠다고 했다면 이 친구들과는 벌써 멀어졌을 것이 뻔하다. 그 빚을 열심히 갚으면서 살리라 다짐을 참 많이도 했다. 앞으로도 하겠지.

10년 전 어머님이 돌아가셨다. 친구들이 와 주었다. 조의금 50만 원을 받았다. 고마웠다. 와 준 것도 고맙고, 조의금까지 회칙에 정한 대로 해 주었다. 나는 회비를 안 내고 있었는데도 말이다. 아마도 나보고 '참 낯짝 두껍다'라고 한 친구도 있었으리라. 도둑이 제 발 저리다고 했다. 그냥 내 짐작일 뿐이다. 이 친구들은 잃지 않았구나! 하는 안도의 한숨이 나왔다. 가슴 저 밑바닥에서 뭔지 모를 것이 치밀어 올라왔다. 핑 도는 눈물을 억지로 참았다. 눈물을 보인다고 해서 흉이 될 것도 아니었지만 눈물을 보이기 싫었다. 그냥 눈물 흘릴 걸 그랬다는 생각이 나중에 들었다. 어머니가 돌아가셨으니 울어도 쪽팔리지 않았을 텐데, 친구들한테 쪽 좀 팔려도 되는데, 더한 상황에서도 모임에 갔었는데……. 회비는 5~6년 전부터 해마다 조금씩 더 냈다. 작년에 완납했다. 홀가분했다. 3.1회는 여전히 즐거운 모임이다.

38년 전으로 거슬러 올라가 보자. 고2 겨울방학 직전인 것으로 기억한다. 1학년 초부터 절친했던 6명의 친구가 있다. 우리 학교 4명, 다른 학교 2명이었다. 평생 함께할 모임을 만들자고 했다. 찬성했다. 학원에 다니면서 알게 된 여학생 6명과 같이 12명이 하자고 했다. 반대했다. 왜 그랬는지는 모르겠다. 상주에서 산골 촌놈이 대구로 유학을 왔었다. 그 나름대로 반듯하게(?) 열심히 했다. 유교적인 집안 탓인지는 모르겠다. 고지식해서였을까 강력히 반대했다.

3학년 1학기 개학을 했다. 충격을 받았다. 반대한 나와 다른 학교 친구 2명을 빼고, 다른 친구 3명을 포함한 12명이 모임을 만들었다고 했다. 6교시 수업 내내 아무것도 눈에 들어오지 않았다. 멍 때리기로 일관했었다. 하교 후 학교 앞 냇가에서 한 친구에게 상세한 이야기를 들었다. 내가 반대를 해서 어쩔 수가 없었다고 한다. 비참했다. 참으려 애써도 2시간 내내 흐르는 눈물을 어쩔 수가 없었다. 마치 겨우내 쌓였던 지붕 위의 눈이 봄볕에 녹아내리는 것처럼. 2년의 시간이 송두리째 날아가는 느낌이었다. 어떻게 왔는지도 모르고 자취방으로 돌아왔다. 이불을 뒤집어쓰고 또 한참을 그렇게 울었다. 누나가 퇴근했다. '왜 그러느냐?'라고 물었다. 그냥 얼버무리고 넘어갔다. 쪽팔려서 말을 할 수가 없었다. 자업자득으로 여기고 털어 버리기로 했다. 다른 선택의 여지가 없었다. 1981년 봄의 추억이다.

3학년 내내 학교에 가기 싫었다. 2년 동안 정말 친하다고 생각했는데……. 가슴이 먹먹하고 미어진다는 말을 이럴 때 하는 말인가? 싫었다. 매일 그 친구들을 봤다. 지금도 그 친구들 중 두 명은 만난다. 웃으면서 보지만 그때의 아픈 기억을 지울 수가 없다. 아마도 이런 마음은 나만 가지고 있겠지. 죽을 때까지 잊히지 않을 것 같다. 난생처음 맛보는 기분이었다. 어린 나이에 견디기 힘든 아픔이었다. 그때는 몰랐다. 외로움이었다는 것을. 옆에 사람은 있는데 외로웠다. 어린놈이 용케도 사고 치지 않고 잘 견뎌 왔다. 싸우지도 않았다. 피하지도 않았다. 그냥 무덤덤한 척하며 생활했다. 여름방학이 얼마 지나지 않아서 그 모임이 깨졌다는 소식을 접했다. 속으로 외쳤다. '봐라, 그렇게 되잖아'라고. 그렇다고 기쁘지도 않았다. 뭐지 이 느낌은?

상처가 치유되지 않은 채로 졸업했다. 3.1회 멤버 중 한 명이 연락이 왔다. 누구였는지 기억은 나지 않는다. 시기도 정확지 않다. 졸업 이후라는 것은 확실하다.

친구: "용범아, 모임 같이 할래?"

용범: "그래. 같이 할게. 누구누군데?"

친구: "영현, 성윤, 영주, 재웅, 형철, 종필이, 너 이렇게 일곱 명."

용범: "알았어, 언제부터?"

망설일 이유가 없었다. 졸업하고 자주 만날 만한 친구가 별로 없었다. 나를 멤버로 끼워 주겠다고 하는데 마다할 이유가 없었다. 1년 전의 사건이 주마등처럼 스쳐 지나갔다. 아무 조건도 묻지 않았다. 평생을 함께 만나고 싶어 하는 친구가 있으니까. 3.1회 멤버들과는 그렇게 묶였다. 졸업 후에 더 친해졌다. 이 친구들이 나의 상처를 알고 있는지는 모르겠다. 지금까지도 나는 모를 것이라고 생각하고 있다. 내가 티를 내지 않았으니까. 알았어도 상관없다. 몰랐어도 아무 문제 없었다. 그렇게 나에게 다가와 준 친구들이다. 고맙게도. 언제인지는 모르겠지만 두 명이 자연스럽게 빠졌다. 지금까지 다섯 명이 잘 유지하고 있다.

어쩌면 내 마음 깊은 곳에서 '꿩 대신 닭'이었는지는 모르겠다. 아마도 그런 마음이 많이 작용했으리라 생각한다. 어떻게 다가왔든 3.1회 덕분에 그 상처는 서서히 아물어 갔다. 외로움을 치유해 준 친구들이다. 그 친구들 곁을 떠나고 싶지 않았다. 철면피가 되더라도 버티어 내고 싶었다. 버티어 냈다. 지금은 여유가 있지는 않지만 쫓기지는 않는다. 고3 때의 아픔이 없었다면 3.1회도 중간에 나가지 못했을 것 같다. 한 번의 아픔이 버텨 내는 힘을 길러 주었다. 외로움의 맛을 본 것이 큰 힘이 됐다.

이런 3.1회 모임을 나갈 때도 가끔씩 외로움을 느꼈다. 넷은 골프를 친다. 나는 골프 칠 형편이 되지 못하니 골프는 안 친다. 아니 못 쳤다. 넷은 가끔 스크린 골프도, 필드에 나가 라운딩도 한다. 당연히 화재도 골프가 될 때가 많다. 나는 골프에 문외한이었다. 대화에 끼지 못했다. 늘 같이 있는데 묘한 느낌은 뭐지? 외로움이었다. 같이 있다고 외롭지 않은 것은 아니었다. 모임에 나가기 싫어진다면 또 하나의 이유가 될 수도 있다. 그래도 고3 때의 일에 비하면 아무것도 아니다. 친구들이 특별히 쉬쉬하지도 않는다. 숨기는 것도 없다. 그냥 내가 대화에 끼지 못하니 외로운 것이다. 사람의 마음은 묘하다. 그 고마운 친구들에게서도 외로움을 느낀다. "화장실 갈 때 마음 다르고 올 때 마음 달라서인가?" 생각하니 피식 웃음이 난다. 어차피 인생은 혼자잖아 하면서 위안으로 삼는다.

산을 바라보면 숲이 보인다. 크고 작은 나무들이 빼곡히 살을 부비며 서 있다. 외로워 보이지 않는다. 벼랑 끝 바위틈에 한 그루가 모진 풍파 견디어 내고 있다. 외로워 보인다. 실제로는 똑같다. 숲속에 있어도, 벼랑 끝에 있어도. 그냥 주어진 삶을 살 뿐이다. 식물은 그렇다.

사람은 어떨까? 혼자 있으면 모두 외로울까? 아니다. 여럿이 함께 있으면 모두 행복할까? 그것도 아니다. 차라리 혼자 있는 외로움은 덜하다. 아예 외로움을 각오한다. 인간을 미치게 하는 외로움은 옆에 사람이 있는데도 외로울 때다. "같이 있으면 행복하고, 혼자 있으면 외롭다."라는 고정관념 때문이다. 혜민 스님은 "외롭다는 생각이 올라오면 외로워진다."라고 했다. 맞는 말이다. 혼자 있어도 하고 싶은 일 하면 행복하다. 등산을 즐기는 사람은 혼자서도 잘 간다. 하루 종일 혼자 산을 타면서도 외롭다고 하지는 않는다.

언제 가장 외로울까? 왕따가 되었을 때다. 고3 때 친구들은 왕따를 시키려고 하지는 않았다. 이유도 확실했다. 반대를 했으니까. 그것도 강력하게. 당시에는 왕따라는 용어도 없었다. 나는 '따돌림을 당했다.' 하는 느낌을 강하게 받았다. 내 생애 처음으로 외로움이라는 것을 맛보았다. 그래도 주변에 많은 사람들이 함께 있어 주었기 때문에 잘 견디었다. 심지어 그 친구들조차도 잘 대해 주었다. 모임의 멤버만 아니었지 친구로 여겨 주었다. 학교를 가기는 싫었지만 고3이라 감상에 젖어 있을 시간이 없었다. 실업계라 자격증도 따야 했고, 취업준비를 하느라 여념이 없었다. 버티어 낸 것이 아니라 얼떨결에 버티어진 것이다. 이 또한 감사할 일이다. 36년이 지난 지금 생각해 보니 피식 웃음이 난다. 그때는 정말 심각했었는데…….

요즘은 왕따로 인한 자살이 사회문제가 되고 있다. 그 대상이 어린 청소년들이라는 것이 안타깝다. 왕따의 결과물은 외로움이다. 중간에 언제 무너질지도 모르는 열패감과 우울증에 빠지는 사람도 흔하다. 충동이라는 다리를 건너기도 한다. 그 끝은 자살인지도 모른다.

정년퇴직을 한 남성들은 어떨까? 젊을 때는 가족을 위해 열심히 일했다. 가족과 다정다감한 대화를 해 본 경험도 많지 않다. 당연히 대화의 기술도 부족하다. 대화에 끼어들지도 못한다. 아내와 자식들은 찰떡처럼 연결되어 있다. 말도 잘 통한다.

거실에서 깔깔대며 잘도 떠든다. 자식들에게 "니들 아버지가 나를 너무 힘들게 해서 졸혼을 해야겠다." 얘기도 한다. 자식들은 자연스럽게 엄마 편이 된다. 더 친하고 편하니까 내 편 같다. 아버지는 방에 혼자 있다. 나가야 하나 말아야 하나 망설인다. 헛기침을 하며 나간다. 저희들끼리 얘기하느라 안중에도 없다. 아버지는 그렇게 서성이다 다시 방으로 들어온다. 애꿎은 스마트폰만 중노동에 시달린다. 때로는 밖으로 나가 소주잔을 매개로 한 누군가와의 간접 키스로 외로움을 달래는지도 모른다. 기분 좋게 취해서 집으로 들어온다. 매일 술 먹고 다닌다고 잔소리를 듣는다. 외롭다. 자식에게 물려준 DNA의 50%를 채워 준 사람이다. 그 자식을 위해 30년 넘게 열심히 벌었다. 잊지 않았으면 좋겠다. 부족한 50%를 채워 주고 먹여 살려 준 유일한 존재라는 것을. 동지였다는 사실을. 앞으로도 등 긁어 줄 사람이라는 것을.

노년을 앞둔 그에게 어느 날 아내가 졸혼을 요구한다. 아이들 얘기는 들어 볼 필요도 없다. 이미 편먹기가 끝이 난 상태다. 경제력도 없다. 한집에 산다. 소 닭 보듯이 산다. 각방을 쓰기도 한다. 아침에 빠끔 문을 열어 본다. 생사를 확인하는 수준이다. 밥도 따로 먹는다. 친구들과 소주 한잔 기울이고 싶지만 쩐이 없다. 옆에 가족 있다. 사람도 있다. 그런데 외롭다. 차라리 사별이라도 했다면, 혼자라면 어떨까? "같이 있으면 행복할 것이다." 하는 기대라도 하지 않는다. 외로움의 끝이 어디로 가는지 세상 사람들이 자주 보여 주고 있다. 방법도 SNS를 통해 소상히 알려 준다. 쉽게 '따라쟁이'가 되지 않았으면 좋겠다. 예방이 최선책이다.

2. 무엇을 준비해야 하는가

　딱 반백년 전 초등학교 입학할 때가 기억난다. 벌써 반백년
이라는 표현을 쓰게 되다니 기분이 묘하다. 그때는 '국민학교'
라고 했었다. 새 옷, 공책, 연필을 준비해 주셨다. 그중 제일 좋
았던 것은 새 옷이었던 것으로 기억한다. 형과 누나, 남동생 사
이의 셋째였다. 옷은 5년 차이 나는 형과 세 살 많은 고종사촌
형의 것을 많이 물려 입었다. 그래서 새 옷을 입고 학교에 가는
것이 더 기뻤다. 대부분 새로운 것을 할 때는 많은 준비를 한
다. 중고등학교 때는 교복, 체육복, 교련복 등이 기억에 많이 남
는다. 고등학교 때는 상고생의 필수품인 '주판'을 준비하지 않
아 매를 맞았다. 준비 부족으로 야단맞은 유일한 사건이었다.
지금도 잊히지 않는다. 만학도로 간 대학 때는 큰돈을 준비해
야 했다. 새로운 선생님, 학교, 친구에 대한 설렘과 기대가 가득
했던 것으로 기억한다. 소풍, 체육대회, 수학여행 때는 더 준비

를 잘했다. 딱 하루거나 길어야 3일이었는데 요란을 떨었다. 지금 생각해도 설렌다.

100세 시대다. 정년 이후 30~40년을 살아야 한다. 소풍보다는 더 준비를 잘해야 하지 않을까? 많은 준비가 필요하다. 세 가지 정도만이라도 확실히 준비하자.

1. 건강을 지킬 수 있는 습관을 만들자.

'돈을 잃으면 적게 잃는 것이고, 친구를 잃으면 많이 잃는 것이고, 건강을 잃으면 전부를 잃는 것'이라는 격언이 있다. 건강은 습관이 좌우한다. 큰 틀은 딱 두 가지다. 소식하고 많이 움직이는 것.

이유는 간단하다. 유전자의 입장에서는 음식은 늘 부족했다. 부족한 먹거리를 채우느라 부지런히 움직였다. 에너지 소비도 많았다. 결핍의 세월에 최적화되어 있는 DNA이다. 적게 먹은 것으로 아껴 써야 했다. 남는 것은 언제 또 들어올지 모르기 때문에 체내 여기저기(근육, 지방 등으로)에 저축을 해 두었다. 못 먹을 때 꺼내 썼다. 비만이 될 수가 없는 환경에서 수천, 수만 년을 그렇게 살았다. 먹을 수 있을 때 많이 먹어 두어야 했다. 과식, 폭식이란 단어는 필요하지 않았다.

인류 역사상 지금처럼 먹거리가 풍부했던 적이 없었다. 지금은 원하면 언제든지 먹을 수 있다. 많이 먹는다. 우리 몸은 DNA에 세팅된 대로 에너지를 소비한다. 남으면 저장한다. 배가 고파서 저장된 지방을 꺼내 쓰려고 하는데 또 먹는다. 삼시 세끼다. 아주 옛날에는 규칙적으로 먹는 하루 세끼라는 개념이 없었을 것이다. 심지어 간식까지 먹는다. 또 과식이다. 불현듯 성공한 재미교포 기업인 김승호 스노우폭스 회장님의 말씀이 생각난다. "음식을 먹는다는 것은 남의 생명을 취하는 것이다. 쓸데없이 많이 먹는 것은 삼가야 한다. 남의 생명 소중하게 여길 줄 알아야 한다."라고 했다. 듣는 순간 섬뜩했다. 대오각성을 하고 지금도 마음 깊이 새기고 있다. 과식은 비만으로 가는 지름길이다. 결과는 고혈압, 당뇨, 협심증, 관절염 등 다양한 증상으로 나타난다. "생활습관병"이라고 지칭한다. 가장 골치 아프다는 뇌졸중과 치매가 종착지가 될 수도 있다.

소식하고 많이 움직이는 습관을 가지자. 우리 몸은 그것을 원한다. DNA에 그렇게 세팅되어 있다. 입이 원하는 맛난 음식을 배불리 먹는 것을 바라지는 않는다. 과학도 몰랐고, 의학도 몰랐지만 악조건에서 이미 100세 전후를 살아 내신 우리네 어른들이 증명해 주셨다. 과학적인 것에 너무 의존하지 말자. 무시하자는 것이 아니다. 지나치게 스트레스 받지 말자는 이야기다. 적게 먹고 많이 움직이는 습관이면 절반은 성공한 것이나 다름없다. 육식은 줄이고, 채식은 늘리고, 엘리베이터보다는 계단으로, 승용차보다는 대중교통으로 바꿔 보자. 알고 있는 상식과 좋은 정보들이 넘쳐 난다. '아는 것이 힘이다.'라는 말이 성립되려면 "실천이 뒷받침이 되어야 한다." "건강은 실천이 힘이고 답이다." 욕심내지 말고 할 수 있는 것부터 하자. 열심히 노력하자. 부부가 함께라면…….

2. 왕따 당하지 않는 노하우, 즉 외로움을 극복하는 방법을 터득하자.

혜민 스님의 많은 말씀 중에서 몇 가지만 또 빌린다. 차용료를 받으시려나…….

"누군가와 함께 있어야 행복할 거라는 생각을 버리자."

"너무 많은 것을 기대해서 외롭다."

"전화를 기다리지만 말고 내가 먼저 전화하자."

"인생이 즐거우려면 계모임(취미, 공부 등)을 해라."

"친구를 사귈 때 나와 맞는지 까다롭게 많이 따지지 마라." 잘 맞아도 잘 지낸다는 보장이 없다. "통하는 부분이 등산이면 등산만 같이 하면 되고, 절에 다니는 사람은 절에만 같이 가면 된다."라고 하셨다.

많은 유명인사가, 책이, TV가 얘기한다. 특별히 설명이 필요 없을 듯하다. 받아들이고 터득해 나가는 것이 정답이라는 생각이 든다. 그들은 해 보았으니까. 그 경지를 아니까.

혜민 스님도 모두 관계를 이야기한다. 하버드 대학교의 연구도 관계로 끝맺음했다. 누가 말해도 외로움을 해결하는 방법으로 좋은 관계를 꼽는다. 열풍을 일으키고 있는 인문학도 마찬가지다. 행복은 돈보다 관계가 중요하다고 한다. 반백년 넘어가니 이제야 그 말이 가슴에 와 닿는다. 좋은 관계를 잘 맺는 방법을 더 많이 배울 필요가 있다. 내가 먼저 좋은 사람이 되어 보자. 내가 먼저 손 내밀자. 전화하자. 쓰면서 반성을 많이 하게 된다. 다짐도 하게 된다.

3. 배우자에게 충성을 다하자.

외로움을 이기는 최고의 지름길이다. 1장의 **'짚고 넘어가야 할 문제'**에서 언급한 하버드 대학교의 75년간 724명의 남성을 대상으로 추적 연구한 "성인발달연구"의 요지를 다시 한번 생각해 보자. 관계의 양도 중요하지만, 질이 더 중요하고, 친구는 많은지, 배우자 만족도가 높은지 등 좋은 관계가 우리를 건강하고 행복하게 만든다고 했다. 특히 배우자와의 관계가 노년기 행복을 좌우하는 것으로 연구되었다. 배우자와의 관계가 애착으로 잘 연결되어 있으면 행복한 황혼이 반 이상 보장된다고 하겠다. 살아 내면서 증명해 보이리라 다짐한다. 이 세상에 오직 하나뿐인 황혼의 "Happy maker"다. "행복발전소"다. 아내는, 남편은. 어찌 충성을 다하지 않으랴!

남자들은 젊은 시절 직장에 충성을 다한다. 직장은 인생에 지대한 영향을 미치기는 한다. 하지만 인생의 승패(勝敗)를 좌우하지는 않는다. 혈기왕성할 때 '긍정오류'를 일으켜 술집에 충성을 다한 사람도 있다. 부부생활에 조금의 도움도 되지 않았다. 오히려 나쁜 영향을 많이 준다. 부부싸움의 단초가 되기도 한다. 이혼까지 가는 빌미를 제공하기도 한다. 번식자원도 많이 뺏겼다. 아니 갖다 바쳤다. 그놈의 웃음이, 긍정오류가 뭔지. 남편들이여, 직장과 술집에 대한 충성심의 절반이라도 아내에게 바쳐 보자. 행복지수가 급상승 곡선을 그어 낼 것이다. 확실하다.

심지어 남자는 자신을 알아주는 사람에게는 목숨까지 바친다고 한다. 실제로 누구를 대신하여 옥살이를 감수하는 사람들도 본다. 뉴스에도 등장한다. 남자들은 그런 모습을 보고 멋있다고 엄지 척을 한다. 여자들은 '저런 바보 같은 사람이 어디 있느냐'라고 생각한다. 처자식은 어떻게 하려고 그러냐고 나무라기도 한다. 아내들이여, 남자는 단순하다. 때로는 바보처럼 굴기도 한다. 웃어 주면 많은 것이 해결되는 단순한 남자다. 바보 같은 남자다. 알아주고 인정해 주는 일이 그렇게 어려운가? 생각해 볼 일이다.

집안 대소사 일에 대한 것은 거의 아내에게 물어보고 한다.

특별한 경우가 아니면 하자는 대로 한다. 실수를 해도 웬만하면 그냥 넘어간다. 외출을 하는데, 10분쯤 달렸다. 휴대폰을 집에 두고 왔다고 한다. 화가 나지만 "네. 알겠습니다." 하고 무심한 모습으로 차를 돌린다.

3~4년 전으로 기억한다. 설날인지 추석인지는 모른다. 큰집이 있는 고향 상주로 출발했다. 경주에서 쉬엄쉬엄 가도 2시간이면 충분하다. 우리 아이들은 휴게소에서 우동 먹는 것을 좋아한다. 경산휴게소를 들렀다. 화장실 갔다가 예의 우동과 돈가스 등을 먹었다. 기분 좋게 출발했다. 40여 분을 달렸다. 30분만 더 가면 고향집이다. 조수석의 아내가 부스럭부스럭 뭔가를 찾는다. 불길한 예감이 들었다. 또 무엇을…….

아내가 말했다.

"자기, 어떻게 해? 휴게소에 지갑을 두고 온 것 같아."

"엄마, 다시 잘 찾아봐." 하면서 아이들이 수선을 피운다.

피식 웃고 말았다. 그야말로 요즘 아이들이 말하는 썩소였다. 동시에 내 머리는 빠르게 돌아갔다. 가난해서 지갑에 돈은 별로 없었지만 카드와 신분증이 문제였다. 우리 명의의 카드가 아니었다. 차를 세웠다. 114에 전화번호를 물어서 경산휴게소에 전화를 했다.

"휴게소에서 지갑을 잊어버리고 온 것 같은데, 혹시……."

"네. 여기 있습니다. 주황색 맞죠?"

마치 천사의 목소리가 들려오는 듯했다.

"네. 고맙습니다. 찾으러 가겠습니다."

"뭐래? 지갑 있대?" (안절부절)

"고맙게도 있다네. 가자. 경산휴게소로."

"자기, 미안해. 어떻게 해 힘들어서."

"괜찮소. 드라이브하는 셈 치지 뭐." (속은 부글부글 끓어올랐다. 나도 사람인데)

"아빠, 화 안 나요?" 아이 둘이 이구동성으로 묻는다.

"화야 나지. 화를 내면 지갑이 이리로 날아오냐?"

"아빠는 이상해요. 엄마가 실수하면 그냥 넘어가고……."

"그래서 불만이냐? 엄마잖아."

"아니요. 우리한테도……."

웃고 말았다. 차를 돌렸다. 다시 영천IC를 통해 경산휴게소로 향했다. 아내는 좌불안석이었다. 슬쩍 손을 잡아 주었다. 아내가 겸연쩍은 미소로 화답했다. 화를 내도 가야 되고, 내지 않아도 가야 된다. 예정에 없던 일이다. 꿈에도 없는 일이다. 눈감아 준다. 가정에 평화가 온다. 60을 바라보는 나이가 되니 나도 그럴 때가 많다. 예정에 없던 90분의 운전을 더 했다. 피곤할 수 있다. 애인과 함께 지름길 두고 먼 길로 드라이브하면서 간다면 어떨까? 그래도 피곤할까? 관점만 바꾸면 크게 화날 일도 아니다. 쉽지는 않다. 충성을 다해서 황혼의 행복이 보장된다면 못할 일이 무엇이 있으랴! 못할 일을 시키지도 않는다. 함께하는 배우자의 응원이 있다면 더 좋지 않을까?

그런데 신기한 것이 있다. 사소한 일로 삐쳐서 며칠을 말도 안 하고 지낼 때가 가끔 있다. 내 마음인데 알다가도 모르겠다. 하물며 타인의 마음이야 오죽하겠는가! 행복한 황혼의 준비물로 1. 건강관리, 2. 외로움 극복 공부, 3. 배우자에 대해 충성심을 가지자. 이 세 가지면 70~80%는 되지 않을까?

3. 배우자는 나에게 어떤 존재인가

　2018년 11월 4일 11시 30분 경산아트라움 컨벤션홀. 사랑하는 딸과 사위의 결혼식장이다.

　딸 부부가 양가 부모님의 덕담으로 주례를 대신하는 결혼식을 하고 싶다고 했다. 흔쾌히 승낙했다. 사돈께서 어떨지 걱정이 되었으나 흔쾌히 허락하셨다. 어떤 내용을 할 것인지 의논했다.

　2016년에 고향친구의 딸 결혼식에 주례를 한 적이 있었던 터였다. 물론 강사라는 직업이라 크게 어려운 일은 아닐 거라 생각했다. 실은 아니었다. 2~3시간 강의보다 더 긴장되었다. 입이 바짝바짝 타들어 갔던 것을 친구들은 몰랐다. "결혼은 2인승 자전거 타기"라는 독특한 주제로 잘 마쳤다. 친구들의 환호가 있었다. 자기 딸 결혼식 때 주례를 맡아 달라는 부탁을 받기도 했다. 그 자리에 아내와 딸이 왔었다. 처음 주례하는 모습을 보고 싶다고. 그때와는 또 다른 메시지를 주고 싶었다.

배우자가 나에게 어떤 존재인가는 딸과 사위에게 주례사로 했던 덕담으로 대신한다. 수정 없이 그대로 옮긴다. 결혼식장에서는 약간의 가감이 있었다는 것도 밝힌다. 하객, 사돈, 신랑, 신부의 대답과 질문은 결혼식 후에 삽입했다. 예상할 수 있는 시나리오였다. 이하 내용이 전문이다. 먼저 사돈(신랑 부)부터.

안녕하십니까? 신랑 아버지 양○○입니다.

우리의 사랑하는 아들과 딸을 새둥지 틀고 첫출발시키는 날 이렇게 많이 오셔서 축하를 해 주시니 고맙고 또 고맙습니다.

신랑, 신부가 주례사를 부모님들께서 해 주시면 좋겠다고 해서 무슨 말을 할까 많이 고민했습니다.

자신의 꿈을 이루면서 살아가는 사람이 가장 행복한 법인데, 서로의 꿈을 이룰 수 있도록 서로 잘 도와주면서 살았으면 좋겠습니다. 이미 서로 아끼고 사랑하면서 잘 살아라 등의 이야기는 많이 했습니다.

오늘은 우리 부부의 35년 결혼생활 경험을 담아서 두 가지만 당부하겠습니다.

첫 번째. "비교하지 마라."입니다.

내 남편을 내 아내를 다른 사람과 비교하지 말고 살았으면 좋겠습니다. 비교해서 얻어지는 것은 비참해지거나 교만해지는 것밖에 없습니다. 행복한 부부생활에 전혀 도움이 안 됩니다.

비교를 하려면 어제의 나와는 비교해도 좋습니다. 오늘의 나는 우리 부부는 어제보다 성장을 했는지는 비교해도 좋을 것 같습니다. 이런 비교는 반성과 성찰입니다.

이렇게 꾸준히 성장하면서 살아간다면 꿈도 이루고 행복한 결혼생활이 될 것입니다.

두 번째. "서로 거짓말하지 마라."입니다.

약간 어려운 상황을 모면하려고 작은 거짓말을 하게 되면 서로의 신뢰가 무너지고, 믿음은 한번 무너지면 다시 회복하기도 힘들고, 아무것도 함께 해 나갈 수 없습니다.

정리하면 꿈도 이루고 비교하거나 거짓말하지 말고 행복하게 잘 살았으면 좋겠습니다.

이것으로 신랑 아버지의 주례사에 갈음합니다. 고맙습니다.

신부 아버지 등단하여

안녕하십니까? 신부 아버지 김용범입니다.

사돈께서 부부가 서로 하지 말아야 할 것에 대해 좋은 말씀 해 주셨으니 저는 이렇게 했으면 하는 두 가지를 이야기하겠습니다.

저는 결혼을 '2인승 자전거 타기'라고 생각합니다. 지금까지는 혼자 자기 마음대로 가고 싶은 데로 달렸다면 이제는 같은 곳을 향해 가야 합니다. 처음에는 불편한 점도 있겠지만 혼자 타면서는 절대로 느낄 수 없었던 또 다른 행복이 가득합니다.

오늘 이렇게 출발하여 열심히 달리다 보면, 가까운 미래에 세발자전거도 두 대쯤 따라올 것이고, 엄마 아빠가 행복하게 2인승 자전거를 타는 모습을 보면서 건강한 아이로 자라겠지요.

그러면 저희가 할아버지 할머니가 되겠군요.

행복한 2인승, 3인승, 4인승 자전거 타기를 위해서

첫 번째로 "무조건적으로 배려하고 살았으면 합니다."

'나는 이렇게 힘든데 너는 왜 페달을 밟지 않느냐?'라는 생각보다 '당신은 얼마나 더 힘들겠느냐?'로 생각하면서 살았으면 좋겠습니다.

특히 아이를 키울 때는 아빠의 역할이 매우 중요하니 돕는다는 마음보다 주도적으로 아빠의 몫을 감당하는 아빠가 되었으면 합니다(이 부분은 뺐음. 신랑이 혼인서약을 하면서 스스로 잘하겠다고 함).

두 번째는 "딱 한 가지 거짓말은 해도 된다."입니다.

하객 여러분께 여쭤보겠습니다.

"오늘 이 식장 안에서 누가 제일 예쁩니까?"

하객: "신부"요.

저한테 똑같이 이 세상에서 누가 제일 예쁜지 물어봐 주세요.

하객: "오늘 이 식장 안에서 누가 제일 예뻐요?"

"최경아입니다." (아내의 이름이 최경아) "제 말은 참말입니까? 거짓말입니까?"

하객: "거짓말입니다."

"언제 물어도 저는 최경아가 제일 예쁩니다. 아이들이 드라마를 보면서 저 탤런트랑 엄마 중에서 누가 더 예뻐요? 물었을 때도 저 탤런트는 세 번째쯤 된다. 하고 대답했습니다."

"1등 최경아, 2등 김문주(딸), 이 순서는 지금도 변하지 않습니다."

"양 서방, 이 세상에서 누가 제일 예쁜가?"

양 서방: "문주가 제일 예쁩니다."

"문주야, 이 세상에서 누가 제일 멋있냐?"

문주: "양병훈이요."

10년 뒤에 물어도 30년 뒤에 물어도 이 대답은 바뀌면 안 된다. 하는 것을 명심하기 바란다.

"사돈께서 거짓말하지 말라고 하셨는데 이런 거짓말은 해도 괜찮겠죠?"

사돈: "예. 괜찮습니다."

우리의 분신인 신랑 신부가 서로 누구와 비교하지 말고, 배려하고 존중하며, 딱 한 가지 거짓말만 하고, 정직하게 행복하게 잘 살았으면 좋겠습니다.

하객 여러분의 뜨거운 박수로 신랑 신부의 앞날을 축복해 주시면 고맙겠습니다.

이것으로 주례사를 마치겠습니다.

식장에서 추가한 말이 있다.

"하객 여러분, 신부 아버지는 울어야 됩니까? 큰 탈 없이 잘 자라 주었고, 걱정 끼치지 않고 이렇게 좋은 짝을 잘 찾았으니 이 얼마나 기쁜 일입니까?" "앗싸!" (두 주먹 불끈 쥐고)

하고 내려왔다.

그날 시종일관 웃으면서 보냈다. 지인들이 웃는 아내와 나를 보고 "서운하지 않느냐?"라고 수도 없이 물었다. "좋은 날인데 왜 서운하냐?"라고 되물었다. 실은 만감이 교차했다. 울음이 한 번 터지면 주체하지 못하는 나였다. 아내도 그렇다. 결혼식장에서 터지면 큰일이라는 생각을 했다. 한 달 전부터 마인드 컨트롤을 했다. 아내도 그랬다고 한다. 울컥 올라오는 순간도 있었으나 잘 넘어갔다. 유쾌한 결혼식장이 되었다. 그날 저녁부터 몸살이 나서 열흘쯤 고생을 했다.

주례사 내용은 결혼식 전날 아내에게만 공개했다. 미소를 지었다. 열흘쯤 지나서 아내가 물었다.

"자기, 문주 결혼식 때 한 말 진심이야?"라며 빤히 쳐다본다.

"그걸 꼭 확인을 해야 되겠어. 애인한테 그런 질문을 하면 실례인데"라고 대답했다. 쑥스러웠다. 마음을 들켜서. 아내는 웃음으로 답했다. 나에게만은 의미가 그랬다. 그런 마음으로 살고 있다. 끝까지 그렇게 살고 싶다.

배우자는 말이 필요 없는 존재라는 생각이 든다. 말보다는 마음으로 행동으로 함께할 때, 거기에 적절한 말까지 보태지면 금상첨화가 아닐까? 말이 필요 없다고 하는 것을 보니 나는 천생 남자다. 말도 잘하려고 애쓰고 있다.

그날 하객들이 난리가 났다. 환호성까지 질렀다. 지금도 아내의 한 친구는 그 동영상 보내 달라고 한다. "정말 멋있었다고." "지금도 경아를 그렇게 사랑하느냐?"라고 하면서. 책에는 동영상이 첨부가 되지 않아서……

4. 함께 살아간다는 것의 의미

견원지간(犬猿之間)이란? 글자 그대로 해석하면 '개와 원숭이 사이'이다. 품은 뜻은 '매우 사이가 나쁜 관계'이다. 개와 원숭이는 왜 사이가 나쁠까? 유래를 찾아보았으나 이렇다 할 답은 알 수 없다. 내 나름의 해석을 해 보려 한다. 종족도 다르고, 사는 곳, 방식, 환경, 먹거리, 사고구조 등 같은 것이 하나도 없다. 다르다. 완벽히 다른 동물이 만났으니 서로 소통이 될 리 없다는 것을 비유해서 한 말이 아닐까 싶다. 다르니 무엇을 해도 맞는 것이 없다. 서로 자기방식으로 이해하고, 행동하려 하니 이해가 될 리가 만무하다. 부딪치는 것이 당연하다. 끝까지 서로의 주장을 굽히지 않는다. 서로가 자기 생각이 옳다고 으르렁댄다. 정도로.

갈등(葛藤)이란 말이 있다. 글자 그대로는 '칡과 등나무'이다.

담긴 뜻은 개인이나 집단이 서로 이해관계가 달라 의견 충돌을 일으킨다는 뜻이다. 견원지간에 비하면 명확한 이유가 있다. 넝쿨이 나무를 감고 돌아 올라갈 때 방향이 다르다. 칡은 나무를 감아서 올라갈 때 오른쪽으로 출발하여 왼쪽 방향으로 감으면서 위로 올라간다. 등나무는 반대다. 왼쪽으로 출발하여 오른쪽으로 감고 올라간다.

칡은 칡대로 등나무는 등나무대로 다른 나무를 타고 올라가는 경우는 아무런 문제가 생기지 않는다. 한 나무에 줄기가 한 개가 올라가면 아무 문제가 없다. 2개 이상의 줄기가 타고 올라가도 크게 문제가 되지 않는다. 같은 방향으로 사이좋게 올라간다. 풀어내려고 해도 문제가 되지 않는다. 한 줄기씩 풀면 된다. 곁가지가 나와서 수많은 줄기가 생기면 얽히고설키기 시작한다. 그제야 풀기가 어려워진다. 한 나무에 칡과 등나무가 같이 감고 올라가면 어떻게 될까? 뒤죽박죽 엉키면서 올라간다. 처음부터 끝까지 각각 한 줄기씩만 올라가면 그래도 풀어낼 수 있다. 중간에 곁가지가 생기면 뒤엉켜 심각해진다. 풀 수 없다. 도저히 풀어지지 않는 관계를 두고 갈등관계에 있다고 한다. 심해지면 갈등의 골이 깊어진다고 한다.

상주시 낙동면 상촌2리에 '못안'이라는 조그마한 산골마을이 있다. 지명이 못안(저수지 안쪽 마을)이니 마을 앞에는 커다란

못이 있다. 못의 한쪽 둘레를 돌아 마을로 들어온다. 뒤에는 산이다. 아랫마을에서 마을로 들어오면 다시 되돌아 나가야 한다. 마을을 통과하여 다른 동네로 통과하는 길이 없다. 전형적인 두메산골에 있는 농촌마을이 내 고향이다.

농촌의 특성은 새벽 일찍 일어나서 일을 한다. 일찍 자고 일어난다. 해가 지면 더 이상 일을 할 수가 없다. 씨 뿌리고 가꾸고 수확하는 과정이 오래 걸린다. 운이 나쁘면 태풍이라는 놈의 입에 1년 농사를 송두리째 털어 넣을 때도 있다. 흉년이 지면 몽땅 날릴 수도 있다. 풍년이 진다고 몇 배의 수확이 생기지도 않는다. 기다릴 줄 모르는 사람은 농사를 지을 수가 없다. 특별한 수를 쓸 수가 없는 것이 농사. 오죽하면 '뿌린 대로 거둔다. 땅은 거짓말을 하지 않는다.'라는 말이 나왔을까? 농번기에는 어린아이들도 농사일을 돕는다. 전형적인 농사꾼 집이다. 4남매 중 셋째, 일찍 자고 일찍 일어나는 새 나라의 어린이가 있었다. 태어나서 중학교 때까지 고향에서 자랐고, 고등학교 때부터 대구로 나와서 생활했다. 그 남자의 이름은 김용범이다. 직업은 경리학원의 부기 강사였다. 직업이 직업인지라 수업시간에는 미친 듯이 말한다. 수업이 끝나면 무뚝뚝한 경상도 남자다.

경주시 감포읍 감포2리에 감포공설시장이 있다. 5일장이 서는 전통시장이다. 5일장이기는 하지만 상주하는 점포도 10여

개가 있다. 반점, 옷집, 이불집, 지업사, 두부가게, 참기름집, 떡
방앗간, 과일가게, 채소가게 등이 있다. 5일마다 온갖 장사꾼들
이 와서 북적인다. 신발, 옷, 이불……. 모처럼 사람 사는 것처
럼 왁자지껄 한다.

시장에서 장사하는 집은 새벽 일찍 나가서 가게 문을 연다.
판매할 물품을 진열하고 언제 올지도 모르는 손님을 마냥 기다
린다. 가능하면 싼 가격에 사 와서 많은 이문을 붙여서 팔아야
한다. 운이 좋을 때는 2~3배 남길 때도 있다. 손님에게 우리
물건이 제일 좋다고 거짓말을 할 때도 있다. 손님을 속이려는
의도가 있는 것은 아니다. 팔아야 하니까 약간의 뻥을 치는 정
도라고 해 두자. 서로 우리 물건이 싸다고 은근히 호객행위도
한다. 단골손님도 있다. 저녁 늦게까지 손님을 기다리다가 문을
닫는다. 일찍 일어나고 늦게 자는 상인 집안의 4남매 중 맏이가
있다. 아래로 여동생 둘에 남동생 하나가 있다. 그녀의 이름은
최경아이다. 아담한 체구에 예쁜 얼굴을 가졌다. 손이 예뻤다.
한 남자가 손이 예쁜 여자를 좋아한다.

두 남녀가 1986년 가을에 처음으로 만났다. 12월 24일에 남
자가 '좋아한다. 사귀어 보자' 하고 대시를 한다. 여자가 받아
준다. 공식적인 연인관계의 출발이다. 아주 뜻깊은 크리스마스
이브였다. 그날은 잠을 잘 수가 없었다. 남자의 이상형은 1. 키

는 160cm 이상, 2. 긴 생머리, 3. 안경을 끼지 않을 것. 세 가지였다. 참 멍청했다. 어디에도 그녀의 마음을 본다는 것은 없다. 전형적인 수컷의 행태다. 그녀의 키는 작다. 지금까지 비밀이다. 체구는 아담하다. 품 안에 쏙 들어온다. 오동통한 아주머니가 된 지금도 품에 들어온다. 파마머리에 큰 뿔테 안경을 끼고 있었다. 그냥 끌렸다. 당시 표정이 밝았던 것도 아니었던 것으로 기억한다. 페닐에틸아민의 포로가 되었다. 콩깍지가 씌었다. 세 겹쯤 끼었었나 보다. 나중에 알았다. 한 가지도 맞는 것이 없었다. 신기했다.

1990년 9월 23일 결혼을 했다. 콩깍지가 벗겨지기 시작한다. 한 겹 벗겨진다. 개와 원숭이가 보였다. 두 겹째 벗겨진다. 칡과 등나무가 보였다. 세 겹째 벗겨진다. 개, 원숭이, 칡, 등나무가 번갈아 보였다가 살짝 뒤엉키기도 한다. 경제적 어려움을 필두로 하는 방해요소가 더러 있었다. 하지만 슬기롭게 얽히며, 부비며 잘 성장해 왔다. 심한 갈등이 있었던 것은 아니다. 난장판까지 가지 않았던 것은 다행 중의 다행이었다. 아내의 배려 덕분이었다. 사랑 덕분이었다. 나는 아주 조금 보태었다. 그 배려를, 사랑을.

그런 가운데 딸과 아들이 우리에게 원석으로 왔다. 이 원석은 돈으로 살 수도 없다. 누구에게 선물로 받을 수도 없다. 오롯이 우리 둘만의 노력과 정성으로 캐냈고, 빛나는 다이아몬드로 다듬어 냈다. 보물들은 어떤 상황에서도 빛이 났다. 개와 원숭이 사이에 끼어서 화해도 시키고, 얽히고설킨 실타래를 풀기도 했다. 푸는 방법을 가르치지도 않았다. 그래도 풀어냈다. 그래서 보물인가 보다.

30년이 지나도 맞춰지지 않는 것이 몇 가지 있다. 그중 하나가 잠자는 시간이다. 사소하게 부딪치기도 했다. 지금은 상황에 따라 편하게 한다. 맞춰야 할 것이 한두 가지가 아니다. 견원지간이 같이 하자니 어렵다. 맞출 수 있는 것은 맞추고 힘들면 그대로를 인정하고 받아들인다. 갈등 없이 살려면 있는 그대로를 인정하는 존중과 배려가 없으면 불가능하다.

36년간 목회를 하시고 은퇴한 김동호 목사님께서 러시아 격언을 CBS TV에서 소개해 주셨다. 격언은 학자들의 연구에 의해서 나오는 말이 아니다. 오랜 경험을 통해 보통사람들이 만들어 내는 삶의 철학이 고스란히 배어 있는 말이다. 삶의 지혜이다.

"아들이 배를 타고 바다로 고기잡이를 나가면 위험한 일이니 하루에 한 번씩 기도하라."

"나라에 전쟁이 일어나서 아들이 군인이 되어 전장에 나가게 되거든 그것은 더 위험한 일이니 그 아들을 위하여 하루에 두 번씩 기도하라."

"아들이 성인이 되어 결혼하여 아내를 맞아 가정을 꾸리게 되거든 그것은 더 힘들고, 더 위험한 일이니 그 아들을 위하여 하루에 세 번씩 기도하라."

충격이었다. 깊이 새겨서 들을 필요가 있다. 부부로 함께 산다는 것이 그만큼 어렵다는 것을 의미한다.

김문훈 목사님께서 말씀하신 '불쌍하다'의 해석이 오래 기억에 남는다. 쌍을 이루지 못하고 사는 것이 '불쌍(不雙)'이라고 하셨다. 그 나름의 사례와 생각을 덧붙여 보자. 장례식장에 가면 불쌍하다는 말을 많이 한다. 천수를 누리고 가든, 요절을 하든 반응은 비슷하다. 젊은 사람이 요절을 하면, 남은 배우자를 보면서 "아이쿠, 젊은 사람이 불쌍해서 어쩌냐?"라고 남은 사람을 위로한다. 옆에서 반드시 이런 말이 나온다. "죽은 사람이 불쌍하지. 산 사람은 어떻게든 산다." 들어 보면 둘 다 불쌍하다. 목사님의 해석이 딱 맞아떨어진다. 쌍으로 살다가 깨져 버렸다. 어린 자식이 있는 경우도 같다. 부모와 자식으로 쌍을 이루고 살다가 깨졌으니 이 또한 불쌍한 일이다. 배우자보다 더 불쌍하게 여긴다. 젊은 사람들의 사별은 아픔이 크지만 받아들인다. 장수하시면 '호상'이라고 하며 대수롭지 않게 여긴다. 물론 슬픔이 있다. 크지 않을 뿐이다.

청춘 남녀를 보자. 혼기가 되지 않은 청춘남녀를 혼자라고 불쌍하다고 하지 않는다. 혼기를 넘긴 노총각, 노처녀를 보면 "저 나이 되도록 짝도 못 찾고 불쌍하다."라고 하며 측은하게 바라본다. 당사자는 그런 생각을 하지 않는다. 그렇게 보는 것이 싫다. 명절 때마다 결혼을 채근하는 말을 듣는다. 싫다. 집에도 안 간다. 혼자 처량하게 원룸에서 라면을 먹는다. 보는 이가 있다면 역시 불쌍하다고 할 것이다. 목사님의 색다른 해석이 참 재미있다. 기가 막히게 맞아떨어진다.

이혼은 어떤가? 누가 죽지도 않았다. 둘 다 불쌍해진다. 법적으로 갈라서지만 자식으로 묶인 연은 끊을 수가 없다. 어린 자식이 있다면 더 불쌍하다. 부모의 이혼으로 인생이 송두리째 수렁으로 빠지는 경우도 있다. 아무 죄도 없는데……. 그들 옆에 아기 천사로 올 때는 오는 자체만으로 축복이었는데…….

졸혼은 어떤가? 엄밀히 따지면 법적으로는 전혀 불쌍하지 않다. 실제로는 불쌍하다. 주변에서도 잘했다고 응원을 해 주는 경우도 있다. 한편으로는 측은하게 여긴다. 자식들이야 크게 불쌍하게 보이지는 않는다. 각자 쌍을 이루고 잘 사니까.

쌍을 이루고 산다는 것은 참 어려운 일이다. 동서고금을 막론하고 똑같다. 한 뿌리에서 나와도 가지가 늘어나고 얽히면 복잡해진다. 하물며 서로 다른 뿌리에서 나와 한 나무를 타고 올라가야 하는 것은 더더욱 쉬운 일이 아니다. 종까지 다르면 더 심각하다. 칡과 등나무처럼. 일생 동안 수많은 갈등 아닌 갈등이 생긴다. 지혜롭게 풀어야 한다. 쌍마다 뿌리도 다르고, 꼬이는 방법도 다르다. 푸는 방법도 다르다. 틀린 것이 아니라 다르다는 것을 인정하자. 아니 인지하자. 다행인 것은 인간은 관점을 바꿔서 보는 능력이 있다. 완벽하지는 않지만, 절반쯤만 바꿔 볼 수 있어도, 아니 그런 노력만 해도 상대는 풀리기 쉽다. 우리는 그렇다. 지금은 아내가 원하는 일이면 거의 그대로 한다. 우리 집의 헌법이려니 생각한다.

돌이켜 보면 콩깍지를 끼고 있을 때가 좋았던 것 같다. 어쩌면 지금도 끼어 있는지도 모르겠다. 아니 벗겨지면 또 끼우려고 한다. 은근히 내 자랑을 하고 있다. 어쩌면 러시아 격언처럼 부모님들의 간절한 염원으로 오늘의 우리가 있는지도 모르겠다. 함께 살아간다는 것은 복잡다단한 일의 연속이다. 한순간도 똑같은 모습을 한 적이 없다. 변화무쌍하다. 불쌍해지지 않기 위해서 노력하자. 행복의 순간들이 훨씬 많아지게……. 쌍을 이루고 사는 것 자체가 행복이 아닐까? 하고 싶은 대로 다 하고 누릴 수 없겠지!

이 세상 소풍 끝낼 때 불쌍한 사람이 되었으면 좋겠다. 누가 남든 남으면 남는 대로, 먼저 가면 가는 대로……. 불쌍한 시간이 매우 짧았으면 좋겠다.

5. 날이 새는 줄도 모르게 된 늦게 배운 도둑질: 공부

초·중·고등학교 시절 가장 싫어하는 것이 무엇인가 생각해 보았다. 독서였다. 한자리에 버티고 앉아서 1시간 이상 읽은 기억이 없다. 몇 페이지 읽고 책을 접어서 얼마나 읽었나를 확인하기를 수십 번은 해야 한 권을 읽었다. 처음 몇 페이지를 읽다가 덮은 책도 많다.

숙제를 내면 억지로 읽었던 것이 독서의 전부였다고 해도 과언이 아니다. 숙제는 꼬박꼬박하려고 애썼다. 학교생활에는 충실한 모범생이어서 그랬는지 모르겠다. 선생님 말씀은 잘 들었다. 그러나 억지로 마지막 또는 다음 날에 독후감을 내기가 일쑤였다. 가끔은 친구들의 독후감을 보고 베껴 쓰기도 했다.

학교에 다녀와서 숙제부터 먼저 한 기억이 없다. 놀 만큼 놀고 와서 했다. 농번기에는 논밭에서 일하시는 부모님을 먼저 도와주고 와서 숙제를 했다. 효자여서가 아니었다. 앉아서 공부하는 것이 싫어서다. 공부는 뒤로 미루었다. 막다른 순간이 되면 집중적으로 몰아서 하는 습관이 생겼다. 그야말로 억지로 하는 숙제였다. 숙제는 꼭 하려고 애썼다. 다행히 성적이 나쁘지는 않았다. 늘 상위권에 있었다. 1, 2, 3등을 해 본 기억이 없다. 적당히 하고 10% 안에 들면 만족했다. 더 잘하고 싶은 목표는 없었다. 돌이켜 보면 아쉬운 점이다. 한번 할 때 집중력은 뛰어났다. 머리가 나쁘지는 않은 듯하다. 지금 생각해도 웃음이 난다. 왜 그렇게 책을 싫어했는지, 공부를 싫어했는지. 그랬던 사람이 지금은 책 읽는 것을 싫어하지는 않는다. 필요한 책은 잡으면 하루 이틀 안에 읽기도 한다. 밤을 새우기도 한다. 이렇게 책까지 쓰게 될 줄 누가 알았겠는가?

만학도로 대학을 다닐 때는 꽤 괜찮았다. 늦게 배운 도둑질에 제대로 맛을 들였다고 말하는 것이 맞다. 공부가 하고 싶어서가 아니다. 예의 습관처럼 해야 되기 때문에 했다. 다음 꼭지에서 밝히는 이유도 한몫한다. 지금도 해야 되기 때문에 하지만 그렇게라도 하다 보니 좋은 습관이 생겼다. 결과적으로 천만다행이다.

강사라는 직업의 특성상 장거리 이동이 많다. 책 한두 권은 꼭 가지고 다닌다. 한 번도 꺼내보지 않고 돌아오는 날도 많다. 무겁기만 하다. 괜히 가지고 갔나, 할 때도 있다. 그래도 가지고 간다. 심심하면, 필요하면 꺼내서 읽는다. 대중교통을 자주 이용한다. SNS보다는 책을 더 보려고 노력한다. 운전을 할 때는 유튜브의 강의도 듣는다. e-book으로 이동 중에 듣기도 한다. 집중해서 들을 수는 없다. 그래도 틀어 둔다. 듣다가 괜찮다 싶으면 종이책을 다시 구매해서 읽는다. 메모도 한다. 포스트잇을 붙여 둔다. 그렇게 읽은 책들이 꽤 된다. 채워져 가는 책장을 보면 뿌듯하다. 좋은 습관이 생겨서 좋다.

대학도 공부가 좋아서 간 것은 아니었다. 직업이 건강교육강사이다. 전문 분야는 식이요법이다. "Eat to heal(먹어서 치유하자)"이라는 모토로 출발한 이투힐건강관리교육협회(민간단체)에서 자격과정을 중심으로 전문적인 공부를 했다. 국가공인, 민간단체를 가리지 않고 필요한 공부를 했다. 방송, 유튜브, 책, 지자체나 보건소 등에서 주최하는 강연회 등 가리지 않고 열심히 했다. 꾸준히 건강과 관련한 공부를 했다. 18년간 많은 자격증을 취득했다. 제1회 국가고시로 '보건교육사'를 비롯해서 헬스어드바이저, 비만관리사, 사회복지사, 평생교육사, 감정노동관리사, 웃음치료사, 효인성지도사 등 27개에 이른다. 상고 출신으로 고교 시절에 딴 주산, 부기, 타자, 면허증(1종 대형)을

제외한 것이다. 알아야 강의를 할 수 있었기 때문이다. 중·고
등학교 시절에 이렇게 열심히 공부한 기억이 없다.

열심히 준비하고 노력한 만큼 강의도 잘한다는 평을 얻고 있
었다. 15년간의 학원 강의경력이 있어서 크게 어려운 일은 아
니었다. 청중의 반응도 좋았다. 졸고 있는 청중이 거의 없었다.
그렇기 때문에 담당자의 반응도 나쁘지 않았다. 내가 생각해도
청중과의 호흡능력은 괜찮은 편이다. 강사로서 자부심을 갖고
있다. 그렇다고 자만하지는 않는다. 지금도 다른 강사들의 강의
를 열심히 듣고 다닌다. 단 1%라도 성장을 하기 위해서다. 다
시 불러 주는 곳이 많아졌다. 앙코르 강연을 의뢰받는 곳이 대
부분이었다. 강사로서 가장 행복한 일 중의 하나다.

강의력이나 만족도에 비해서 강의료는 항상 적었다. 강사료
지급기준에 의거하기 때문이다. 1, 2, 3, 4등급으로 나누면 거
의 3~4등급 수준으로 받는다. 이유는 아주 간단하다. 최종학력
이 고졸이었기 때문이다. 늘 속상했다. 그래도 표현할 수가 없
었다. 표현하면 강의 자체를 맡기지 않는다. 담당자도 늘 미안
해했다. 기준이 그러니 어쩔 수가 없다. "괜찮습니다."라고 대
답은 했지만……

가방끈을 늘이는 것은 시간이 필요한 문제였다. 박사까지 한

다고 가정하면 대학 4년, 석·박사 과정 5~6년으로 10년이다. 더 큰 문제는 연간 500여만 원이 넘게 드는 등록금이었다. 10년이면 등록금에 경비까지 1억이 넘게 든다. 벌어서 충당하면 된다. 하지만 망해서 아이들 급식비도 제때에 못 내는 형편에 언감생심이었다. '한다, 한다.' 하면서 무려 13년이 훌쩍 지났다. 발등에 불이 떨어져야 잘하는 나였지만 어쩔 수가 없었다. 외상으로 할 수 있었다면 벌써 했다. 그렇다고 장학금을 받을 자신도 없었다. 언젠가는 하겠다는 확고한 신념은 있었다. 언젠가는…….

'간절히 원하면 이루어진다.'라고 했던가. 2013년 가을에 친구로부터 전화가 왔다.

"용범아, 너 대학 가야 되지?"

"가기는 가야 되지. 내가 갈 형편이 안 된다."

"갈 수 있다. 한번 만나자."

반신반의하는 마음으로 친구를 만나러 나갔다. 52세 만학도로 대학을 다니게 되는 첫 단추였다. 늦게 배우는 도둑질의 시작이었다. 정말 고마운 친구이다.

3일 후 친구와 함께 성덕대학교(경북 영천시 소재) 김기덕 교수님을 만나 뵈었다. 입학에 대한 안내를 해 주셨다. 요지는 이렇다.

1. 2년제로 학교는 토요일에만 가면 된다.

2. 수업시간은 오전 9시~오후 6시까지 출석 수업과 온라인 강의와 병행한다.

3. B학점 이상이면 국가장학금을 전액 받을 수 있다. 이것이었다.

입학원서를 썼다. 망설일 이유가 없었다. 열심히 하면 장학금을 받을 수 있으니 제일 큰 문제가 해결되었다. 해 보지는 않았지만 B학점은 자신이 있었다. 만학도가 대부분이어서 크게 걱정은 되지 않았다. 토요일에만 가면 되니까 생업에도 지장이 없다. 혹시 토요일에 강의가 잡히면 결석을 할 각오를 했다. 입학원서를 제출할 당시에는 결석도 감수하는 가벼운 마음이었다. 온라인 수업은 정해진 일자 안에만 보면 되니까 제일 쉽게 해결할 수 있는 부분이다. 돈과 시간 등 어느 것 하나 문제 되는 것이 없었다. 진작 왜 몰랐을까? 아니 왜 알아보지 않았는지 약간은 후회도 되었다. 돈이 없다고 미리 포기하고 있었던 것이 아쉽다. 좀 더 적극적으로 알아보았다면 훨씬 빨리 가방끈을 늘일 수 있었을 텐데……

2014년 3월에 드디어 입학했다. 내 나이 52세에 대학생이 되었다. 매시간 다른 교수님께서 들어오셨다. 대부분 학생인 나보다 젊으셨다. 부러웠다. 나도 제때 공부를 했다면 저 자리에 서 있었을 텐데 하는 부질없는 생각도 잠깐 했다. 만감이 교차했다. 4년, 10년 뒤의 모습을 상상하면서 설레는 하루를 보냈다.

집으로 돌아오면서 한 가지 마음을 고쳐먹었다. 토요일에 강의가 있는 날은 결석을 감수하겠다는 생각을 바꿨다. 공부 자체를 머리 싸매고 못 하더라도 결석은 하지 않겠다고 다짐했다. 나중에 대충해서 대학을 졸업했다는 소리는 듣고 싶지 않았다. 원서를 제출할 때의 먹었던 가벼운 마음을 바꿨다. 지금 생각해도 잘한 일이다. 학교까지 1시간을 운전해서 2년 동안 정말 열심히 다녔다. 그냥 묵묵히 했다. 온라인 강의도 최소 두 번씩은 반복해서 들었다. 다행스럽게 국가장학금을 받는 혜택을 누릴 수 있었다. 졸업을 할 때는 사회복지사 2급, 평생교육사 2급, 요양보호사, 다문화가정상담지도사 등의 자격증도 취득했다. 비록 전문학사였지만 대학을 졸업했다. 뿌듯했다. 이제부터 고졸의 강사가 아니다. 한 단계 성장을 했다. 목마름이 가시지 않았다. 새로운 길을 찾아야 했다. 3학년에 편입학할 곳이다.

'두드리라 열리리라'라고 했다. 역시 1시간 거리인 대구한의대학교 평생교육융합학과 3학년에 편입학을 했다. 방법은 똑같았다. 토요일 하루 출석에 온라인 수업, 약간의 국가장학금과 학교에서 주는 장학혜택이 있어서 적은 등록금을 내는 것으로 2년을 열심히 다녔다. 과대표를 맡아 봉사도 했다. 일과 공부를 병행하자니 힘들었지만 보람 있었다. 학우들의 인정도 받았다. 효인성지도사, 낙상예방운동지도사, 노르딕워킹지도사, 스피치 전문가 1급, 실버재활제조지도사, 하브루타지도사 1급 등의 자격증도 취득했다.

2018년 2월 20일 드디어 졸업을 했다. 졸업식장에 학부형 자격으로 아내와 딸, 아들이 와서 축하해 주었다. 묵묵히 응원해 준 영원한 내 편들을 보는데 눈물이 왈칵 쏟아졌다. 꼭 안아 주면서 '고맙다'라는 말로 답을 했다. "자기, 수고했어." "아빠, 멋져요."라며 내 편을 들어 주었다.

4년의 세월에서 얻은 것이 많다. 두 가지만 소개한다.

하나는 '공부를 대하는 겸손한 자세'이다. 처음 대학을 갈 때는 단순한 마음으로 출발했다. 가방끈을 늘여서 강사료를 더 많이 받겠다고. 오만한 생각이었다는 것을 느끼는 데 채 한 달이 걸리지 않았다. 많이 알고 있다고 생각했는데, 공부를 하면 할수록 모르는 것이 더 많아졌다. 죽을 때까지 공부를 할 것이라는 다짐을 했다. 더 훌륭한 강사가 되기 위해서, 꼭 강사가 아니어도 인간에게 공부란 죽을 때까지 해야 하는 숙명이라는 것을 알게 되었다. 점점 책과 공부에 흥미도 생겼다. 세월이 흘러 경험이 쌓이고 더 성숙해짐을 느낀다. 강의도 풍성해졌다. 내가 원하는 최고의 "마음나누기전문가"가 되어 가는 나를 보면서 참 잘했다는 칭찬을 해 주고 싶다.

다른 하나는 인간관계의 폭이 넓고 깊어진 것이다. 새로 만나는 교수님, 학우들 모두가 소중한 사람들이다. 100세 시대를 함께 손잡고 갈 '도둑친구들'이라고나 할까?

늦게 배웠지만 이 도둑질을 꾸준히 하다 보면 석사, 박사 과정도 지나가겠지. 1cm라도 자라겠지. 아주 가끔이지만 새벽까지 책을 읽을 때도 있다. 이렇게 글을 쓸 때도 있다. 왜 진작 이 맛을 몰랐을까?

6. 공부하는 중년

현재 70대 전후가 되신 분들은 학창 시절에 배운 지식만으로도 평생을 일할 수 있었다. 약간의 추가적인 공부는 했다. 전혀 새로운 것을 배우는 경우는 드물었다. 돈벌이의 수단으로 일을 하는 데는 그랬다. 옛날에는 정년퇴직 후에 평균 5~10년 정도 살면 거의 사망에 이르렀다. 자녀들 출가시키고 남은 재산으로 두 부부가 살아가는 데는 지장이 없었다. 먹고살기 위해서 새로운 것을 배워야 하거나 일을 할 필요가 없었다. 특별히 더 배워야 할 것도 없다. 그저 부부가 건강하고 즐겁게 여생을 보내면 되었다.

바야흐로 100세 시대이다. 정년퇴직을 하는 시기는 비슷하다. 명예퇴직이니 정리해고니 해서 오히려 더 빨라진 측면도 있다. 그런데 과거에 비해 살기는 더 살아야 한다. 10년이 될지 30년이 될지 알 수가 없다. 일을 하고 싶어도 받아 주는 직장이 없다. 젊은이들도 일자리가 없는 형편이다. 직종에 따라서 신기술을 몰라서 할 수가 없는 경우도 있다. 새로운 기술을 공부해서 젊은 사람들을 따라잡기도 힘이 든다. 많은 변화가 생겼다. 두 가지만 생각해 보자.

하나는 시간이 남아돈다. 과거에 비해 수명이 길어졌다. 의학 발달의 혜택이라고 해 두자. 왕성하게 활동할 체력은 있다. 의욕도 있다. 일할 곳은 없다. 불러 주는 곳도 없다. 불러 준다 하더라도 최저임금에 가깝다. 계속 일을 하려면 새로운 정보나 기술을 익혀야 된다. 이미 학습능력이 떨어져서 공부도 쉽지가 않다. 젊은 사람들과의 경쟁에서 버티기가 어렵다. 그나마 일자리가 있으면 행복한 거다. 할 일 없는 30~40년을 보내야 한다. 짐승이 아닌 이상 무료하게 그 세월을 보낸다는 것이 쉽지 않다. 특별히 많은 돈을 더 벌기 위해서 일을 하거나 지식을 공부해야 할 일은 없어 보인다. 그래도 공부를 하자. 남아도는 시간을 유용하게 활용하고, 덤으로 학식도 넓어지고, 사랑이 충분해지기 위해서이다.

하나는 건강문제다. 아프지 않고 외롭지 않은 노후라면 100세를 훌쩍 넘긴다고 해도 전혀 문제가 없다. 젊은 시절 열심히 일하느라 건강을 돌보지 못했다. 여기저기 신호가 온다. 관절염

처럼 오래 사용해서 고장이 나는 것은 그래도 인정하면 된다. 적절한 약물치료 등을 받으면 고통을 줄여 가면서 살아갈 수 있다. 삶의 질이 조금 떨어지지만 그럭저럭 지낼 수 있다.

가장 심각한 문제는 뇌에 발생하는 질병이다. 치매와 뇌졸중이다. 삶의 질을 현저히 떨어뜨리는 가장 대표적인 질병이다. 예방이 최선이다. 뇌를 역동적으로 쓰는 것이 최고의 방법이다. 해결책은 머리를 쓰는 것이다. 손발을 많이 움직여야 한다. 공부를 하는 것이 최고다.

'용불용설'이라는 학설이 있다. 우리 신체의 기능은 적당히 쓰면 오래 쓸 수 있다. 무리해서 쓰거나 안 쓰면 퇴화된다. 근육을 보면 쉽게 알 수 있다. 열심히 일하던 젊을 때는 근육이 컸다. 힘도 강했다. 나이가 들면서 점점 덜 쓴다. 근육이 작아진다. 힘이 약해진다. 근육의 힘으로 버티는 관절이나 허리 등에 병이 많이 생기는 것도 이 때문이다. 뇌도 마찬가지다. 많이 쓰면 그 기능을 오래 유지할 수 있다.

공부를 하면 여러 가지 혜택이 있다. 몇 가지만 보자. 머리를 많이 써서 좋다. 뇌를 많이 사용하므로 그 자체가 치매 등의 예방에 좋다. 생각의 폭이 넓어진다. 깊어진다. 이해심, 배려심이 좋아진다. 시간도 잘 간다. 주변 사람과 대화의 소재도 많아진다. 대화를 통해 행복한 시간을 보낼 수 있다. 우울증 등이 끼어들 자리가 없어진다. 큰 힘 들이지 않고 할 수 있다. 남아도는 시간과 뇌 건강 문제를 한꺼번에 해결한다. 일석이조 이상이다. 노년기의 가장 큰 문제인 시간도 의미 있게 보낼 수 있다. 뇌 건강도 지킨다. 더 많은 득을 볼 수 있다.

특별히 권하고 싶은 방법이 있다. 일어서서 거실 등을 거닐면서 큰 소리로 책을 읽는 것이다. 손가락으로 글자를 짚어 가면서 하면 더 좋다. 의자에 앉아서 읽는 방법보다 훨씬 좋다. 우리 신체는 작은 동작 하나를 해도 뇌의 지시에 의해서 움직인다는 것쯤은 모두가 아는 사실이다. 전체 뇌의 기능을 왕성하게 활발하게 사용할수록 뇌 건강에 좋다. 거닐며, 소리 내서 책 읽는 방법이 노년기에 할 수 있는 최적의 방법이다.

눈으로만 읽으면 눈에 관련된 후두엽과 언어이해를 담당하는 베르니케 영역을 주로 사용한다. 소리를 내서 읽으면 시각과 관련되는 후두엽, 복잡한 움직임과 정교한 사고를 하는 전두엽, 말을 담당하는 브로카 영역, 두정엽을 중심으로 운동과 체감각을 담당하는 뇌, 큰소리로 읽으니 소리를 담당하는 측두엽 등 뇌의 전 부분을 사용하게 된다. 여기에 거닐기까지 한다면 운동하는 효과까지 있다(복잡한 뇌과학에 대한 언급은 안 하기로 한다).

옛말에 '담장 너머로 글 읽는 소리와 아기 울음소리가 들리지 않으면 망할 집'이라고 했다. 지금은 대가족을 이루고 사는 옛날과 다르다. 중년 이후에 아기 울음소리까지 기대하기는 힘이 든다. 노부부가 함께 책 읽는 소리가 은은하게 들린다면 얼마나 좋을까? 젊은 학생들에게서 느끼지 못하는 또 다른 색깔의 아름다움이 아닐까 싶다.

아쉬운 것이 있다. 우리는 어릴 때부터 조용히 책을 읽는 것으로 교육을 받았다. 지금도 도서관을 가 보면 조용하다. 옆자리의 숨소리가 거슬릴 정도다. 잘못된 문화다. 바꿨으면 좋겠다. 소수의 인구임에도 노벨상을 가장 많이 수상하는 유대인의 창의성은 어디서 나오는가? 많은 얘기가 있다. 그들의 도서관은 벌집을 쑤셔 놓은 듯하다. 어릴 때부터 경전인 토라를 소리 내서 암송하는 것으로도 유명하다. 유대인뿐만 아니다. 우리 조상들도 서당에서 큰 소리로 글공부를 했고, 집에서도 큰 소리로 책을 읽었다. 담장 너머로 글 읽는 소리가 났었다. 언제부터인지는 모르겠으나 조용히 읽고 있다. 바꾸자고 권하고 싶다. 우리 집에서도 노력하고 있다. 쉽지 않다. 그래도 꾸준히 시도하고 있다.

소리를 내서 읽으면 옆 사람에게 방해가 된다고 걱정하는 사람이 있다. 강의 때마다 실험을 해 보았다. 같은 결과가 나왔다.

소리 내서 읽을 때 훨씬 집중이 잘되는 것을 확인할 수 있었다.
간단한 실험이다. 하면서도 신기했다.

첫 번째 실험이다. 강의를 듣는 청중들에게 말한다.

1. "조용히 눈으로만 집중해서 책을 읽어라."라고 한다.
2. 쥐 죽은 듯 조용한 가운데 칠판을 "똑 똑 똑 똑 똑" 다섯 번
   두드린다.
3. "칠판 두드리는 소리를 들은 사람은 손을 들어 보세요." 하면
   거의 모두가 손을 든다. 극소수가 소리를 못 들었다고 한다.
4. "몇 번 두드렸는지 아시는 분 손을 들어 보세요."라고 물으면
   정확하게 답하는 사람도 있다. 소수이기는 하다.

분명히 책 읽는 것에 집중하고 있었다. 다른 소리가 들리면
그쪽으로 신경을 쓴다. 책 읽는 것을 놓치기 일쑤다. 여기저기
로 정신이 왔다 갔다 한다는 증거다.

두 번째 실험이다. 강의를 듣는 똑같은 청중들에게 말한다.

1. "손가락으로 짚어 가면서 큰 소리로 집중해서 책을 읽어라."라
   고 한다.
2. 왁자지껄한 가운데 칠판을 더 세게 "똑 똑 똑 똑 똑" 다섯 번
   두드린다.
3. "칠판 두드리는 소리를 들은 사람은 손을 들어 보세요." 하면
   손을 드는 사람이 매우 적다. 주로 앞자리에 앉은 사람들이다.
   "저 강사가 언제 두드리나 기다리고 있었죠?"라고 물으면 웃
   으면서 "그렇다."라고 한다. 순서를 바꿔서 실험을 해 보면 더
   적었다.

4. "몇 번 두드렸는지 아시는 분 손을 들어 보세요." 하면 정확하게 말하는 사람이 거의 없다.
   분명히 책 읽는 것에 집중하고 있었다.
5. "옆 사람이 어떤 내용을 읽었는지 기억하시는 분 손들어 보세요." 하면 단 한 사람도 손을 드는 사람이 없었다.
6. "분명히 귀로 소리는 들렸죠?"라고 물으면 일제히 "예."라고 답한다.
7. "어떤 것이 집중이 더 잘 됩니까?"라고 물으면 대부분 "소리 내서 읽는 것"이라고 대답한다.
8. "엄마는 주방에서, 아빠는 거실에서, 자식은 방에서 책을 큰 소리로 읽으면 어떨까요?"라고 물으면 일제히 대답한다. "너무 좋겠어요."라고.

확연한 차이를 느낄 수 있었다. 대단한 실험을 한 것도 아니다. 할 때마다 신기하다. 청강생들도 고개를 끄덕이며 신기해한다. 실천주의를 지향하는 강사로서 보람을 느낄 때이다.

인간의 뇌는 필요 없는 정보를 걸러 내는 능력이 있다고 한다. 눈으로만 책을 읽을 때는 눈과 관련된 기능을 주로 쓰고 있다. 나머지 기능이 여유가 있어 필요 없는 정보에 반응할 수 있다. 거닐며 소리 내서 읽는다면 이미 뇌의 많은 기능을 사용하고 있다. 쓸데없는 정보에 반응할 여력이 없다. 능력의 최대치를 다 발휘하고 있고, 주된 목표인 책 읽는 것에 몰두할 수밖에 없는 구조라 하겠다. 마치 스마트폰을 보면서 걸어가는 사람이 위험한 차가 돌진해 와도 인지하지 못하는 것처럼. 전봇대를 박는 사람도 있다. 같은 이치이다. 길거리에서 스마트폰을 보며 걷는 것은 큰 사고로 이어질 수도 있다. 매우 위험한 일이다.

거실이나 방을 거닐며 책을 읽는다고 사고가 날 위험은 거의 없다. 선택은 자유다. 가족들끼리 지인들끼리 실험을 해 봐도 좋다. 좋으면 따라 하면 된다. 타인에게 피해도 주지 않는다. 아파트에서도 문제없다. 글 읽는 소리 정도로 층간 소음의 문제는 발생하지 않는다. 소리가 작아도 효과에는 큰 차이가 없다.

많은 사람들이 닥치면 하는 경향이 있다. 노년기에 접어들어서 책을 읽으려고 한다. 습관이 되지 않아 힘이 든다. 눈도 침침해서 어렵다. 좋은 것을 알지만 하기가 쉽지 않다. 미리 습관을 만들어 두는 것이 바람직하다. 중년에 해야 할 일 중의 하나가 공부하는 습관 들이기이다. 행복한 노년을 위한 매우 중요한 일이다. 중년부터 공부를 해야 되는 이유다.

독서모임 등을 만들거나 가입하는 것도 좋은 방법이다. 나처럼 혼자서 책 읽는 습관이 되어 있지 않은 사람은 더욱 필요할 것 같다. 마치 숙제를 하듯 약간의 의무감을 가지면 억지로라도 읽을 수 있기 때문이다. 책도 읽고, 좋은 친구도 사귀면 일거양득이다. 그야말로 꿩 먹고 알 먹는 격이라 너무 좋을 것 같다. 최근에 인문학 관련 책에 심취해 있다. 20대의 젊은 시절에 읽지 않은 것이 많이 후회된다. 지금이라도 이렇게 읽을 수 있는 것은 다행이다. 독서모임을 찾아보아야겠다.

만학도로 대학을 가는 것도 하나의 방법이다. 부부가 함께라면 더 좋겠다. 중년의 CC다. 중년 이후 시간도 많다. 적당한 재정적 여유도 있다. 공부하는 것이 최상의 선택 중의 하나다. 취미활동을 해도 비슷한 돈과 시간이 든다. 취미활동도 좋지만 훨씬 더 생산적이지 않을까? 노후를 위해서…….

고졸로 건강교육강사로 나서면서 애로가 많았다. 2014년 다행히 기회를 얻어 만학도로 대학에 입학하여 2018년 졸업을 했다. 세 커플의 부부가 함께 다녔다. 부러웠다.

언젠가는 아내와 함께 CC가 되고 싶다. 아내의 뜻은 물어보지 않았다. 좋아하리라 믿는다. 늘 내 뜻을 존중해 왔으니까!

7. 새로운(?) 사랑으로 빈 둥지 채우기

10여 년 전 어느 날 아내와의 대화다. 내가 말했다.

"나는 사랑도 노력이라고 생각해."

"왜 사랑을 노력해야 해, 억지로 노력해서 하는 사랑이라면 싫은데."

"내 말은 20대의 물불 안 가리는 뜨거운 사랑, 신혼 때 서로를 더 알아 가는 양파까기 사랑처럼(까도 까도 똑같은) 특별히 생각한 것도 없이 본능적 이끌림에 의한 사랑은 끝났으니, 노력해야 사랑도 유지할 수 있는 것 같아서."

"자기는 지금 노력하고 있는 중이야?"

"그래. 지금 열심히 최선을 다해 노력하고 있지."

"그런 사랑은 싫은데."

"그럼 부부니까, 자식이 있으니까 단순한 정으로 산다고 생각하면 너무 메마르잖아. 그래서 나이에 맞게 서로를 아껴 줄 수 있는 노력이 필요하다고 생각해."

"억지로 하는 것이 아니라면 괜찮을 것도 같은데."

"처음에는 억지로 했는데, 당신이 좋아하고, 그런 당신을 보니 또 다른 사랑스러움이 느껴졌지. 사랑스러워지니까 전과 다른 또 다른 느낌이 생겼어. 굳이 이름을 붙이자면 같은 사람과의 '새 사랑, 다른 사랑'이라고 하고 싶은데."

"자기가 얼마 전부터 그랬다는 말이지?"

"그랬어. 몇 년 전 보건소에서 강의를 듣고 난 뒤부터지. 그때 당신한테 말은 하지 않았지만 나는 그랬어. 기억나? 어느 날부터 우리가 잘 때 '야간정장'으로 자잖아. 그때부터야. 우리가 가난하지만 사이가 더 나빠지지 않고 별 탈 없이 살아가고 있는 것도 그 노력이 한몫한 것 같아. 당신의 무한 사랑이 더 큰 역할을 했지만."

"그랬었구나."

"죽을 때까지 함께 노력하면서 새로운 사랑을 만들어 보자고."

"그런 사랑이라면 OK!"

아내는 기억할는지 모르겠다. 나는 분명히 기억한다. 작심을 하고 노력했기 때문이다. 그 노력의 결과는 대만족이라고 자평해 본다. 미완성이지만 전보다는 관계가 좋아졌다. 좋으니까 꾸준히 하려고 한다.

<나부야 나부야>의 고 이종수 할아버지의 독백이 또 생각난다.

"젊어서 그럭저럭 지냈는데, 나이가 먹을수록 정이 두터워지고, 자기 없으면 나 못 살고, 나 없으면 자기 못 살고 그런 마음으로 살지. 요즘은 엊그제 결혼했다가 서로 안 맞는다고 헤어지고 그렇게 하면 되는가?"

작가가 써 준 대본이 아니다. 꾸며진 것이 없다. 많은 부부가 정 때문에 산다고 한다. 나이를 먹을수록 정이 두터워진다고 하지는 않는 것 같다. '자기 없으면 나 못 살고, 나 없으면 자기 못 살고' 하는 것은 열애에 빠진 청춘남녀가 한쪽 부모가 반대를 할 때 주로 하는 말이다. 78년을 함께하신 부부의 입에서 그것도 남편의 입에서 쉽게 나오는 말은 아닌 것 같다.

78년을 살아 보지 않아 모르겠다. 30년 차가 이해되는 말씀은 아닌 것 같다. 감히 짐작해 본다. 서로에게 끝없는 인내와 배려를 하셨을 것 같다. 인내도 배려도 마음 움직이는 대로 해서는 안 된다. 노력이다. 사랑을 바탕에 깔고 있어야 가능하다. 어렴풋이 감이 조금 오는 것은 있다. 30년쯤을 함께하다 보니 경험으로 알게 되는 것이 너무나 많다. 결혼 전과 신혼 때 느끼지 못했던 애틋함, 측은함, 불쌍함 등 다양한 감정이 혼합된 새로운 사랑이 아닐까 싶다. 정이 두터워진다는 말씀이 조금은 와 닿는다. 굳이 말하자면 정도 사랑의 여러 모습 중 하나이다.

청춘남녀의 뜨거운 사랑을 자연의 섭리라고 해도 좋다. 종족보존을 위한 본능적 반응이라고 해도 좋다. 유효기간이 길어야 3년인 페닐에틸아민의 장난이라고 해도 좋다. 그 시절의 사랑은 특별히 노력하지 않아도 된다. 소위 필이 꽂히기만 하면 모든 것을 해낸다. 1시간 거리를 출퇴근하는 것은 힘들어한다. 퇴근 후 데이트를 위한 2시간의 운전도 거뜬하게 해낸다. 내가 그랬다. 처가가 감포다. 경주 시내에서 데이트하고 택시를 타고 데려다주길 여러 차례 했다. 택시비가 4~5만 원 정도였던 것으로 기억한다. 당시 자취를 하면서 식당에서 월 식사를 했다. 한 달 세끼 식대가 6만 원이었다. 돈이 아까워서 계절별로 양복 1~2벌로 버티던 나였다. 평상시 모습이라면 상상이 되지 않는다. 지금도 타 지역에 강의를 가면 시내버스를 애용하는 사람이다. 콩깍지 호르몬 덕분이었다. 그 덕에 오늘이 있겠지. 금방 만나서 헤어지고 또 전화로 대화한다. 말수가 적은 남자들도 이 시기에는 말이 곧잘 된다. 특별히 노력하지 않아도 되는 시기다. 사랑이 충만하기도 하다. 모든 것이 자연적으로 해결된다는 점이다. 생물학적으로 그렇게 반응하도록 설계되어 있는가 보다.

사랑에 빠질 때 나타나는 현상을 오랫동안 연구해 온 심리학자 도로시 테노브 박사에 의하면 '결혼한 부부들이 로맨틱한 사랑에 사로잡히는 기간은 평균 2년'이라고 했다. 페닐에틸아민의 유효기간과 거의 일치한다. 생물학적으로나 심리학적으로

나 큰 차이가 없다. 무엇을 의미하는가? 생각해 볼 일이다. 의도적인 노력과는 전혀 상관이 없다. 자연적으로 나타나는 현상이다. 이 콩깍지 호르몬은 20대까지는 많이 분비되나, 30대 넘어가면 현저히 줄어든다고 한다. 30대가 넘어서 사람을 사귀면 직업, 재산 등의 조건을 많이 따지는 것도 연관이 있을 것 같다. 30대에 20대처럼 불같은 사랑을 해서 결혼에 골인하는 사람은 드물다. 재미있는 사실이다.

20대에 사랑에 빠진 청춘에게 물어본다.
"저 사람에게 왜 끌렸느냐?"
"그냥"이라고 답이 돌아오는 경우가 허다하다.
"사랑이 그냥이 어디 있느냐?"
"그냥 끌려서 끌렸다고 왜 그냥이냐고 물으면 어떻게 대답하느냐?"라고 한다.
참 재미있는 대화다.

인간은 어쩔 수 없이 호르몬의 영향을 받는다. 콩깍지 호르몬은 유효기간이 있다. 마음으로 조절이 되지 않는다. 사랑이 식어 버린다고 느끼는 점이다. 콩깍지보다 훌륭한 호르몬이 있다. 다행이다. '옥시토신'이다. 관계 호르몬, 행복 호르몬 등 다양하게 부른다. 이 옥시토신은 마음먹기에 따라 달라진다. 어떤 행동을 하느냐에 따라 달라진다고 한다. 가장 왕성하게 나오는 때가 엄마가 아기에게 젖을 먹일 때라고 한다. 부부관계를 할 때도, 따뜻한 마음으로 스킨십을 할 때, 봉사를 할 때, 누군가에게 도움을 줄 때, 힘이 되어 준다고 느낄 때 등 옥시토신이 듬뿍 나온다고 한다. 그때 느끼는 감정이 행복감이다.

학자들은 가족을 기간별로 이렇게 구분한다. 형성기, 확장기, 축소기, 해체기 순으로 진행된다. 뜨겁게 사랑하여 결혼에 이르면 형성기, 아이가 태어나면서 확장기, 결혼시키면서 축소기, 사별을 하면서 해체기로 접어드는 순이다. 인간은 형성기와 확장기가 지속되기를 바란다. 이때는 콩깍지 호르몬도 나오고, 젊고 왕성하게 활동할 때다. 아이들 키우느라 정신없는 시기이다. 아주 행복한 시기이기도 하다. 자녀가 하나둘 결혼 또는 독립을 한다. 덩그러니 둘만 남는다. '빈 둥지'라고 한다. 북적이던 집에 부부만 남는다. 30여 년을 북적이던 생활을 했다. 둘만 남으니 어쩔 줄 모른다. 무엇을 해야 할지 갈피를 못 잡는다. 배우자와의 애틋함도 없다. 게다가 졸혼을 한다면 어떨까? 외롭다. 주체할 수가 없어진다. 가족이 없는 것도 아니다. 새롭게 손자 손녀도 생겼다. 그런데도 외롭다.

지금부터가 중요하다. 실제로는 부부가 함께 살고 있는 둥지다. 빈 둥지가 아니다. 빈 둥지라고 생각하고 말하는 순간 빈 둥지가 된다. 넉넉한 둥지다. 헐렁한 둥지다. 썰렁한 둥지다. 헐렁한 공간을 채워야 덜 외롭다. 행복해질 수 있다. 옛날처럼 대가족을 이루고 살면 전혀 걱정할 문제가 아니었을 텐데 아쉽다. 그렇다고 멀리 떨어져 사는 자식들에게 얹혀살 수도 없다.

'사람의 빈자리는 사람으로 채울 수 있다.'고 했다. 그렇다고 늦둥이를 볼 수도 없다. 빈 둥지라는 생각부터 버리자. 빈 둥지라고 생각하는 순간 더 비참해질 수도 있다. 빈 둥지에 '마누라', '남편'이 있다고 생각하지 말고, '애인'하고 같이 있다고 생각해 보면 어떨까? 오히려 더 기쁘지 않을까? 생각 바꾸기이다. 할 수 있다. 해 봐서 안다. 쉽지는 않다. 그래서 노력해야 한다. 노력 없는 결과는 없다.

사람으로 채울 수 없다면 다른 무엇으로든 채워 보자. 바깥에 가서 채우려 하지 말자. 부부가 함께 채워 보자. 공부, 등산, 운동, 동아리활동, 요리 배우기, 뜨개질, 화초 키우기, 애완동물 기르기, 종교생활, 봉사활동 등 무엇이든 좋다. 제일 좋은 것으로 부부가 함께 공부하는 것을 추천한다. 같은 취미생활도 좋다. 더 좋은 것은 배우자와 함께 '새 사랑'의 씨앗을 뿌리자. 싹을 틔우자. 거름을 주어 튼실하게 키우자. 그 열매는 나중에 훨씬 더 소중하게 수확할 수 있지 않을까? 젊음의 피 끓는 사랑보다 중년의 농익은 사랑의 꽃을 피워 보자. 어떤 꽃이 필지 기대된다.

<님아 그 강을 건너지 마오>와 <나부야 나부야>처럼 외롭지 않은 노후, 졸혼이 뭔지를 모르는 황혼을 위해서, 행혼(幸婚)을 위하여. 아내를, 남편을 애인으로 여겨 보자.

8. 후회할 것 줄이기

'후회하다'를 검색해 보면 "이전의 잘못을 깨치고 뉘우치다." 로 나온다. 잘못에는 두 가지가 있다. 뭔가를 했는데 원하지 않는 다른 결과 또는 나쁜 결과가 나오는 경우와 아무것도 하지 않아서 발전이 없거나 제자리걸음을 하고 있는 경우이다.

취업을 위해 자격증을 필수적으로 따야 한다고 가정해 보자. 70점 이상이어야 합격이다. 시험은 매우 쉽게 출제되었다. 빈둥 빈둥하면서 69점으로 불합격했거나 원서는 냈는데 늦잠을 자 느라 시험 자체를 치러 가지 못한 경우를 들 수 있다. 후회할 만하다. 누구를 원망할 수도 없다. 후회한다는 것과 다음에는 잘하겠다는 각오를 함께 한다. 한 번의 아픈 경험을 교훈 삼아 다음에 더 잘할 수 있다면 후회도 할 만한 가치가 있다. 가능하면 후회가 없거나 적은 것이 좋다는 것은 모두가 알고 있다. 후회 자체를 하지 않는 사람, 후회할 것이 무엇인지 모르는 사람은 어떨까? 발전 가능성이 전혀 없다. 후회한다는 것은 스스로를 점검해 보고 있다는 뜻이다. 반성이라고 한다. 매번 결과가 잘 나올 수 없다. 최선을 다해서 노력할 뿐이다.

'아쉬워하다'는 '필요할 때 모자라거나 없어서 안타깝고 만족스럽지 못하게 여기다.'로 나온다. 뭔가를 최선을 다해서 하기는 했는데 모자라거나 없는 경우라 하겠다. 예를 들면 계획적으로 공부를 하고 게을리하지도 않았는데 69점으로 불합격의 고배를 마시는 경우라 하겠다. 아쉽다. 분하기도 하다. 딱 1점만 더 맞았더라면 하는 찐한 아쉬움이 남는다. 한계를 느껴 좌절할 수도 있다. 다만 각오를 다지고 또 도전해서 성취할 수 있다고 믿는다. 아쉬움 또한 없거나 적은 것이 좋겠다. 후회보다는 아쉬움이 더 나을 듯하다. 아쉬움 남지 않는 인생은 없을 듯싶다.

살아온 세월 56년, 성인이 되고도 36년을 살고 있다. 남자는 군에 갔다 와야 철이 든다고 해도 33년째 살고 있다. 크고 작은 후회와 아쉬움이 많다. 몇 가지를 고백한다.

후회 1. 왜 공부를 하지 않았을까?

1986년부터 1990년도 중반까지는 학원 강사생활을 했다. 방학을 제외하면 5시부터 10까지 수업을 했다. 5시까지 공부할 시간이 충분했다. 조금만 부지런했으면 대학을 다닐 수 있었다. 그때는 수입도 좋았다. 직장생활 하는 친구들의 봉급에 비하면 3~4배를 벌었다. 그런데도 공부를 하기 싫었다. 물론 강의에 필요한 공부는 열심히 했다. 앞에서 말한 바와 같이 꼭 필요한 것은 어떻게든 하는 성격이었다. 마지못해서는 아니었다. 필요한 공부를 할 때는 재미도 느꼈다. 딱 거기까지였다.

좀 더 폭넓게 보는 시야가 부족했다. 그때 대학교와 대학원을 다니면서 미래 준비를 했다면 뒤늦게 만학도로 공부를 하는 어려움은 겪지 않았을지도 모른다. 지나간 일이다. 후회에만 빠져 있고 싶지는 않다. 돌이킬 수 없는 일이다. 자꾸 생각을 한다고 해도 아무런 소용이 없는 짓이라는 것을 안다. 그때의 경험 때문에 지금은 열심히 하려고 노력하고 있다. 그 시절에는 미래에 대한 준비가 미숙했다면, 지금은 행복한 노후를 위해 차근차근 준비를 잘하고 있다고 자부한다.

후회 2. 복사집 개업

상고생을 대상으로 주산, 부기, 타자를 가르치는 학원을 하고 있었다. 컴퓨터의 보급으로 수요가 줄어들 것이라는 예상을 했다. 부기를 가르치는 나는 할 일이 없어질 것이 뻔했다. 언젠가는 학원도 그만두어야 한다는 생각을 당연히 했다. 새로운 일을 준비해야 할 필요가 있었다. 학원 강의시간이 방학 때를 제외하면 오후 5시부터 10시까지 하면 끝이 나는 상황이었다. 마침 학원과 5분 거리에 복사 및 코팅을 하는 가게가 나와 있어 인수를 했다. 전세를 빼고 대출도 받아서 마련했다.

처제와 함께 시작했다. 수업 전까지는 내가 같이 나가 있고, 처제가 마무리하고 문을 닫고 왔다. 처음에는 그럭저럭 장사가 됐다. 이렇게 경험을 쌓아서 학원을 그만둘 때를 대비하면 되겠다는 생각이 들었다. 신나게 일을 했다. 5~6개월이 지나면서 후회가 되기 시작했다. 1년 만에 문을 닫았다. 처절한 실패였다. 지금 돌이켜 보면 당연한 실패였다. 치밀한 시장조사도 하지 않았다. 장사를 해 본 경험도 없었다. 내가 잘할 수 있는 일도 아니었다. 그럼에도 누구에게 조언도 구하지 않았다. 돈을 많이 벌겠다는 욕심만 가득했다. 물론 열심히는 했다. 인생 공부라고 해도 수업료는 대단히 비싸고 아팠다. 뒤이어 IMF 사태가 터지고 학원도 어려움을 겪게 되었다. 문을 또 닫았다. 20년 암흑기로 들어가는 첫발이었다. 후회해도 소용이 없다는 것을 뼈저리게 느꼈다. 이제 그 암흑기를 벗어나고 있다.

강사로서 인정도 받아 가고 있다. 정년이 없다는 것이 최고의 장점이다. 친구들은 정년퇴직, 또는 명퇴를 당하는 나이라 '노후에 무엇을 할까' 하는 것으로 걱정이 많다.

"용범이 네가 제일 부럽다"라는 말을 하는 친구가 많다. 나는 일 때문에 걱정은 없다. 돈이 많이 벌리느냐는 차후의 문제다. 젊은 시절 아픔공부로 고통은 컸지만 미래에 대한 걱정을 많이 하지는 않는다. 정년 없이 할 수 있으니까. 다행이다. 그래서 더 훌륭한 '마음나누기전문가'가 되기 위해 최선을 다하고 있다. 자만하지 않고, 겸손하게, 열정적으로……

아쉬움 1. 아픔을 참고 강하를 했다면?

1983년 7월 28일 대구 성서에 있는 50사단 신병교육대에 입소했다. 6주 훈련을 받고 자대배치를 받았다. 군복 1벌을 반납하고 버스에 탔다. 군복을 반납하는 것으로 봐서 일반 보병부대가 아님을 직감했다. 인솔자는 검은 베레모를 쓰고 있었다. 나중에 알았지만 검은 베레모는 공수부대의 상징이었다. 4시간여 달려서 도착한 곳은 공수부대 특수전교육단이었다. 당시에는 육군훈련소에서 기초 군사훈련을 받은 신병들 중에서 차출을 해 온다. 공수부대의 논산훈련소 같은 곳이다.

2~3주간의 대기 후 4주간의 기본훈련에 들어갔다. 지상에서 낙하훈련을 받는 과정 중에서 약 4m 정도 되는 구조물 위에서 뛰어내리는 훈련이 있다. 수차례 반복하던 중 실수로 양쪽 어깨의 고리가 동시에 분리되어 바닥에 엉덩방아를 찧었다. 모래 위라 충격이 완화되기는 했지만 허리가 몹시 아팠다. 의무대에

가서 X-레이도 찍어 보고 진단도 받아 보았으나 별 이상은 없다고 했다. 훈련은 계속했다. 마지막 지상훈련 막타워에서 강하연습을 한다. 이 훈련을 통과하면 실제 비행기를 타고 기본 강하훈련을 마치면 공수병이 된다. 기본훈련이다. 공수휘장을 가슴에 단다. 긍지를 갖는 영광의 순간이다.

막타워는 11m, 인간이 가장 공포를 많이 느낀다는 높이이다. 지상훈련에서 떨어졌던 경험이 있어서인지 뛰기가 싫었다. 참고 뛰었다. 허리가 끊어지는 듯 아팠다. 의무대로 가서 또 검사를 해 봤다. 이상이 없었다. 다시 훈련장으로 돌아와 또 뛰었다. 여전히 두렵고 아팠다. 다시는 뛰기 싫었다. 결국 이 훈련을 통과하지 못하고 말았다. 일병을 달고 보병부대로 전출을 갔다. 비참했다. 그때 뛰었으면 내 인생도 많이 달라졌을까? 마지막 순간을 통과하지 못했다. 후회까지는 아니다. 아쉬움이 찐하게 남는 사건이다. 지옥의 지상훈련 3주를 무사히 통과했는데……

아쉬움 2. 고맙다, 사랑한다, 미안하다는 말의 타이밍을 잘 놓친다.

마음속에서는 술술 나오는 말이다. 입 밖으로 나오는 데 시간이 걸린다. 때를 놓친다. 왠지 쑥스럽다. 오해를 받기도 한다. 가까운 사람들에게 더 그렇다. 아내로부터 핀잔을 자주 들었다. "그걸 꼭 말로 해야 되나?" 하면서 얼버무린 적도 많다. 때맞

취 하려고 의도적으로 노력했다. 많이 좋아졌다. 여전히 한 박
자 늦기가 일쑤다. 타이밍을 놓치면 더 어렵다. 성격 탓인지 모
르겠다. 그래도 노력해 보련다. 아내가, 아이들이, 친구들이 적
시에 하는 '고맙다, 사랑한다, 미안하다'라는 말을 하는 나를
좋아하니까.

"경상도 남자니까 무뚝뚝하다"라는 벽 뒤에 숨고 싶지 않다.

인간은 지구에 와서 시간을 쓰고 가는 존재다. 후회는 시간
을 낭비하는 것이다. 후회는 과거에 집착하는 것이다. 짧게 반
성하고 앞으로 나아갈 방법을 연구해 보자. 후회하고 반성할
시간에 차라리 미래에 대한 걱정을 하는 편이 낫지 않을까 싶
다. 미래는 상상도 못하는 일들이 벌어질 것이다. 걱정도 부질
없는 짓인지도 모르겠다. 아쉬움도 가능한 적게 남기고 싶다.
아내와 함께 맞을 아름다운 황혼을 위하여. 의도적인 노력은
해도 해도 힘들다. 하지만 그 열매는 매우 달다. 그래서 한다.

인터넷에서 '어느 90세 노인의 일기'를 보고 많이 반성했다.
공부를 해야겠다는 생각을 더 많이, 절실하게 만들어 준 글이
기도 하다. 단 한 사람의 독자라도 나와 같은 감동을 받았으면
하는 마음으로 소개한다.

나는 젊었을 때 정말 열심히 일했습니다.
그 결과 나는 실력을 인정받았고 존경을 받았습니다.

그 덕에 60세 때 당당한 은퇴를 할 수 있었죠.

그런 내가 30년 후인 90세 생일 때 얼마나 후회의 눈물을 흘렸는지 모릅니다.

내 60년의 생애는 자랑스럽고 떳떳했지만,

이후 30년의 삶은 부끄럽고 후회되고 비통한 삶이었습니다.

나는 퇴직 후 "이제 다 살았다, 남은 인생은 그냥 덤이다"라는 생각으로 그저 고통 없이 죽기만을 기다렸습니다.

덧없고 희망이 없는 삶, 그런 삶을 무려 30년이나 살았습니다.

30년의 시간은 지금 내 나이를 90세로 보면, 3분의 1에 해당하는 기나긴 시간입니다.

만일 내가 퇴직할 때 앞으로 30년을 더 살 수 있다고 생각했다면 난 정말 그렇게 살지는 않았을 것입니다.

그때 나 스스로가 늙었다고, 뭔가를 시작하기엔 늦었다고 생각했던 것이 큰 잘못이었습니다.

나는 지금 90살이지만 정신이 또렷합니다.

앞으로 10년, 20년을 더 살지 모릅니다.

이제 나는 하고 싶었던 어학공부를 시작하려 합니다.

그 이유는 단 한 가지, 10년 후 맞이하게 될 100번째 생일날, 90살 때 왜 아무것도 시작하지 않았는지 후회하지 않기 위해서입니다.

하루를 더 살더라도…….

9. 타임머신(추억창고, 추억소환기) 만들기

여행을 가면 각종 박물관을 많이 찾는다. 박물관은 '누군가의 뭔가의 추억창고'이다. 세월을 한참을 거슬러 올라간다. 그 시절을 살아 보지 않았지만 짐작할 수 있다. 특정 문화를 상세히 보여 주는 곳도 있다. 경주에 오면 보문단지와 불국사 중간 지점에 '민속공예촌'이 있다. 민속공예촌 꼭대기에 '신라역사과학관'이, 옆에 '추억의 달동네'라는 곳이 있다. 모두 개인이 운영하는 곳이다. 경주에 손님이 오면 잘 모시고 가는 곳이다.

신라역사과학관은 석굴암을 완벽히 이해할 수 있도록 만들어 두었다. 선조들의 뛰어난 건축기술과 미적 감각을 오늘에 느낄수 있다. 첨성대, 범종 등 신라에 관한 일면을 볼 수 있다. 그리고 직접 석굴암에 가서 천천히 느껴 보면 좋다. 추억의 달동네는 최근에 개장을 했다. 50대 이상이면 누구나 어릴 적 추억을 줄줄이 소환할 수 있다. 어린 시절로 돌아가고 싶은 사람은 한 번쯤 가 볼 만하다. 천천히 보아야 흠뻑 젖어 들 수 있다.

여행 중에 사진을 많이 찍는다. 남는 것은 사진밖에 없다고 하면서. 우리나라 사람들은 먼 길을 달려 도착하면 휙 둘러보고 사진 찍고, 맛집 찾아서 먹고 출발한다. 쏜살같이 다닌다. 하루에 후다닥 몇 군데를 스치듯 다녀온다. 개인적으로 그런 여행을 좋아하지 않는다. 모름지기 여행은 쉼과 여유가 있어야 된다. 평소에 못 보던 낯선 것과 새로운 문화를 느끼고, 그 지역 고유의 문화도 즐기면서 유유자적하는 여행이 좋다.

사진을 왜 찍을까? '추억 저장'이라고 생각한다. 추억 저장 방법은 여러 가지가 있다. 메모도 할 수 있다. 오래 바라보면서 있는 자체를 느끼고, 주변 경치와 환경, 새소리, 바람소리 등을 감상할 수도 있다. 함께하는 사람과 충분한 시간을 가지고 대화를 나누는 것도 좋다. 그중 사진이 가장 쉽고 빠르다. 스마트폰이 보급되면서 전 국민이 사진작가가 되었다. 풍경, 사람 가리지 않는다. 음식을 시켜도 먼저 사진부터 찍고 먹는다. 온갖 SNS에 올린다. 가히 열풍이다. 세월이 지나서 물으면 장소조차 헷갈려 하는 사람을 많이 본다. 무엇을 느끼고 얻었냐고 물으면,

"느낄 게 뭐 있어, 보고 오면 됐지"라며 얼버무린다. 한때 지나가는 유행이기도 하겠지만 하나의 생활문화로 자리 잡았다.

옛날에는 순서대로 정리해서 앨범에 넣어 두고 한 번씩 열어 본다. 완벽한 추억소환이 된다. 남의 집에 방문하면 앨범을 열어 보는 재미도 있었다. 자랑삼아 내어놓는 경우도 많았다. 지금은 휴대폰에 저장해 두는 사람이 대부분이다. "휴대폰 한번 봅시다."라고 하기가 불편하다. 장점도 많다. 톡, 페북, 인스타그램, 밴드, 블로그 등 공유할 수 있는 공간이 많다. 시공간을 초월해서 주고받을 수도 있다. 언제 어디서든지 기억 저편의 추억을 소환하는 매개체로 사용할 수 있다. 발달한 문명의 혜택이다. 잘 이용했으면 좋겠다.

중년 부부의 삶으로 들어가 보자. 사랑하고, 결혼하고, 아이를 낳고, 시집장가 보내고 둘만 남았다. 30여 년 세월이 훌쩍 지나갔다. 연애와 신혼 시절은 짧았고, 금방 지나갔다. 정신없이 지나갔다. 둘이서 무엇을 해야 할지도 모른다. 퇴직을 한 남편과 24시간 함께 있자니 익숙하지 않다. 불편한 사람도 많다. 둘만의 생활을 안 해 봐서 그렇다. 과거에는 수명이 짧아 이 기간이 짧았다. 당연한 것으로 받아들였다. 요즘은 어떤가? 수명도 길어지고 개인주의 성향도 강하다. 핵가족이라 부대끼지도 않는다. 가족이라도 예외는 아니다. 졸혼이라는 문화가 생기는 이유일지도 모르겠다. 쓸쓸한 황혼으로 들어가고 있다. 이때 함께하는 추억이라도 많이 쌓아 두었다면 소환하여 다시 음미해 보면 어떨까 싶다. 가장 좋은 것이 박물관과 사진이다.

집에 박물관을 만들자. 거창한 박물관이 아니다. 방 하나를 통째로 꾸며도 좋다. 장식장을 하나 두어도 좋다. 추억이 될 만한 것들을 버리지 말고 잘 정리해 두자. 연애 때의 편지, 주고받은 선물, 입었던 옷, 아끼던 물건 등등 무엇이라도 좋다. 대통령 기념관을 가 보자. 온갖 잡다한 물건들을 전시해 두고 자랑(?)하고 있다. 신었던 운동화, 쓰던 볼펜, 학창 시절 수첩, 성적표 뭐든 추억을 소환하는 데 최고의 물건들이다. 우리도 자신을 위해서 그렇게 해 보자.

부부 둘만의 것이 많을수록 좋다. 중년이 되어 헐렁한 둥지가 되었을 때 둘이서 추억여행을 앉아서 즐기자. 마음이 동하면 훌쩍 여행을 떠나도 좋다. 단둘이니 크게 번거로울 것도 없다. 훌쩍 떠나 보자. 연애 시절 데이트를 했던 그곳으로. 새록새록 애틋한 감정이 살아나지 않을까 싶다.

32년 전 감포의 어느 골목길을 잊을 수가 없다. 지금도 그 옆을 지나가면 가슴이 설렌다. 아내와 첫 키스를 했던 곳이다. 초행길이라 정확한 곳은 기억나지 않는다. 으슥한 골목이었던 것만은 분명하다. 두 번째 장소는 감포 버스정류장 담장 옆이었다. 막차로 배웅을 해 주고 사람들이 다 들어간 뒤에 기습적으로 했다. 누가 봤을지도 모른다. 그때는 상관없었다. 그 버스정류장은 지금은 없다. 옮겼다. 그 자리에 공설시장이 들어섰다.

처남이 그곳에서 떡집을 한다. 갈 때마다 혼자서 빙그레 웃는다. 아내에게 묻는다.

"여기 기억나?"라고 장난을 치기도 한다. 25살 시절로 완벽히 돌아간다. 쿵덕쿵덕하던 가슴을 지금도 느낀다. 미미하지만……

혹 졸혼을 생각하고 있던 차에 연인 시절에 데이트했던 곳으로 추억여행을 다녀오면 어떨까? 30~40년 전의 어렴풋한 기억을 더듬으면서 추억에 젖어 본다면 좋을 것 같다. 지금 눈앞에는 콩깍지 뒤집어쓴 피 끓는 청춘남녀는 없다. 눈을 씻고 찾아봐도 없다. 기억 저 너머에 보일 듯 말 듯 존재한다. 머리가 희끗한 중늙은이가 서로 눈을 껌뻑이고 있다. 억지로라도 추억을 소환했더니 청춘남녀 위에 중늙은이가 오버랩 된다. 세월을 더듬으면서 서로 측은지심이라도 생기지 않을까? 그래도 소 닭 보듯 하지는 않을 것 같다.

졸혼을 꿈꾸지는 않지만 생각만 해도 좋다. 부산 태종대 바닷가 숲속 바위 뒤에 앉아 있는 아내의 모습이 눈에 선하다. 아내에게 물어보았다. "태종대 기억나느냐?"라고. 기억나지 않는다고 한다. 상관없다. 내가 자세히 설명을 했다. 오렌지색 줄무늬가 가로로 새겨진 원피스에 긴 파마머리, 가녀린 몸이 바닷바람에 날려 갈까 걱정을 했고, 그날 참 예뻤다고. 싱긋 웃는다. 웃는 모습이 여전히 예쁘다. 지금은 날아갈 정도는 아니다. 중년의 섹시한 여성이 매일 밤 나를 유혹하고 있다. 못 이기는 체 넘어간다.

추억창고에서 추억소환도 하고, 추억여행도 다녀 보자. 중후한 중년의 새 사랑을 싹틔워 보자. 콩깍지가 없으면 명태껍질이라도 씌워 보자. 4차 산업혁명 시대인데 시술을 해 주는 곳이라도 있었으면 좋겠다. 페닐에틸아민은 나오지 않아도 옥시토신은 사랑을 베풀고, 봉사하고, 서로 돕거나 스킨십만 해도 충분히 나온다고 한다. 콩깍지가 물불 가리지 않는 본능적인 사랑을 위한 유효기간은 길어야 3년을 넘지 못한다. 옥시토신은 뜨겁지는 않지만 온화하다. 따뜻하다. 포근하다. 질리지도 않는다. 굳이 따지자면 옥시토신의 힘이 페닐에틸아민의 힘을 능가한다. 훨씬 넓은 사랑의 호르몬이다. 얼마나 다행인가? 노력으로 다양한 방법으로 유효기간도 없이 나올 수 있다니. 30~40년 갖은 풍파를 견디어 온 중년이 아닌가. 까짓 손 한 번 더 잡고, 등 두드려 주고, 안아 주고, 눈감아 주는 것쯤이야 쉽게 할 수 있는 일이다. 아름다운 소풍 끝내기를 위해 그 정도의 노력은 할 가치가 있을 것 같다.

혹 신혼부부가 이 책을 본다면 신혼 때부터 만들어 두라고 권하고 싶다. 구질구질하게 고물 창고를 만들지는 말자. 모두 부부만의 좋은 추억거리를 보관하자. 지금의 배우자가 아니라면 첫사랑과의 추억을 과감하게 버리는 것은 어떨까? 둘 사이에 별로 도움이 되지 않는다. 졸혼으로 가는 데는 도움이 될지도 모르겠다.

이 글을 쓰면서 자연스럽게 아쉬움3을 소개할 수밖에 없다. 우리의 추억창고가 너무 빈약하다. 채울 것들이 너무 많았는데 많이 보관하지 못했다. 편지, 선물, 결혼반지, 시계 등 사라진 게 너무 많다. 아쉽다. 아이들이 유치원 다닐 때 삐뚤빼뚤 쓴 편지, 카드, 추억창고에 보관할 보물들을 너무 많이 버렸다. 이런 생각을 할 줄 알았다면 잘 정리해서 보관해 둘 것을 하는 찐한 아쉬움이 남는다. 작년 여름에 이사를 하면서 LP판을 중고로 팔려고 했는데 미루다가 아직 그대로 있다. 아내가 선물해 준 것도 있고, 함께 가서 사기도 했다. 사인도 되어 있다. 추억창고 박물관에 전시품으로 간직해야겠다. 세월이 지난 후에 다시 들어 볼 날을 기대하면서……

그래도 다행인 것은 제법 많이 남아 있다. 그중 으뜸인 것은 아내가 접어 준 1,000개의 종이학 알이다. 예쁜 유리병에 담겨 있다. 장식장에 떡 하니 자리 잡고 있다. 아내는 손으로 아기자기하게 만드는 것을 좋아하지 않는다. 그런 사람이 1,000개를 접으면서 어떤 마음으로 접었을까? 생각해 보면 지금도 미소가 지어진다. 온통 한 사람만을 생각했을 시간이다.

아쉬움은 아쉬움으로 빨리 접어 두자. 새로운 추억창고 전시품을 차곡차곡 만들어 보자. 20년, 30년, 40년 뒤에 노부부가 아들, 딸, 사위, 며느리, 손자, 손녀, 증손을 모아 놓고 전시품에 대한 설명회를 하고 있을 날을 꿈꾸며. 어쩌면 손자들이 이럴지도 모른다.

"할아버지, 할머니 두 번만 더 들으면 백 번이에요."

"그래. 이 녀석들아 천 번을 채워 주마."라고 할 수 있으면 얼마나 좋을까?

4장

부부의 도리와 책임, 배려

1. 백세 시대에 즈음하여

IMF 사태 이후 어려움을 겪었다. 아직도 그 수렁에서 완전히 벗어난 것은 아니다. 불행 중 다행인 것은 건강교육강사로 왕성하게 활동하고 있다는 것이다. 내가 좋아하는 일이다. 어떤 날은 오전, 오후, 저녁에 각 2시간씩 6시간을 하는 날도 있다. 한 곳에서 하는 것이 아니라 수백 km를 이동한다. 강의를 해도 혼신의 힘을 다해서 하는 편이다. 파김치가 될 법하다. 그런데 크게 피로를 느끼지 못하는 편이다. 강의가 없는 날보다 오히려 가벼운 느낌일 때가 많다. 1년 중 몇 번 있는 일이다.

"앗싸, 오늘 세 군데 완전 끝내주고 왔다." 하면서 집에 들어선다. 피로가 확 느껴진다.

"아직 생생해 보이는데." 아내의 대답이다. 덧붙이는 말이 있다.

"자기는 강의 많은 날 더 반짝거리는 거 알아?"

그렇다. 호응해 주는 청중을 보면 희열을 느낀다. 죽을 때까지 할 수 있다. 내가 좋아하는 일이다. 다른 사람들에게 좋은 영향까지 줄 수 있다. 박수 받을 수 있는 일을 하고 있다는 것이 고맙다. 백세 시대에 정년퇴직 없이 할 수 있는 일이 있다. 나는 행복한 사람이다.

인생에 최고의 선택 두 가지를 꼽으라고 하면 하나는 아내다. 다른 하나는 강사라는 직업을 선택한 것이다. 지식을 가르치는 것이 아니라 청중의 행동을 이끌어 내야 한다. 공감이 되지 않으면 청중은 실천하지 않는다. 내가 실천해서 얻은 결과가 좋았던 것을 함께 실천해 보자고 했을 때 쉽게 공감을 얻을 수 있다. 그것이 보람이다. 그러려면 먼저 제대로 알아야 하고, 실천을 해 보아야 한다. 그래서 스스로 강의는 '마음나누기'라고 칭하고 있다. 공부를 열심히 하는 이유이기도 하다. 건강은 "아는 것이 힘이다."가 아니라 "실천해야 힘이다."이다. 공부와 실천으로 터득한 진리이다. 덕분에 많은 다양한 계층의 사람들과 만난다.

노인대학, 청춘대학, 원로대학 등의 이름으로 어르신 대상의 강의도 많다. 거의 예외 없이 꼭 드리는 말씀이 있다.
"사는 동안 즐겁게 살자."
"사는 동안 덜 아프고 살자." 그러려면

"잘 드시고, 잘 노셔야 합니다."라고. 두 주먹 불끈 쥐시고 따라 외치시라고 한다.

"잘 먹고, 잘 놀자. 팍팍 쓰고 가자. 쓰고 남으면, 자식 주지 말고, 용범이 주자." 농담 반 진담 반으로 한다.

"70~80살 먹은 노인자식이 100살 먹은 부모님을 모셔야 하는 세상이 되었습니다. 기대할 수 없는 일입니다."

"스스로 책임을 져야 하는 세월이 되었습니다."라고 한다. 거의 100% 공감해 주신다.

"어떻게 하면 잘 쓰고 잘 놀 수 있을까요?"라고 여쭈어 본다. 뾰족한 대답을 못 하신다. 기껏해야 윷놀이, 고스톱이 전부다. 남자들은 술잔을 기울이시는 것이 추가된다. 아무리 윷놀이, 고스톱이 재미있어도 매일 할 수는 없다. 시간은 많다. 할 일은 없다. 안타깝다. 열심히 일하시느라 노는 방법을 못 배우셨다. 돈을 벌어서 자식을 위해 쓰는 것만 했다. 자신을 위해 쓰는 방법을 배우지 못했다. 노는 방법을 모르는 것이 당연한지도 모른다. 몸을 많이 쓰는 방법은 알아도 못한다. 몸이 말을 듣지 않기 때문이다.

몇 가지 재미있게 노는 방법을 안내해 드린다.

'나이를 먹으면 아기가 된다.'라고 했다.

"어린아이들이 하는 것을 잘 따라 하시면 됩니다."라고 하면 웃으신다.

"첫 번째로 일을 하셔야 됩니다. 벌어먹고 살기 위해서가 아니라 건강을 유지하는 데 최고입니다."라고 말씀드린다. 예외 없이 인정하신다. "맞는 말이라고."

두 번째로

"동화책을 큰 소리로 읽으시면 제일 좋습니다. 글씨도 크고, 그림도 있어서 빨리 넘어가서 책 읽는 재미가 쏠쏠합니다."라고 하면 많은 분들이

"글도 못 읽어."라고 하신다.

"글을 아시는 분이 먼저 읽고, 모르시는 분은 따라 읽으시면 됩니다. 글을 아시는 분은 남을 가르쳐 줄 수 있어서 좋고, 모르시는 분은 배워서 좋고, 시간도 잘 가고, 머리를 쓰니 치매 예방에도 좋아요."

"일석이조라 좋기는 하겠구먼." 하신다.

"맞습니다. 마당 쓸고 돈 줍고, 도랑 치고 가재 잡고지요." 하면

"누이 좋고 매부 좋고"로 맞장구쳐 주신다.

세 번째로

"대화를 많이 하세요."라고 한다.

마주 보면서 하는 대화는 뇌 활동에 좋은 방법 중 하나다. 보

고, 듣고, 느끼고, 생각하고, 판단하고, 말하고, 움직인다. 시각
을 담당하는 후두엽, 청각은 측두엽, 운동과 감각을 담당하는
두정엽, 판단하고 사고하는 전두엽 등 뇌의 전 부분을 역동적
으로 사용하는 행위이다. 큰 소리로 책을 읽는 것보다 더 효과
가 좋다.

"하는 나도 기분 좋고, 듣는 너도 기분 좋은 말을 합시다."
1. 칭찬, 좋은 말, 격려, 응원하는 말,
2. 우스갯소리, 유머(누구를 놀리고, 흉보는 내용이 아니라면)
   등을 많이 하시라고. 19금은 미투운동 등으로 인해 매우 민
   감하다. 그래서 단서를 붙인다. 권장까지는 아니지만 때와
   장소, 대상을 잘 가려서 하면 분위기를 띄우는 데는 최고의
   소재이다. 성별, 연령, 학력, 하는 일, 정치적 성향 등 모든
   것을 초월해서 통한다. 쉽게 웃을 수 있는 장점이 있다. 특
   히 부부라면 큰 문제가 되지 않을 듯하다. 웃을 일이 없는
   노년기에 웃을 거리를 만들어야 한다. 누가 해 주지 않는다.
   스스로 만드는 수밖에 없다. 우리 부부는 자주 한다. 내가
   주로 한다. 아내는 듣고 웃는다. 장난도 많이 친다.

위의 세 가지를
"장난삼아, 재미 삼아, 놀기 삼아" 하시라고 한다.
"일삼아 하면 힘이 들어 못 하신다"고.

네 번째로 "하실 수 있으면 봉사하세요." 다만

"내가 하는 봉사로 인해 젊은 사람 일자리를 뺏게 되는 것은 안 했으면 좋겠습니다."라고 말씀드린다. 인간은 누군가에게 도움을 받을 때보다 줄 때 훨씬 큰 보람을 느낀다. 행복감도 더 많이 느낄 수 있다. 아직 가치 있는 존재라는 긍지를 가질 수 있다. 삶의 의욕이 떨어지는 것을 막을 수 있다.

100세를 살아보지 않아서 모른다. 운 좋게 강사로서 공부를 하면서 고민도 했다. 어르신들의 모습을 보면서 정리해 볼 수 있었다. 많은 강의장과 경로당에서 만난 90을 넘기신 어르신들께서 삶의 경험으로 말씀해 주신다. 강의를 하려고 갔지만 배우는 것이 더 많다. 책 몇 권은 내가 더 읽었을지 모른다. 경험은 새 발의 피다. 어느 순간

"감히 누가 누구를 가르치려 드는가?"라는 생각에 이르렀다.

"강의는 가르침이 아니라, 마음나누기"라는 생각을 하게 된 것도 모두 어르신들의 덕이다. 되도록

"가르쳐 드리겠습니다."라고도 하지 않는다.

"알려 드리겠습니다."라고 한다. 이유는 간단하다. 가르침 받는 것을 좋아하는 사람은 없다. 강사는 알려 드리고, 받아들이는 것은 청중의 몫이다. 열심히 진솔하게 나누는 마음으로 알려 드리는 삶을 살아가려고 한다. 더 겸손하게……

10년 전에 돌아가신 어머님 말씀이 생각난다.

"인생은 겪어 봐야 안다."

50 중반을 넘기면서 그 말씀이 이해가 될 때가 많다. 어머니는 초등학교도 안 나오셨다. 그럼에도 사리분별이 분명하셨다. 경우에 어긋나는 일을 하시는 것을 보지 못했다. 대부분의 80~90대 어르신들이 그러시다. 이 세상이 이런 분들만 계신다면 특별히 법이 필요할까? 많이 배운 잘난 사람들이 하는 부정과 비리로 점철된 삶과는 거리가 멀다. 생각해 보면 씁쓸하다.

이미 살아 내신 분들의 이야기를 들어 보자. 이름만 대면 알 만한 분의 말씀을 간략히 요약해 본다. 2년 전 서점에서 우연히 『백년을 살아보니』(김형석 지음)라는 책이 눈에 확 들어왔다. 사실 50 초반이 되기까지 책을 많이 읽지 않았던 터라 저자가 어떤 분인지 몰랐다. 책표지를 넘겼다.

"철학자, 연세대 명예교수, 1920년 평안남도 대동에서 태어나……. (중략) 대표적인 저서로 한 해 60만 부 판매를 기록했다." 당시 98세셨다. 망설이지 않았다. 직접 경험하신 내용이니 망설일 이유가 없었다. 100세 시대를 살아가는 사람으로서, 건강교육을 하는 강사로서 꼭 보고 싶었다.

인터넷 검색을 해 보고 나중에야 알았다. 도산 안창호 선생의 제자시고, 시인 고 윤동주 님과 동문수학하셨고, 우리 시대

철학계의 대부이시라는 것을, 한 시대를 풍미하신 고 안병욱 교수님, 고 김태길 교수님과 절친한 친구이셨다는 것도. 이 대목을 쓰자니 부끄럽지만 솔직히 고백한다. 그만큼 책을 멀리했다는 것을. 그랬던 내가 이틀 만에 읽었다.

주옥같은 말씀에 전율을 느꼈다.

"인생은 50 전엔 평가해선 안 돼"라는 내용을 읽으면서 많은 용기를 얻었다. 37세에 IMF 여파로 바닥을 헤매면서 늘 스스로에게 했던 말이 있다.

"50 넘어서 보자."였다. 감히 교수님의 삶과 비교할 수는 없지만 꼭 나를 보고 해 두신 말씀 같았다. 지금 내 나이 57세다. 50 넘어서면서 조금씩 길이 보이기 시작했다. 만학도로 공부를 하면서 철이 들었다. 강의가 "마음나누기"라는 깨우침도 50이 넘어서 얻었다.

뒤표지에

"사람은 성장하는 동안은 늙지 않는다. 인생의 황금기는 60∼75세"라고 하셨다.

아직 나는 철부지다. 많은 것을 느끼고 배웠다. 인터넷에서 교수님의 강의를 모두 뒤져서 듣고 또 들었다.

"공부해라, 일해라, 봉사해라"로 나름대로 요약해 볼 수 있었다. 책으로 공부하면서, 90세를 넘기신 어르신들을 뵈면서 배운 내용과 거의 같았다. 100세 시대를 먼저 살고 계시는 분이니 믿고 따라가 보련다. 갑자기 대학원을 갈 때는 철학과를 가 볼까 하는 생각이 든다. 심각히 고민해 봐야겠다.

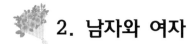

2. 남자와 여자

수년 전 존경하는 고 황수관 박사님께서 하신 TV 강연이 생각난다. 위대한 어머니의 사랑에 대한 말씀을 하시는 중이었다. 전쟁이 나서 가족이 같이 피난을 가는 중에 포탄이 떨어지는 상황이다. 아버지는 재빨리 자기부터 옆으로 몸을 피하고 자식과 아내를 이리 오라고 손짓을 하고, 어머니는 자식들을 품으로 끌어안고 덮으면서 안전한 곳으로 피한다고 했다. 청중이 박장대소한 기억이 난다. 나도 그냥 따라 웃었다. 고 황 박사님께서는 어머님의 자기 목숨까지 던지는 사랑에 대해서 깊이 감사하자고 말씀하신 것으로 기억된다.

불현듯 돌아가신 부모님 생각이 나서 아내 몰래 눈물을 훔쳤다. 남자가 눈물을 보이면 안 될 것 같아서다. '남자는 울면 안된다.' 하는 고정관념 때문이다. 지금 같았으면 그냥 눈물을 흘렸을 텐데, 아내의 위로를 받았을 텐데……. 2~3년 전부터 드라마나 영화에서 부모님 생각이 나는 장면이 나오면 그냥 흘린다. 아내가 등을 토닥여 준다.

"또 엄마 생각나는구나!"라며. 왜 전에는 감정을 숨겼을까? 그냥 있는 그대로 표현했다면 아내가 나를 이해하는 데 훨씬 도움이 되었을 텐데. 부부는 그래도 되는데……. 생각이 여기에 이르자 피식 웃음이 난다.

그때는 남자와 여자는 왜 다를까 생각해 보지 않았다. 진화심리학을 공부하면서 그 장면을 다시 한번 생각해 보았다. 똑같은 상황인데 왜 다른 반응을 보일까? 완벽히 50%의 내 유전자를 물려받은 같이 낳은 자식이다. 내 나름의 해석을 해 보았다. 다른 사람들이 어떻게 생각할지는 모르겠다. 순수하게 본능적인 반응으로 해석해 보았다. 본능적 반응은 이해득실을 계산하지 않는 무의식적인 반응이라는 전제를 두고 싶다.

2장에서 번식 가능성에 대한 애기를 했다. 번식은 여성의 선택이 있어야 가능하다. 남자는 기회가 주어지면 무한대(?)로 가능하다. 반대로 여성은 매우 제한적이다. 아무리 많은 상대 남성이 있더라도 1년에 1명, 평생에 걸쳐서 30명 이상의 자녀를 갖기가 어렵다고 했다(다둥이의 경우 예외).

포탄이 떨어져서 모두가 목숨을 잃는다고 가정해 보자. 번식을 위한 본능이 작용한다고 생각해 보면 이해가 된다. 남자는 지금의 자식이 죽더라도 본인만 살아남으면 다음에 또 번식할 기회를 얻을 수가 있다. 이런 관점으로 보면 자식도 중요하지만 내가 더 중요하다고 볼 수 있다. 어떤 반응을 보여야 할까? '나부터 살아야 한다.' 나부터 먼저 피하고 보는 행동이 나올 수밖에 없다는 생각이 든다. 아버지는 남자다.

엄마의 입장은 어떨까? 엄마는 여자다. 지금 이 자식이 죽으면 다시는 유전자를 남길 수 없을 수도 있다. 만약 그 어머니가 이미 '완경기'가 지났다면 더더욱 선택의 여지가 없다. 지금의 자식을 지키지 못하면 종족보존이 어려울 수도 있다. 유전자 상속을 위해서라면 내 목숨을 버리더라도 자식을 지키는 것이 우선이다. 자식을 위한 헌신적인 마음이 어머니가 훨씬 크고 위대한 이유가 되지 않을까 싶다. 어머니는 여자다.

생뚱맞은 해석이라고 할지 모르겠다. 모든 남자와 여자가 그럴 것이라고는 생각하지 않는다.

부끄러운 기억이 하나 있다. 3년 전 경주에 강진이 왔다. 그 시간에 아내와 같이 식탁에서 식사를 하고 있었다. 우르르 하는 진동과 함께 지진임을 직감했다. 재빨리 냉장고 옆 벽 쪽으로 붙었다. 그제야 사랑하는 아내가 보였다. 아직 식탁에 앉아 있었다.

"어머머 어머머, 이게 뭐야"를 연발하고 있었다. 얼른 손을 내밀어 당겼다. 아내를 품에 안았다. 약 10여 초 만에 잠잠해졌다. 본진이 끝이 났다. 순간 창피했다. 정말 미안했다. 쥐구멍에라도 들어가고 싶었다.

남자인지라 군대생활, 예비군훈련, 민방위훈련을 통해서 지진에 대한 훈련을 했다. 강사로 기업체 민방위 교육에 참여할 때 수도 없이 들었다. 지진대피요령에 의하면 식탁 밑으로 들어가는 것이 맞다. 우리 식탁은 가운데 다리가 하나로 되어 있는 원탁이었다. 다리가 네 개 있는 식탁과는 다르다. 안전하지 않았다. 화장실은 조금 멀었다. 거의 기계적으로 반응했다. 그 짧은 순간에 이 모든 것을 순식간에 판단했다. 평상시 운전하면서 급정거라도 하면 오른손을 뻗어 아내를 보호하는 것이 습관이 되어 있는 나다. 이런 내가 아내를 먼저 챙기지 않았다. 사랑한다고 말할 수 있을까? 부끄러웠다. 위급한 상황이 되면 사랑 앞에서도 그냥 보통 남자였구나, 하는 생각을 했다.

뉴스 속보를 보며 같은 자리에서 이야기를 하고 있었다. 1시간 후 여진이 왔다. 예상외로 1차 본진보다 더 강했다. 바로 옆에서 전차가 지나가는 듯했다. 기차가 지나가는 소리의 10배

정도는 되는 것 같았다. 아내에게 실수를 만회할 기회가 온 셈이었다. 잽싸게 아내의 손을 잡고 냉장고 옆 벽에 섰다. 꼭 껴안고 있었다. 집이 심하게 흔들렸다. 냉장고 위에 올려 둔 다리미가 떨어졌다. 내 머리에 맞았다. 내 사랑을 보호하는 데 성공했다. 상처가 날 만큼은 아니어서 다행이었다.

"자기, 괜찮아?"

아내의 걱정 어린 말과 눈빛이 나를 따뜻하게 위로해 주었다. 머리가 아팠지만 뿌듯했다. 1시간 전의 학습효과 때문에 이렇게 대처한 듯싶다. 부끄러움이 조금은 가셨다. 그 이후 밤낮을 가리지 않는 수많은 여진이 있었다. 함께 있는 순간에는 아내를 먼저 챙겼다. 체면이 섰다. 호호.

한 달쯤 지난 후에 아내에게 물었다.

"지진 오는 날 식탁에서 내가 먼저 피해서 서운하지 않았어?"

"몰라. 아무 생각도 안 나." 아내의 대답이다.

"실은 첫 지진 때 나부터 피하고 나서 보니 당신이 그대로 앉아 있어서 많이 당황했고, 창피했었어."

"나는 별 생각 없었는데."

"그냥 내 마음이 그랬다고."

속으로 안도의 한숨을 내쉬었다.

"괜히 이야기했나." 하는 생각도 잠시 들었다. 아내와 함께 남자와 여자의 본능에 대한 얘기를 한참 나누었다.

그때 내 앞에 앉아 있었던 사람이 어린 아들이었다면 나는 어떻게 반응했을까? 결혼 전 애인과 데이트를 하는 상황에 그런 일이 벌어졌다면 어땠을까? 매우 궁금해진다. 똑같이 나부터 먼저 피했을까? 부질없는 가정인지는 모르겠지만 흥미진진하다. 그렇다고 연습을 해 볼 수도 없다.

가슴 뭉클했던 뉴스가 기억난다. 2008년 5월 12일 중국 쓰촨성에서 대지진이 발생했다. 한 명이라도 더 구조하기 위해 사력을 다하고 있었다. 구조작업을 하던 며칠 후 한 여성의 시신이 발견되었다. 가슴에 아기를 안고 있었다. 무너지는 집에서 자식을 보호하기 위해 품에 꼭 안은 채 발견된 것이다. 자료를 찾다 보니 2000년 전 폼페이의 베수비오 화산폭발 후의 유적지에서 아기를 안고 죽은 엄마의 화석이 발견되었다고 한다. 위급한 상황에서 나부터 피하고 본 남자로서 뭐라 할 말이 없다. 어떤 표현도 할 수가 없다. 이 위대한 모성애 때문에 인류가 존재하는지도 모른다. 아무리 기억을 더듬어 봐도 감동적인 부성애에 대한 뉴스는 접한 경험이 없는 것 같다.

남자와 여자는 달라도 너무 다르다. 신체구조, 사고방식, 본능, 역할, 생활방식 등 어느 것 하나가 같은 것이 없다. 더구나 현대인의 생활에서도 여자들의 역할은 옛날이나 지금이나 크게 달라지지 않았다. 남자들의 역할은 천지개벽할 정도의 변화가 있다. 진화론적으로 보면 사냥에 특화된 몸인데, 옛날 같은 사냥은 거의 하지 않는다. 한다고 해도 극소수이거나 취미활동으로 한다. 매일 다른 곳으로 일을 하러 갔었는데, 요즘은 매일 같은 곳으로 간다. 단순 반복되는 일을 하는 경우가 대부분이다. 도무지 적응하기 힘들다.

가정에서의 일은 어떤가? 옛날에는 하지 않았던, 육아에도 참여해야 한다. 가사도 함께 해야 가정에 평화가 온다. 물론 여자들도 옛날에 하지 않던 돈벌이(사냥)를 한다. 오늘날 감성을 요구하는 일들은 오히려 여자에게 유리하다. 이래서 진화심리학자들이 '원시인이 넥타이를 매고, 하이힐을 신고 다니는 격'이라고 했는지도 모르겠다. 상황이 이럴진대 서로 자신의 기준으로만 판단한다. 상대방이 나를 배려해 주지 않는다고 투덜댄다. 심해지면 부부싸움이 되고, 이혼으로, 졸혼으로 가는 수밖에 없을 듯하다. 모두에게 Win Win이 되기는 어렵다. 승자로 남는 길을 찾자. 모두가 행복한 결혼, 행혼(幸婚)이라고 이름 붙인다.

만약 그때 아내가
"나만 먼저 피했다고 무척 서운해했다면?"
우리 사이는 어땠을까?
한동안 냉랭한 기운이 돌고, 둘 다 상당한 스트레스를 받았을 것이 분명하다. 우리는 둘 다 표현을 잘 못 하는 부부였다.

어떤 계기를 마련하지 않으면 냉전 상태를 푸는 데 오래 걸렸었다. 생각하기도 싫다. 지금은 빨리 푼다. 그나마 다행이다. 아내가 대수롭지 않게 여겨 주어서.

모든 면에서 남자와 여자는 다르다. 서로의 차이를 인정하고 서로를 이해하려면 노력을 해야 한다고 본다. 공부도 하고, 대화도 많이 하면서 그 거리를 좁혀 나가면 좋을 듯싶다. 노력하는 한 사람으로서 머리로는 이해가 되는데 감정적으로는 안 될 때가 많다. 함께 노력할 때 훨씬 더 효과가 좋다는 것을 피부로 느낀다.

본능적인 사랑을 할 때는 큰 노력이 필요가 없다. 본능에 이끌리는 대로 하면 된다. 사회윤리와 기본적인 에티켓만 잘 지켜도 큰 문제가 생기지 않는다. 나이가 많이 들어갈수록 남편들의 노력이 더 많이 요구되는 듯싶다. 살아 보니 그런 것 같다. 100년을 살아 내신 김형석 교수님도 그러셨다. 나이가 들수록 아내의 말을 따르는 것이 좋다고. 행복한 소풍 끝내기를 위해 애써 보련다. 윈윈 하는 마무리를 하자.

3. 똑똑한 머리 & 멍청한 뇌

사람은 똑똑하다. 뇌가 똑똑하다. 신생아는 약 400g, 성인은 1,400g 내외가 된다. 약 1,000억 개의 뉴런이 있다고 추정한다. 체중의 약 2% 정도 크기에 불과하다. 자기 무게의 약 50배 정도의 몸을 경영하자니 많은 에너지를 쓴다. 전체의 20%를 소비한다. 작은 덩치에 비해 용량도 크다. 처리용량도 무한대다. 사용하지 않아서 모르고 있을 뿐.

최고의 머리를 가지고 있다는 아인슈타인도 기능의 10%도 사용하지 못했다. 대부분은 1~3%도 사용하지 못한다는 머리로 컴퓨터, 로봇, 스마트폰, 전기 등 온갖 것들을 만들어 냈다. 4차 산업혁명이니 AI니 하는 것들 또한 똑똑한 뇌가 만들어 냈다. 이 머리로 만들어 낸 최첨단의 컴퓨터 1,202대를 한 번이라도 이긴 사람도 있다. 우리나라 바둑선수 이세돌이다. 기술, 문화 등 모든 것이 똑똑한 뇌가 있어서 가능한 일이다. 혁신적인 발전을 해 왔다. 앞으로는 더 빠른 속도로 발전하리라는 것을 부정하는 사람은 아무도 없다. 있다면 현대의 문명의 혜택을 못 받는 사람밖에 없다. 발달한 물질문명이 인간의 삶의 질을 떨어뜨릴 수 있다는 것은 안타깝다.

물질문명의 발달속도에 비하면 유전자의 변이속도는 어떨까? 거의 제자리걸음 수준이라고 생각된다. 대부분 희로애락을 느끼는 본능적 반응은 원시시대 때부터 오랜 세월 같은 생활을 반복하면서 고착화된 것이다. 적응의 문제라고 본다. 지혜롭게 인공지능 등과 공존하는 방법을 찾아야 한다. 찾을 수 있으리라 믿는다. 똑똑한 누군가가 반드시 해내리라 믿는다. 창의적인 뇌를 믿는다.

멍청한 뇌도 있다. 똑똑한 그 머리다. 2장에서 말한 바와 같이 페닐에틸아민이나 긍정오류 등의 작용이 아니어도 멍청해진다. 가장 대표적인 것이 진짜 웃음과 가짜 웃음을 구분하지 못한다는 것이다. 웃음박사로 알려진 미국 루이빌 대학의 심리학과 교수인 클리포드 컨 박사에 의하면 "웃음은 얼굴 근육 스트레칭"이라고 했다. 가짜 웃음을 웃어도 진짜 웃음과 똑같은 육체적 효과를 누린다. 진짜, 가짜를 구분하지 못한다. 가짜를 진짜로 볼 줄 아는 능력이다. 이 기능을 어떻게 쓰느냐에 따라 효과를 크게 볼 수 있을 것 같다. "아내(남편)를 애인으로 대우하자." 이것이 가능한 이유다. 현실은 아내 또는 남편이지만 내 머릿속(마음속)에서는 "애인"으로 입력시켜 두자. 충분히 가능하다고 생각한다.

또 다른 바보도 있다. 같은 일을 계속해서 반복하면 자동으로 몸에 밴다. 습관이 된다. 같은 상황이 되면 눈을 감고도 반응한다. 마치 수천 번 허공에 헛방이질로 연습을 하는 야구선수들을 보라. 투수가 던진 공을 방향이나 각도 등을 계산해서 배트를 휘두르지 않는다. 연습한 대로, 몸에 밴 대로 휘두른다. 확률이 3할이 넘으면 대단하다고 칭송을 받는다.

모든 생각과 몸의 움직임은 사령탑인 뇌의 명령에 의해서 움직인다. 반복해서 입력하면 그것이 그대로 지식이 되고, 입력된 대로 출력된다. 세뇌교육이 가능한 이유다. 세뇌교육은 간단하다. 그 정보의 옳고 그름은 따지지 않는다. 필요한 내용을 무한 반복하여 공부하게 한다. 외우게 한다. 다른 정보는 차단한다. 입만 열면 자동으로 나온다.

"아내를 남편을 애인이다."라고 계속해서 말하면 어떨까? 명청한 뇌가, 바보 같은 뇌가 착각을 일으키도록…… 졸혼은 누구를 위해서도 좋지 않다. 당사자나 가족이나 친지 모두에게 바람직하지 않다. 한번 시도해 보자. 행혼(幸婚)을 위하여.

4. 다름을 인정하는 태도

"등 좀 긁어 줘" 하고 등을 들이민다. 아내가 손톱을 세워 위에서부터 긁기 시작한다.

"여기?" 하면서 왼쪽 어깨 쪽을 긁는다.

"아니."

"그럼 여기?" 오른쪽 어깨를 긁는다.

"아니."

"이번에는 여기?" 어깨 중앙을 긁어 내린다.

"아니, 거기 말고."

"정확히 말을 하지." 하면서 양손으로 전체를 긁는다.

"아니, 그렇게 긁으면 아파. 가려운 곳만 살살 긁어." 짜증을 내기 시작한다.

"몰라. 효자손으로 직접 긁어." 하고 효자손을 던져 준다.

"가려운 곳 하나 딱딱 못 찾고 뭐 하노?" 툴툴대며 혼자 긁는다.

아내는 열심히 긁었다. 남편은 시원하지 않았다. 서로 불만만 키운 꼴이다. 이 남자가 가려운 곳은 정확히 오른쪽 어깨 아래쪽이었다. 처음부터 정확한 지점을 얘기했으면 어땠을까?

불협화음이 생기는 부부의 사랑 표현이 위와 똑같다고 생각한다. 부부니까 당연히 사랑한다. 열심히 표현을 한다. 꽃도 사주고, 선물공세도 하고, 영화도 함께 보고, 여행도 다니고, 좋은 말, 설거지, 방 청소, 요리, 안기도 하고, 열정적인 성관계도 갖는다. 상대방이 사랑의 표현을 사랑으로 느끼지 못하면 어떻게 될까? 열심히 긁었는데 상대는 시원하지 않다. 둘 다 답답한 일이다.

게리 채프먼 박사가 지은 『5가지 사랑의 언어』를 의미 있게 읽었다. 상대로부터 사랑받고 있다고 느끼는 표현방법을 크게 5가지로 분류한다(일독을 권하고 싶다. 부록만이라도……).

1. 인정하는 말
2. 함께하는 시간
3. 선물
4. 봉사
5. 스킨십

어느 한 가지의 표현만으로 사랑을 느낀다는 말은 아니다.

모두 똑같이 느끼는 것이 아니라 특정 표현에 사랑을 더 많이 느낀다는 것이다. 남편이 매일 함께하면서 선물도 자주 하고, 손잡고 데이트도 하고, 청소 설거지 등 집안일도 많이 도와주면서 밤에는 변강쇠가 되어 '당신이 최고야'라고 해 준다면 어떨까? 최상이다. 이 모든 것을 갖춘 남자는 없다. 그런 여자도 없다. 5가지 중 배우자가 가장 좋아하는 '사랑의 언어'를 들으면 충분히 사랑받고 있다고 느낀다는 것이다. 충분히 사랑을 받았으니 행복할 것이고, 행복하니 나 또한 사랑의 표현을 잘한다는 것이다.

타입 1. '인정하는 말'이 사랑의 언어인 사람은 "당신 최고야." 등과 같은 말을 들으면 충분이 사랑받고 있다고 느낀다는 것이다. 이런 사람을 비난하면 극도의 스트레스를 받는다고 한다. 선물공세를 퍼부어도 시큰둥하다. 사랑받고 있다는 느낌이 크지 않다고 한다.

타입 2. '함께하는 시간'인 사람은 딱히 뭐를 하지 않아도 같은 공간에 있는 것만으로 사랑받는다고 생각하고, 늘 야근하면서 퇴근할 때 선물을 자주 사 주어도 별 소용이 없다는 것이다.

타입 3. '선물'인 사람은 선물을 받을 때 사랑받고 있다고 느긴다. 함께하는 시간이 적고, 집안일을 도와주지도 않고, 스킨십이 별로 없어도 선물을 받으면 사랑받고 있다고 느낀다고 한다.

타입 4. '봉사'인 사람은 배우자가 나를 위해 설거지, 청소 등을 해 줄 때 사랑받고 있다고 느낀다고 한다. 이런 성향이 매우 짙은 사람한테 선물을 하면 "그 돈 아끼고 일찍 집에 와서 집안청소나 해 주세요."라고 대답하기 일쑤라는 것이다.

타입 5. '스킨십'이 주된 사랑의 언어인 사람은 포옹, 성관계, 팔짱끼기, 손잡기, 기대기 등을 좋아한다. 포옹만으로도 사랑받고 있다고 느낀다는 것이다. 이런 사람한테 매일 청소하고, 설거지를 해 주면 좋아할까? 싫어하지는 않겠지만 스킨십만큼 사랑받고 있다고 느끼지는 않는다고 한다.

부부가 사랑의 언어가 똑같으면 얼마나 좋을까? 자기방식으로 표현하면 되니까 아주 편하다. 고민할 필요도 없다. 늘 사랑이 충만하다. 부부싸움도, 이혼도, 별거도, 졸혼도 없을 것이다. 자라 온 환경, 경험, 사고방식, 교육 정도 등 어느 것도 같은 것이 없다. 완벽히 다르다. 다양한 요인에 의해서 다르다. 스킨십을 잘 안 하는 부모 밑에서 자랐다면, 스킨십을 하는 것이 매우 어색할 것이다. 배우자는 스킨십하는 것을 최고의 사랑 표현으로 느낀다면 매우 불행한 일이다. 왼쪽 어깨가 가려운데 오른쪽 어깨를 열심히 긁어 주는 격이다. 사랑받고 있다는 것을 느끼지 못한다. 불행한 일이다. 왜 이런 일이 벌어질까?

다름을 인정하지 않아서다. 정확히 표현하지 않아서다. 배려하지 않아서다. 물어보지 않아서다. 무의식중에 나처럼 생각한다. 내가 선물 받는 것을 좋아한다고 상대방도 좋아할 것이라 짐작하고 열심히 선물한다. 상대방은 선물 받는 것을 가치 있게 여기지 않는다. 열심히 선물했는데 상대방은 서운하다고까지 한다. 나는 피가 나도록 긁었는데 등짝 주인은 아프기만 하다. 엇박자가 나는 것이다.

내가 무엇을 원하는지 정확히 표현하고, 상대방에게 무엇이 필요한지 물어보고, 거기에 맞추어서 긁어 주면 된다. 이것이 노력이다. 사랑은 노력하는 자가 유지할 수 있다. 사랑이 충만한 행복을 누릴 수 있다. 이렇게 해 보자.

"등 좀 긁어 주세요."

"어디요?"

"오른쪽 어깨 밑에."

가려운 곳을 긁어 준다.

"시원하다. 고맙다."

"별말씀을요……."

정확하게 표현하면 이렇게 사랑이 넘치는 대화로 바뀌지 않을까 싶다.

많은 위기의 부부가 상담을 통해 배우자의 주된 '사랑의 언어'를 알아내고 짧게는 1개월 길게는 1년여의 노력 끝에 행복한 부부로 거듭난 사례를 모아서 쓴 책이다. 책을 읽고, 세미나에 참여하고, 상담하러 왔다는 것 자체가 노력했다는 증거다. 그런 노력을 통해 사랑과 행복을 되찾은 것이다. 책에는 나오지 않았지만 시도를 했으나 실패한 사람도 많을 것이라 생각한다. 노력이 부족해서가 아닐까 싶다. 이런 좋은 것이 있다는 것을 모르고 시도조차 안 해 본 사람은 또 얼마나 많을까? 콩깍지가 씌어 불같이 사랑해서 결혼을 했다. 어느새 콩깍지가 벗겨지고 아귀다툼을 하다가 이혼을 하거나, 그럭저럭 살다가 졸혼이라는 것을 하는 사람은 얼마나 많을까? 서로 다름을 인정하고, 솔직하게 표현하고, 세심하게 알아차리고, 충분히 배려하고, 양보하고, 인내하고, 존중하면서 노력하면 사랑과 행복을 되찾을 수 있을 것이다. '세상에 공짜는 없다.'라는 말을 실감한다.

상대방도 나와 똑같이 생각하고 행동해 주기를 원하는 사람들에게 꼭 들려주고 싶은 글이 있다. 림태주 에세이집 『관계물리학』에 나오는 대목이다.

> "나와 똑같은 사람과 산다고 가정해보자. 나와 같은 성격과 나와 같은 식성과 나와 같은 취미를 그도 가졌을 것이다. 영화관에 갈 때 음식점에 갈 때 무얼 원하는지 물어볼 필요가 없다. 생리현상도 똑같아서 같은 시간에 똥이 마려울 것이다. 내가 화내는 상황이 되면 그도 화를 낼 것이다. 내가 우울하고 힘들 때 그도 우울하고 힘들 것이다. 내가 위로받고 싶을 때 그도 위로받고 싶어할 것이다. 불을 보듯 뻔하다. 불편할 때가 더 많을 것이고 나쁠 때는 아주 나빠질 것이다. 다른 사람하고 지내는 게 차라리 낫다고 생각하게 될 것이다. 모르면 알아가는 재미도 있고 예측 불가능한 스릴도 있고 신비감도 있고. 그래서 자연은 오묘하다. 똑같은 사람을 단 한 쌍도 세상에 내보내지 않는다. 나와 다른 사람을 사랑하고 같이 살 수 있다는 것이 천만다행이다."

어쩌면 이렇게 표현했는지 감탄사가 절로 나온다. 다름에 대해 이렇게 쉽고 재미있게 이해되기는 처음이다. 나와 생각과 행동방법이 다른 사람과 맞추려니 얼마나 힘이 들까? 그럼에도 불구하고 먼저 다름을 있는 그대로 인정하는 태도가 필요하다. 나 중심이 아니라 상대방 중심으로 생각하는 노력이 필요하다고 생각된다.

5. 같은 곳을 바라보는 마음

삶은 선택의 연속이다. 태어난 것은 나의 선택이 아니었다. 아주 어릴 적에는 부모의 선택에 따라 많은 것이 이루어진다. 학교에 들어가면서부터 거의 모든 선택이 자신에게 맡겨진다. 일부는 부모님의 선택 또는 바람이나 강요에 의해서 이루어지기도 한다. 부모님의 선택이 내 뜻과 다를 때는 떼를 써서라도 쟁취하는 경우도 있다. 그렇게 따지면 거의 대부분을 자신의 선택에 의해서 산다고 봐도 과언이 아니다. 나의 선택이 아닌 것이 하나 더 있다. 죽음이다. 죽음은 스스로 선택을 하면 죄를 짓는 것으로 본다. 엄밀히 따지면 젊은 날 어떤 선택을 했느냐에 따라 죽음의 질도 결정이 된다. 선택에는 책임도 따른다. 반드시.

선택은 자유다. '순간의 선택이 10년을 좌우한다.'라는 유명한 광고카피가 있었다. 순간의 선택이 평생을 좌우하는 것이 결혼이다. 안타깝게도 다수가 콩깍지가 씌어서 한다. 본인의 이성적 판단에 의하지 않는다. 이성적 판단을 했다면 이미 멸종을 했을지도 모를 일이다. 배우자를 만난 것도 나의 선택이었다. 보통은 상대 배우자가 내 마음에 들면 탁월한 선택을 했다고 으스대기도 한다. 딱 맞았던 것이 아니라 맞추어 주고 있지 않았을까? 생각해 볼 일이다. 천행으로 성격이나 행동양식이 톱니바퀴 돌아가듯 맞는 것이 아니라면, 배우자는 맞추고, 희생하느라 얼마나 스트레스가 많았을까? 더구나 상대의 성질이 괴팍하다면 어떨까? 어쩔 수 없이 맞춰 주고 있는데 그것을 못 본다면 얼마나 서운할까?

선택에는 최선, 차선, 차악, 최악의 4가지가 있다. 결혼을 할 때는 최선이었다. 최선이 아니었다면 차선은 되었을 것이다. 대부분 '어느 사람과 결혼을 할까' 하는 것으로 둘 이상을 놓고 고민하지 않았다. 사랑에 눈이 멀어 오직 한 사람만 보고 달린다. 간혹 선을 보거나 드라마에 나오는 것처럼 정략결혼을 하는 경우는 다르겠지만.

결혼 후 살아가면서 선택지가 생겼다. 결혼 후의 선택은 두 가지다. 결혼을 권투에 비유해 보자. 권투는 승자와 패자, 또는 무승부가 있다. 결혼은 Win Win이 아니면 무승부(無勝負)만 있다. 패자(敗者)는 없다. Win Win은 검은 머리 파뿌리가 되도록 백년해로 하는 것이다. 행혼(幸婚)이라 부르고 싶다. 모두가 바라는 바다. 무승부에는 여러 가지가 있다. 각방(各房), 별거(別居), 이혼(離婚), 졸혼(卒婚) 등으로 세분화된다. 사별(死別)은 논외로 두자.

과정 없는 결과는 없다. 권투는 상대와 치열하게 싸워야 한다. 정해진 룰이 있다. 중간에 쉬는 시간도 갖는다. 모두 각자의 방식으로 최선을 다한다. 승리를 위하여 단 1회전이라도 대충하는 법이 없다. 부부가 같은 링에 올라가는 것은 권투와 똑같다. 게임의 양상은 완전히 달라야 한다. 결혼 전과는 다른 새로운 공동의 목표물을 만들어야 한다. 반드시 그 목표물을 함께 바라보아야 행혼할 수 있다. 매 순간 최선의 선택을 해야 한다. 최선이 아니면 차선이라도. 안타깝게도 진짜 권투처럼 하는 사람이 있다. 그것도 최선을 다해서. 차선조차 선택하지 않는다. 뻔하다. 무승부로 간다. 다행히 2, 3회전 진행하면서 같은 목표물을 찾는 이도 있다. 권투는 어느 한쪽이 이겨야 되는 종목이다. 부부생활은 같은 링에 올랐지만 어느 한쪽이 이겨야 하는 경기가 아니다. 둘 다 이기는 게임을 해야 한다.

부부는 같은 링 위에 올랐지만 싸움 파트너가 아니다. 동업자다. 동반자다. 서로의 모자람을 채워 주는 과정을 거치면 결과는 행복이다. 행복은 결과만으로 따내는 열매가 아니다. 과정

중에 이미 충분히 수확한다. 무승부는 진행 도중에 이미 녹초가 된다. 피투성이가 된다. 실제 권투보다 훨씬 치열하게 하는 부부도 있다. 몸과 마음에 모두 생채기를 낸다. 마음의 상처가 더 심각하고 오래간다. 치유가 되지 않는 경우도 있다. 더 이상 피 흘리지 않기 위해서 하는 최선의 선택이 무승부다. 둘 다 이겨야 하는 게임인데 그렇지 못했으니 무승부라는 이야기이다. 그 열매의 이름은 각방, 별거, 이혼, 최악이 졸혼이라고 생각한다. 극한의 외로움을 맛본다. 우리나라가 OECD 국가에서 자살률이 가장 높은 이유 중의 하나라는 생각도 든다.

결혼을 하려고 엄청난 노력을 했다. 모든 것을 상대방에게 맞췄다. 노력이 아니었다고 해도 좋다. 콩깍지가 씌었든 아니었든 상관없다. 의식하지 못하는 노력을 했다. 그래서 결혼에 골인까지 할 수 있었다. 대부분 애인을 향한 이타주의에 입각한다. 부단히 노력한다. 결혼을 했다. 이제 권투를 한번 해 볼까 결심한 단계다. 너도나도 처음 해 보는 권투다. 기술도 익혀야 하고, 룰도 익혀야 한다. 훈련도 해야 한다. 할 일이 태산이다. 초보운전이다. 100세 시대다. 무려 70~80년 이상을 롱런해야 한다. 살아 본 롤 모델도 드물다. <님아 그 강을 그 강을 건너지 마오>, <나부야 나부야>의 주인공 같은 분들이다.

게임이 시작되면 이타주의는 사라지는 경우가 많다. 자기중심적으로 변한다. 결혼 전 노력의 반도 하지 않는다고 해도 과언이 아니다. 남자는 열심히 돈만 벌어다 주면 할 일을 다 했다고 생각하는 경우가 허다하다. 옛날 원시시대에는 그래도 됐다. 그저 본능이 시키는 대로 해도 크게 문제가 되지 않았다. 지금처럼 골치 아픈 삶이 아니었다. 생활양상은 완전히 바뀌었는데 본능이 시키는 대로 많이 한다.

여자들의 삶은 여전히 육아와 가사를 주로 하던 역할에서 크게 바뀌지 않았다. 본능에 충실해도 이상할 것이 하나도 없다. 다만 사냥에도 많이 참여한다. 맞벌이다. 여성의 섬세함을 필요로 하는 일이 많다. 본능이 시키는 대로 해도 별 탈이 없다. 반면, 남자들의 삶은 180도 다르다. 옛날 같은 사냥은 거의 없다. 사냥터(직장)도 사냥법(일)도 결과물도 완전히 다르다. 여기에 육아와 가사에도 참여해야 한다. 요구도 많아지고 있다. 문화가 바뀌었으니 수용해야 한다. 참여해야 된다. 수컷에게는 난제 중의 난제다. 모든 것이 본능과는 거리가 멀다. 그래서 노력을 해야 한다. 하지 않으면 결과는 무승부다. 무승부에 이른 사람들에게 "원인이 뭐냐?"라고 물어본다. 모두 상대에게 있다고 한다. 상대방도 똑같다. 문제는 양쪽에 다 있다는 이야기다. 매 순간 어떤 노력을 했는지, 어떤 선택을 했는지 돌아볼 일이다.

보통은 배우자를 잘 선택했다고 자랑하고 싶어 한다. 사람만

이 가능한 관점을 바꾸어 보자. 아내가 나를 탁월한 선택이었다고 자랑하게 만들어 보자. 돌아오는 혜택이 어마어마할 것 같다. 내가 먼저 배려하고, 희생하고, 봉사하면 아내 또한 상응한 행동을 할 것이다. 당연히 한다. 부부 사이의 배려는 대단한 것이 아니다. 금전적 손해를 보라고 하는 것도 아니다. 생명이 위태로운 것도 아니다. 무엇을 하면 좋아할지 다 안다. 연애 시절과 신혼 때를 돌아보자. 기억이 나지 않으면 물어보면 될 일이다. 사소한 일에 감동받는다. 대단한 것을 잘하자는 것은 아니다. 애인일 때 그랬던 것처럼.

자식에게 '좋은 친구 사귀어라'라고 한다. 현명한 부모는 '네가 먼저 좋은 친구가 되어라'라고 하신다. 그런데 결혼만 하면 나에게 맞추어 주길 바란다. 아이러니다. 나에게 돈도 벌어다 주고, 자식도 낳아 주고, 키워 주고, 밥도 해 주고, 심지어 성관계까지 원하면 거리낌 없이 할 수 있는 사람한테 바라기만 한다. 줄 생각을 많이 하지는 않는다. 생각을 바꿔 보자. 관점을 바꾸어 보자. 일방적인 헌신, 봉사, 희생을 요구하는 것은 아니다. 내가 하고, 상대방도 하면 본전이다. 남는 장사다. 누가 먼저 하느냐가 매우 중요하다. 아는 사람이 먼저 하면 된다. 모르는 사람은 절대로 할 수가 없다. 모르기 때문이다. 남편이 하면 금상첨화다. 부부간의 희생, 봉사, 배려, 사랑은 돈으로 가치를 측정할 수도 없다. 과정 자체가 행복해야 한다. 권투처럼 과정은 어려웠지만 한 방에 KO로 이길 수 있는 역전의 기회는 없다고 생각하는 것이 옳지 않을까?

현대는 삶이 많이 변했다. 역할도 변했다. 변화의 속도도 빛의 속도다. AI 시대를 불과 20~30년 전에 상상이라도 했겠는가? 안타깝게도 우리의 DNA는 변하지 않았다. 자기도 모르는 사이에 발현하는 본능적인 반응까지 변하기에는 턱없이 부족한 시간이다. 과학이나 유행처럼 빨리 변화하고 적응할 수 있다면 얼마나 좋을까? 그래서 노력을 해야 한다. 행복한 노후를 위해 인간다운 삶을 위해. AI의 혜택은 누리자. 로봇의 도움을 받아 일하는 시간은 줄이자. 생긴 돈과 시간을 공유하자. 행복이 대단한 것은 아니라고 성현들도, 시대를 이끌어 가는 석학들도, 보통사람들도 모두 얘기한다. 매 순간 현명한 선택의 몫이라고 생각한다. 1년에 한두 번의 큰 행복보다 소소한 행복을 자주 누리자.

2009년 라스베이거스에서 섹스로봇 전시회가 열렸다. '록시'라는 로봇, 170cm, 58kg의 잠을 자 주는 로봇이 100만 원에 출시되었다. 앞으로 로봇의 성격까지 고를 수 있다. 까칠한, 다정한, 차분한……. 로봇이 오르가즘까지 느껴 준다. 2015년 일본에서 발표된 로봇 '아즈마 히카리'는 취미는 음악, 좋아하는 음식은 도넛, 잘하는 요리는 계란프라이, 남편이 퇴근할 때쯤이면

에어컨 틀어 놓고, 목욕물 받아 놓는 정도까지 한다고 한다. 아직은 남성 중심의 로봇이다. 가사노동은 남성이 잘하지 못해서가 아닐까 생각해 본다. 여성용이라고 안 나오랴. 2030년, 40년쯤에는 상상도 못하는 세상이 펼쳐질 것이다. 머지않았다. 불과 십수 년 뒤에 일어날 일이다. 100세 시대다. 받아들이기는 하겠지만 달가운 일은 아닐 것 같다. 혹자는 '이혼하고 로봇이나 사서 살면 좋겠다.' 하는 사람도 있을 것이다. 이 또한 본인의 선택이다. 편하다고 로봇과 삶을 살기에는 아깝지 않은가? 나에게 다 맞추어 주는 로봇보다는 다소간 속이 상하더라도, '밀·당' 하는 쫄깃함을 즐기는 것은 어떨까?

21세기는 여성의 시대, 노인의 시대, 서비스의 시대, 환경의 시대라고 하는 이도 있다. 우리도 노인이 된다. 부부는 반드시 여성이 함께 있다. 서비스의 시대를 생각해 보자. 서비스는 돈을 받고 노동을 제공하여 고객의 마음을 흡족하게 하는 일이다. 돈 받는 서비스보다 돈 들지 않고, 돈 받지 않아도 되는 서비스는 부부간에 하기에 최적격이다. 무한감동으로 돌아온다. 돈보다 더 좋은 사랑이 돌아온다. 돈을 받고 하는 서비스는 사랑이 돌아오는 경우는 거의 없다.

골드만삭스의 통계 발표를 보자. 일본의 잃어버린 10년간 115개 기업에 여성 이사가 있는 회사는 10년간 주식이 96%가

올랐다고 한다(평균은 13%). 월마트 창업자 고 샘 월튼은 이렇게 말했다. "당신 회사에 결정권을 가지고 있는 여성 이사가 30%가 넘지 않는다면 당신 회사는 10년 후에 망한다고 생각해라."라고 했다. 가정은 기본적으로 여성이 50%의 지분을 가지고 출발한다. 망할 이유가 없다. 존중하자. 옛말에 "아내 말 잘 들으면 자다가도 떡이 생긴다."라고 했다. 떡까지는 없어도 좋다. 말년에 외로운 수탉이 되지 않았으면 좋겠다. 같은 곳을 바라보자. 똑같은 지점이 아니라도 좋다. 비슷하게라도 보자. 매 순간 선택을 잘해야겠다. 노력해 보니 아내에게서 상상 이상의 결과로 돌아왔다. 남자를 단순한 동물이라고 한다. 여자는 더 단순한지도 모르겠다. "남자는 자신을 알아주고, 인정해 주는 사람에게 목숨까지 바친다. 여자는 사랑받는다고 느끼면 모든 것을 바친다."라는 말을 믿어 보자. 밑져야 본전이 아닌가. 아무리 생각해 봐도 밑질 일은 없을 것 같다. 목숨까지 바칠 일도 아니다. 최선을 다해야겠다. 완벽하지는 않더라도……

6. 단물 빠지고 잘해야 진짜 부부

　어쩌다 껌이 생겼다. 어제 씹던 껌을 벽에 붙여 두었다가 다시 씹기를 자주 했다. 길게는 일주일 정도까지 해 본 기억이 있다. 벽뿐이랴, 책상 밑에, 기둥에 붙이는 곳도 다양했다. 책상 밑에 붙여 둔 껌이 의자에 떨어진다. 모르고 그냥 앉는다. 낭패다. 집에 가면 엄마한테 야단맞을 게 뻔했다. 새 옷이면 더 큰 일이다. 50이 넘은 사람이면 한 번쯤 경험이 있을 것이다. 피식 웃을지도 모르겠다. 요즘 아이들은 절대로 이해할 수 없는 일이다. 껌이 없으면 다 익은 밀 이삭을 2~3개 따서 씹었다. 손으로 비벼 겉껍질을 벗겨 내고 씹으면 마치 껌처럼 된다. 삼켜도 아무 문제가 없다. 껌이 귀하던 어릴 적 이야기다. 생각해 보니 껌이 귀했던 것이 아니다. 사 먹을 용돈이 부족했던 것이다. 어른들이 물으셨다. "단물 다 빠진 껌을 왜 또 씹느냐?"라고. 딱히 무어라 할 말이 없었다. "그냥요. 껌이니까요."라고 대답했던 것 같다.

이름도 맛도 몇 가지 생각난다. 스피아민트, 추잉 껌은 주로 단맛이 많이 났던 것 같다. 커피 껌을 씹으면서 커피 맛을 알았다. 오리지널 커피 맛은 아니었다. 이브 껌은 톡 쏘는 독특한 향이 났다. 이브 껌을 처음 씹었을 때 충치가 있었다. 충치가 있는 이빨로 씹으면 기분 나쁜 찌릿함을 느꼈다. 잊을 수가 없다. 오래 씹기 가장 좋은 껌은 풍선껌이다. 질겨서 씹는 맛이 아주 좋았다. 풍선까지 불면서 놀 수 있으니 더 좋다. 풍선을 크게 불기 시합도 많이 했다. 너무 크게 불어서 터지면 콧등에 묻어서 떼어 씹었다. 땅바닥에 떨어지기 일쑤였다. 아까운 마음에 주워서 씹으면 흙이 씹히기도 했다. 그래도 씹었다.

드라마에서 "너 어릴 때 껌 좀 씹었냐?"라는 대사가 자주 나온다. 대부분 약간은 건들건들하는 사람들에게 한다. 그랬다. 어린 시절에 불량기가 있는 친구들이 그랬다. 입을 크게 벌리면서, 질겅질겅 씹어댄다. 딱딱 소리까지 낸다. 짝다리도 짚었다. 손은 주머니에 넣고 삐딱하게 서서 한쪽 다리를 흔들면서 선량한 친구들을 뒷골목으로 불러대던 친구들이다. 담배까지 피워대면 압권이다. "껌 좀 씹어 봤냐?" 소리는 불량기의 대명사다. 크게 당한 적은 없지만 그 시절이 마냥 그립다. 이제는 추억을 불러오는 스위치가 되었다. 슬며시 피어나는 미소를 감출 수가 없는 멘트다.

껌은 왜 씹을까? 아마도 요즘 아이들은 단물을 빨아 먹기 위함이 대부분일 것 같다. 많이 씹지도 않는다. 껌이 아니어도 먹을 것이 너무 많다. 어른이 되면서 입 냄새를 없애기 위해서, 심심해서 등 이유가 다양하다. 나는 졸음을 쫓기 위해서 자주 씹는다. 차에 상비약처럼 가지고 있다. 맛은 톡 쏘는 것이 일품이다. 처음 씹는 순간에 졸음이 확 달아난다. 휴게소 매점에 가면 10여 종의 졸음방지 껌이 있다. 그중 딱딱하고 질긴 것을 좋아한다. 씹다가 찬물을 머금으면 껌이 딱딱해진다. 재미 삼아 자주 한다. 어린 시절 풍선껌에 대한 향수가 작용했는지도 모르겠다. 아내도 졸음방지 껌을 좋아한다. 그 맛 때문에. 함께 차를 타면 껌을 먼저 찾을 때가 많다.

"자기 폭탄껌 하나 줘."라고 아내가 말한다. 아내는 1개 나는 3개를 씹는다. 우리끼리는 "폭탄껌"이라고 부른다. 아이들은 좋아하지 않는다.

80이 넘으신 장인어른도 껌 애호가이시다. 거의 매일 껌을 씹으신다. 한 번에 한 개를 씹는 것을 본 적이 없다. 1/4 또는 1/3씩 나누어 씹으신다. 가난했던 어린 시절의 기억 때문인지는 모르겠다. 붙여 두었다가 씹는 것은 일상이시다. 식당에 가면 나무젓가락 포장지에 붙여 두었다가 씹으신다. 장모님께서 잔소리를 하실 때도 많다. 붙여 둔 껌 때문에 낭패를 보신 적이 자주 있다고 하셨다. 내가 봐도 그럴 만하다. 1/3도 안 되니 너무 작아서 보이지도 않는다. 연세가 있으셔서 붙여 두고 잊으시는 것도 자주 본다. 왜 씹으시는지 여쭤봤다. "침이 말라서"라고 하신다. 우리가 결혼 30년 차가 되었다. 신혼 때부터 그러셨던 것 같다. 습관이 되신 것 같다. 프로야구 선수들은 긴장을 풀기 위해서 씹는다고 한다. 이유가 참 다양하다. 특징은 단물이 다 빠져도 오래 씹는다는 것이다. 주로 풍선껌이다. 달리면서 풍선을 부는 선수도 있다.

씹다 뱉은 껌은 바닥에 착 달라붙어 있다. 학원을 운영할 때 정기적으로 바닥에서 껌을 제거했던 기억이 있다. 잘 떨어지지도 않는다. 그래서 누군가에게서 떨어지지 말아야 할 때면 "껌딱지처럼 착 달라붙어 있어라."라고 한다. 껌딱지처럼 노년기에 부부가 그랬으면 좋겠다. 풍선껌처럼 되었으면 좋겠다. 풍선껌은 단물이 다 빠져야 불어진다. 그제야 풍선껌의 진가가 발휘된다. 질이 좋은지 나쁜지를. 이제는 몇 날 며칠을 계속해서 붙여 두었다가 씹기를 반복해도 여전히 잘 불어진다. 진짜 풍선껌이라고 할 수 있겠다.

젊은 시절을 되돌아보자. 콩깍지가 씌어서였든, 싱글일 때 느끼지 못했던 새로운 행복을 느꼈든, 아이를 키우기 위해 힘을 합쳐야 했든, 서로 성관계 파트너가 필요해서였든 상관없다. 서로에게 필요한 단물이 남아 있었다. 중년이 되기까지 각양각색의 맛이 난다. 연애 시절에는 뜨거운 열정이, 신혼 때는 아이 재롱에, 아이가 학교에 가면서 또 다른 기쁨을 준다. 대학을 가고, 군대를 다녀오고, 이성을 만나고 결혼하기까지 많은 설렘과 나름의 행복을 가져다준다. 서서히 단물이 하나씩 빠진다. 의식하지 못한다. 세월의 흐름 속에 자연스럽게 다 빠진다. 중년까지는 한 가지 단물이 빠지면 또 다른 맛의 단물이 샘솟았다. 해야 할 역할도 많았다. 서로가 서로에게 필요했다.

자식들 시집장가 다 보내고 나면 손자가 생겨 색다른 행복은 느낄 수 있다. 역할은 거의 없어진다. 특히 서로에게 하는 역할은 거의 없어진다. 단물 다 빠진 풍선껌이 되었다고 볼 수 있다. 지금부터가 진짜 풍선껌 맛을 느낄 때라고 하고 싶다. 안타깝게도 뱉어 버리는 사람이 너무 많다. 각방, 별거, 졸혼, 이혼 등의 방법으로.

계속 씹으면서 새 역사를 만들어 보자. 지구상의 어느 세대도 살아 보지 못한 100세 시대다. 드물게 살아 내셔서 좋은 본보기를 보여 주고 계시는 분들이 있다. 본보기가 전혀 없다면 모르겠으나 드물게 있다. 주변을 살펴보면 있다.

김형석 교수님은 젊은 시절에는 열정으로, 중년 이전에는 애틋한 사랑으로 살았다고 했다. 중년이 넘어가면 사랑은 거의

없어지지만 새롭게 인간애가 생긴다고. 단물은 빠졌지만 오래
씹을수록 잘 불리는 풍선껌처럼, 찰싹 붙어 떨어지지 않는 껌
딱지처럼 살면 노년이 외롭지 않을 것 같다. 그렇게 한번 살아
보련다. 세월은 흐른다. 혼자 있어도 흐른다. 같이 있어도 흐른
다. 같이 있으면 더 좋지 않을까?

7. 별 내용 없이 1시간 넘게 대화할 수 있는 부부

남자와 여자의 말의 차이에 대한 전문가들의 몇 가지 의견을 살펴보자.

1. 여자는 결론을 얻을 때까지 말을 하지만, 남자는 결론을 얻을 때까지 말을 하지 않는다.
2. 여자의 말은 함축적이지만, 남자는 사실적이다.
3. 여자는 말을 마음이 후련해지기 위해서 하는데, 남자는 문제 해결을 위해서 한다.
4. 여자는 말을 통해 남자를 변화시키고 싶은데, 남자는 변화를 싫어한다.

대부분 의식하는 대화가 아니다. 그저 필요에 의해서 본능적으로 해 오는 말하는 습관이다. 상대방을 배려하는 말이 아니라 자기중심적인 표현이다. 이렇게 사고나 표현방법이 다른 사람끼리 소통을 하고 살아야 한다. 어쩌면 대화가 된다는 것 자체가 신기하다.

완벽히 다르다. 왜 이런 차이가 날까?

내 나름의 해석을 해 본다. 답은 간단한 것 같다. 남자들은 사냥을, 여자는 육아와 가사를 주로 맡았다. 남자들은 매일 다른 사냥터를 다닌다. 매일 새로운 곳을 다니니 지겹지도 않다. 사냥할 때는 말이 필요 없다. 사냥은 과정도 중요하지만 결과가 중요하다. 여자는 매일 집 주변에서 아이를 돌보면서 밥, 빨래, 청소 등을 했다. 매일 같은 곳에서 반복되는 일을 한다. 지겹다. 지겹고 심심하니 그냥 수다를 많이 떤다. 육아는 결과도 중요하지만 과정이 매우 중요하다. 이처럼 남녀의 역할이 완전히 다르다. 그에 맞게 생각하고, 말하고, 행동을 했다. 살기 위해서 어쩔 수 없는 선택이었다. 수십만 년 넘게 수렵, 채집, 농경 생활을 했다. 변화 없는 삶을 살았다. 대를 이어 끊임없이 반복했다. 습관이 되어 버렸다. 반복되는 상황에 따라 자동으로 반응한다. 고착화되었다. 본능이라고 이름 붙여도 무방할 듯하다.

아뿔싸! 최근 몇백 년 사이에 삶의 방식은 어마어마하게 변했다. 우리나라는 불과 100여 년도 채 되지 않는 시간이다. 한 세대가 바뀌는 데 25년이 걸린다고 해 보자. 억지로 맞춰도 4세대가 바뀐 정도다. 본능이 바뀌기에는 턱없이 부족한 시간이다. 지금은 빛의 속도로 세상이 바뀐다고 해도 과언이 아니다. 4차 산업혁명이니, AI 시대니 하면서 쏟아지는 정보와 새로운 것들로 정신을 차릴 수가 없다. 나는, 본능은 옛날의 그대로의 방식으로 반응하고 있는데…….

어떤 학자는 이렇게 말한다.

"말을 하는 사람은 머릿속 생각의 60% 정도를 말로 표현하고, 듣는 사람은 그 말의 60%를 이해한다."라고 한다. 정리하면 고작 상대방 생각의 36% 정도를 이해한다는 말이다. 완벽히 상대방을 이해한다는 것은 애초부터 불가능한 일인지도 모른다. 그렇다고 포기할 수는 없다. 최대한 36%라도 알아들을 수 있도록 노력할 필요는 있다고 본다. 인간관계에서 불협화음은 소통의 부재로 인한 것이 대부분이다. 특히 노년기를 30년 이상 보내야 하는 것이 현실이다. 주 대화 상대는 부부이다. 말이 통하지 않으면 답답한 30년을 보내야 한다.

게리 채프먼이 지은 『5가지 사랑의 언어』에서도 상대방이 원하는 사랑의 언어가 무엇인지 정확히 알고 표현할 것을 주장하였다. 상대방의 가려운 곳을 정확히 긁어 주지 못하면 아무리 사랑의 표현을 해도 의미가 반감된다는 이야기다. 부부생활에서 대화를 잘할 수 있는 것도 매우 중요하다. 어떤 전문가가 말해도 일방적으로 자기 이야기만 잘하라는 경우는 없다. 인정하고 존중하는 대화를 말한다. 노력을 해야 하는 이유이기도 하다.

앞의 '5. 같은 곳을 바라보는 마음'에서 말한 바와 같다. 여자의 역할은 큰 변화가 없다. 오히려 편리한 것이 많아졌다. 냉장고, 세탁기, 청소기, 식기세척기, TV 등의 가전제품들을 보자. 전통적인 남녀의 역할에 국한해서 누리는 혜택을 생각해 보자. 대부분 여자들의 삶을 편리하게 하는 것들이다. 물론 최신의 기계장치들이 남자들의 삶도 바꾸어 놓았다. 수십만 년 해 왔던 사냥에 비하면 모든 것이 새롭다. 남자가 훨씬 더 많은 변화를 해야 살아남을 수 있다. 수명까지 길어졌다. 옛날에 비하면 두 배를 더 산다.

여자들은 할머니가 되어도 하던 대로 하면 아무 문제가 없다. 밥하고, 청소하고, 빨래하고 하는 일들은 오히려 자식들에게 도움이 된다. 남자들은 역할이 없어진다. 천덕꾸러기가 된다. 그래서 "남편이 하루라도 먼저 죽어야 한다." 하는 것이 사회정의가 아닌 사회정의가 되어 버렸다. 오죽하면 이런 유머가 생겼을까? 늙어서 여자에게 필요한 5가지는 '건강, 딸, 친구, 돈, 애완견'인데, 남자에게 필요한 것은 '아내, 마누라, 집사람, 애들 엄마, 부인'이라고. 심지어 "이사를 갈 때 애완견을 꼭 안고 있어라."라고 했다. 버리고 갈 수도 있다고. 서글프다. 100년을 살아오신 김형석 교수님도 "75세가 넘으면 그저 마누라가 시키는 대로 하는 것이 좋다."라고 하셨다. 나 또한 완벽히 동의한다.

퇴직 후 30~40년을 껌딱지처럼 붙어 행복하려면 어떻게 하면 좋을까? 먼저 말이 통해야 한다. 남자가 노력해야 할 부분이 더 많은 것 같다. 여자와 쉽게 대화할 수 있는 마법의 단어 다섯 가지를 소개한다. 좋은연애연구소 김지윤 소장님이 강의에서 소개했다. 너무 간단하다. 바로

"진짜?"

"정말이야?"

"웬일이야?"

"헐!"

"대박!"이다.

이런 예를 들어 주었다. 남녀가 데이트 상황에서의 대화이다.

여자친구: "오빠, 나 오늘 신도림역에서 영숙이 만났다." (도착하자마자)

오빠: "그래서 커피 마셨어?"

여자친구: "아니."

오빠: "밥 먹었어?"

여자친구: "아니."

오빠: "그럼 다음에 만나기로 했어?"

여자친구: "아니."

오빠: "그럼 그 얘기를 왜 해?"

여자친구: "그냥 신도림역에서 영숙이 만났다는 거지!"

그리고 여자친구는 다른 이야기를 시작하는데 남자친구의 뇌

는 정리되지 않았다. 왜?, 영숙이, 신도림, 영숙이, 만났다, 왜? 그리고 다른 이야기를 시작하는 여자친구를 이해할 수 없다.

(중략)

이렇게 하면 된다고 했다. 너무 부드러운 대화가 이어진다고.

여자친구: "오빠, 나 오늘 신도림역에서 영숙이 만났다."

오빠: "진짜!"

여자친구: "오빠, 나 오늘 신도림역에서 영숙이 만났다."

오빠: "웬일이야!" 또는 "정말이야?", "헐!", "대박!"

한 단계 더 나아가 그녀의 뒷말을 따라 하면 훨씬 더 좋다고 했다.

여자친구: "오빠, 나 오늘 신도림역에서 영숙이 만났다."

오빠: "영숙이 만났어?"

여자친구: "진짜 신기하지?"

오빠: "진짜 신기하다."

이런 대화가 가능한 이유는 "여자들에게 대화는 논리적인 정보의 주고받음이라기보다는 공감과 경청이 대화의 기본이기 때문이다."라고 이야기했다. 반면, 남자는 말을 많이 하지도 않지만, 하나하나에 의미를 담는 경향이 있다. 남자로서는 의미 없이 수다를 떠는 여자를 이해하지 못하는 이유이다. 남자와 여자는 뇌의 구조도 다르고, 생각하는 방법도 다르다. 당연히 말하는 방법도 다르다. 그럼에도 그런 여자와 한집에서 30년 이상을 살아 내야 한다. 다르기 때문에 맞춰 가는 노력을 하자고 제안한다.

아내는 말이 많은 편이 아니다. 전혀 없다는 뜻은 아니다. 일반적인 여자의 평균치 이하라는 이야기다. 그래서 나는 내가 의도적으로 말을 많이 한다. 바깥에서 있었던 이야기를 빼면 할 이야기가 없다. 강의를 가서 있었던 이야기도 한다. 오가면서 있었던 이야기도 한다. 보통의 남자들은 바깥에서 있었던 이야기를 집에서 하지 않는 경향이 짙다. 나도 그랬다. 몇 해 전부터 많이 한다. 만났던 사람, 경치, 운전하며 있었던 일 등 시시콜콜. 그냥 아내와 대화를 하기 위해서 아무 이야기나 한다. '아무 말 대잔치'라고 해도 좋다. 있었던 이야기이니 거짓말도 아니다. 때로는 푸념도 한다. 나를 골탕 먹인 청중 이야기도 하고, 호응을 잘해준 분들 이야기도 한다. 말을 하다 보면 강의의 장단점도 스스로 파악이 된다. 가끔은 아내가 "이런 부분은 조심했으면 좋겠는데"라고 조언을 해 줄 때도 있다. 살짝 기분이 나쁠 때도 있다. 지적이라고 느낄 때다. 조금 더 생각해 보면 정말 고마운 일이다. 성장하는 데 많은 도움이 되어서 좋다. 이런 것을 보고 "일거양득"이라고 한다.

중년 부부의 대화 내용은 어떤 것이 좋을까? 아무 말이나 다 좋다고 생각한다. 유머시리즈를 찾아서 서로 이야기하는 것도 좋겠다. 최고의 소재는 19금 이야기다. 남들과 할 때는 성희롱이니 미투니 걱정된다. 부부는 그렇지 않다. 가장 쉽게 웃을 수 있고, 공감할 수 있다. 성별, 나이, 직업, 학력과 전혀 상관이 없다. 안타깝게도 젊은 나이에 고인이 되신 스탠딩 코미디의 대가 개그맨 김형곤 씨의 유튜브 동영상을 찾아서 함께 들어 보라. 요즘 같은 사회 분위기라면 하기 힘든 이야기가 많다. 부부가 함께 듣기에는 아무 문제가 없다. 단순히 웃기는 것이 아니다. 의미가 담겨 있다. 부부는 아주 은밀한 이야기를 잘 나누어야 한다. 부부 대화의 소재 중의 필수 항목이다. 어떨 때 좋은지, 불쾌한지 등 솔직할 필요가 있다. 그래야 둘만의 행복한 밤 문화를 만들 수 있다. 솔직한 대화가 필요하다는 것을 결혼 15년이 지나고서야 알았다.

으뜸은 같은 취미생활을 하고, 같은 책을 읽고, 공부하고, 토론하는 것이다. 누가 많이 알고, 옳고 그름의 논쟁을 하자는 것이 아니다. 그래서는 부부싸움이 될 확률이 높다. 서로 성장하고 도울 수 있는 습관을 만들어 가자는 것이다. 지금 우리 부부는 같은 책을 많이 읽는다. 읽고 난 후에 서로의 느낀 점을 이야기한다. 강의할 때 써먹기도 한다. 누이 좋고 매부 좋다. 행복한 황혼을 애인과 함께하기 위하여……

살짝 잊혀 가는 몸의 대화도 다시 찾았으면 좋겠다. 열정적이고 뜨거웠던 젊은 시절과 같은 방식을 말하는 것은 아니다. 중년이라면 체력은 떨어졌겠지만 기술은 숙련되고도 남음이 있는 세월이다. 30년 노하우가 묻어나는 농익은 대화를 하자. 일본에서 최근 연구발표에 따르면 "야동을 보는 노인이 안 보는 노인보다 훨씬 건강하다."라고 한다. 함께 보면서 이야기도, 마음도, 몸도 함께 대화하면 어떨까? 노력해서 안 되는 것이 없다는 것을 실감한다. 1시간이 그리 긴 시간이 아니라는 것을……

8. 사랑받을 자격을 갖춰라

결혼자격시험을 보고 합격을 해야 결혼을 할 수 있다고 하면 어떨까? 결혼자격학원도 있을 테고, 열심히 공부하는 젊은이의 모습을 상상만 해도 재미있다. 부모가 되는 법, 남녀의 차이, 부부의 도리 등 많은 교과목이 있을 것 같다. 시험이 있건 없건 결혼을 했다는 것은 배우자로부터 합격한 거나 마찬가지다. 처음 만나 서로를 살피는 것으로 면접을 봤고, 사귀면서 성격 등을 테스트하는 인턴과정을 거쳤다고 해도 과언이 아니다. 페닐에틸아민이라는 콩깍지 호르몬에 가려서 문제이기는 했다. 어떻든 사랑받을 자격을 인정받은 것이다. 합격이었다. 딱 여기까지는 결혼에 필요한 모든 노력을 했다.

연차가 쌓이면서 연애할 때만큼 노력을 하지 않는 커플이 문제다. 콩깍지까지 벗겨지니 더 많은 노력이 필요하다. 적어도 눈빛만 봐도 알 수 있고, 서로 손발을 척척 맞춰 줄 수 있을 때까지는 정성을 다해야 한다. 노력을 게을리하지 말아야 한다. 마치 팀 경기를 하는 직업 운동선수들이 끊임없이 반복연습을 하는 것처럼. 우리는 운동선수가 아니어도 직장에서는 상사, 동료, 부하직원과 끊임없이 맞추면서 일을 한다. 직업은 상황에 따라 쉽게 바꿀 수 있는 데도 최선을 다한다. 먹고 살아야 한다는 핑계다. 결혼생활은 먹고사는 차원을 훨씬 넘어선다. 바꾸기도 쉽지 않다. 웬만하면 평생을 함께해야 한다. 받은 만큼만 하는 서비스가 아니다. 무한 봉사와 책임이 따른다. 안타깝게도 서로 나에게 맞춰 주기만 바라는 커플이 있다. 심하면 모든 것을 자기중심적으로 하는 배우자도 있다. 심지어 "잡은 물고기에게 미끼를 줄 필요가 없다." 하는 논리로 방치해서 문제를 일으키는 것을 많이 본다. 나이 들어 각방, 별거, 졸혼, 이혼 등을 당하는 것이 결과물이라는 생각이 든다. 이런 경향은 남자들에게 더 짙다. 남성 중심의 가부장적인 문화 때문이기도 하지만 남자로서 살짝 부끄럽다. 방법을 배우자. 서툴지만 시도해 보자. 시도만으로도 아내들의 마음의 문이 열린다. 자꾸 해 봐야 할 수 있다.

12~13년 전으로 기억된다. 부모교육을 전문으로 하는 한국지역사회교육협의회라는 단체를 접하게 되었다. 부모자녀 대화법, 자녀의 학습 도와주기 등 부모에게 필요한 다양한 프로그

램을 운영하고 있다. 왜 이런 것을 진작 알지 못했을까? 하는
아쉬움이 컸다. 아이들이 이미 중2, 초등학교 5학년이 되었기
때문이다. 어릴 때부터 알았다면 어땠을까 싶었다. 늦었다는 생
각은 들었지만 내 나름대로 열심히 공부해 보기로 했다. 뜻이
맞는 몇 분들과 경주지역사회교육협의회를 설립하여 초기 3년
간 사무국장을 맡았다. 무보수로 봉사를 하는 자리였지만 보람
된 일이라 열심히 했다. 덤으로 내가 공부하는 비용은 들지 않
았다. 공부를 하면 할수록 부모 되는 교육을 받을 필요가 있다
는 생각이 점점 커 갔다. 옛날에는 대가족으로 살았기 때문에
부모로부터 살면서 배우는 것이 많았다. 지금은 핵가족이다. 무
방비 상태로 독립하여 산다. 공부 많이 한 똑똑한 젊은이들이
다. 책으로, 인터넷으로, 부모에게 전화로 물어본다. 산교육이
되지 않는다. 삶은 책으로만 배우기 어려운 것이 한두 가지가
아니다. 대부분 보고 배워야 하는 것들이 많다. 이래서 현대는
결혼자격시험이 필요한지도 모르겠다.

73세를 사신 공자님의 가르침을 새겨 보자. 살아 보신 경험
으로 주신 가르침이다. 모두에게 똑같이 적용한다는 것은 어렵
다. 그럼에도 불구하고 남자는 이렇게 살아야 한다는 기준이
되는 가르침으로 삼고 있다. 100세 시대, AI 시대라고 하지만
크게 다르지 않다고 생각한다. 김동길 교수님의 강연에서 들은
내용(* : 김동길 교수님 설명)을 옮겨 본다.

◆ 십오이지우학(十五而志于學)
　→ 15세에 학문에 뜻을 두었고
　　* 집이 가난하여 늦게 공부를 시작했다고 한다. 이후 15년을
　　　정진하시고,

◆ 삼십이립(三十而立)
　→ 뜻을 확고히 세우고 자립할 수 있다. 경제적으로나 정신적
　　으로 모두.
　　* 사람은 자신의 신념과 의견이 있어야 한다. 오늘날 30이 넘
　　　어서 부모에게 독립하지 못한 젊은이들이 너무 많다.

◆ 사십이불혹(四十而不惑)
　→ 어떠한 유혹에도 흔들림이 없어졌다.
　　* 젊은 시절 실수가 있었더라도 올바른 삶을 살아야 할 나이.
　　　세계적으로 존경받는 링컨도 똑같은 의미의 말씀을 하셨다.
　　　"나이 마흔이 넘으면 자신의 얼굴에 책임을 져야 한다."라고

◆ 오십이지천명(午十而知天命)
　→ 하늘의 뜻, 즉 인생의 의미를 아는 나이. 유학의 학문 최종
　　목표.
　　* 하늘의 뜻을 헤아리기 위해 귀를 기울여야 하는 나이.

◆ 육십이이순(六十而耳順)
　→ 무슨 말을 들어도 귀에 거슬림이 없었다.
　　* 귀가 순해져 사사로운 감정에 얽매이지 않고 모든 말을 객
　　　관적으로 듣고 이해할 수 있는 나이. 남의 말에 귀 기울일
　　　줄 알고, 남의 뜻에 순종할 줄도 아는 나이.

◆ 칠십이종심소욕불유구(七十而從心所欲不踰矩)
　→ 마음의 뜻대로 행해도 도에 어긋나지 않았다.
　　* 젊은 시절에는 욕망을 억눌러야 하는 경우가 많다. 인생은
　　　하고 싶은 대로 다 할 수 있는 것도 아니다. 하고 싶은 대
　　　로 행동해도 도덕에 어긋나지 않는 경지에 오르는 일흔 살.

2,500여 년 전에 경험으로 가르쳐 주신 내용이다. 오늘에 적용하는 데 하나 부족한 점이 없다는 생각이다. 이 내용을 쓰면서 살짝 부끄러움도 느낀다. 젊은 시절에 충분한 시간이 있었음에도 학문에 정진하지도 못했다. 돈을 더 많이 벌어 보겠다고 욕심을 부리다가 망했다. 이유는 간단하다. 체계적인 준비도 관리도 못했기 때문이다. 겉으로는 IMF 여파라고 위로를 삼지만 돌이켜 보면 모두 나의 어리석음 때문이었다. 쉰이 넘어서도 돈을 많이 벌 수 있다는 이런저런 유혹에 넘어간 적도 있다. 그래서 더 후회되고 아쉽고 부끄럽다. 그럼에도 불구하고 한가지는 확실하다. 인간적인 도리는 지키려고 애썼다. 공부도 늦었지만 열심히 하고 있다. 재미도 느끼고 있다. 물론 희생해 준 아내와 아이들, 안쓰럽게 지켜봐 주신 양가 부모님, 그 외 미웠겠지만 참아 준 친지들과 지인들 덕분이다.

빼놓을 수 없는 행운도 있다. 무일푼 막노동꾼이 쓴 『내가 글을 쓰는 이유』라는 책을 만난 것이다. 건강과 행복한 삶에 대한 강의를 하는 강사로서, 중년에 졸혼이 당연한 듯이 받아들여지는 것을 보고 너무나 안타까웠다. 이 때문에 경험을 토대로 하여 졸혼하지 않고도 얼마든지 행복한 노년을 준비할 수 있다는 내용으로 책을 쓰고 싶었다. 만학도로 대학을 졸업하고 제일 먼저 하고 싶은 일 중의 하나였다. 망설이고 있던 차에 용기를 얻어 도전하게 되었다. 많이 부족한 것을 알지만 이 책을 낼 수 있게까지 되었다. 모두 고맙고 또 고마울 따름이다.

　각방, 별거, 졸혼, 이혼 그것도 황혼이혼이 늘어가고 있다. 공자님께서 이런 세태를 보시면 자다가도 벌떡 일어나실 일이 아닌가 싶다. 젊은 시절에 철이 없어 그랬다면 모르겠다. 한두 번쯤 이혼을 생각해 보지 않는 부부가 얼마나 있으랴! 불혹, 지천명, 이순, 종심을 넘기고서도 이런 지경에 이른다. 다양한 이유가 있겠지만 대부분은 자기중심적인 사고 때문인 듯하다. 상대방을 배려하는 마음이 없다. 나이가 들수록 더 고집스러워진다. 방법이 있는데도 배우려 하지도 않는다. 참으로 안타깝다.

　불교에서 말하는 '일체유심조(一切唯心造)'니 하는 거창한 말까지도 필요 없다. 결혼 후 20~30년은 아이들 뒷바라지 하느라 정신없다. 이제부터 온전히 부부만의 시간이 주어진다. 신혼 시절이 있었지만 긴 인생에 비하면 새 발의 피다. 알콩달콩한 연애 시절이 있었다고? 온전한 함께함이 아니었다. 연애와 신혼 시절은 인간미를 가진 온전한 사랑이라고 하기에는 좀 어려운 점이 많다. 조금 심하게 표현하자면 그저 동물적인 본능의 지배를 받았던 시기이다. 콩깍지 호르몬, 즉 페닐에틸아민의 지배를 받는 시기였다. 20대만 넘어가도 분비량이 뚝 떨어진다고 한다. 그래서 20대 청춘들은 불같은 사랑으로 일을 저지르고 결혼에 골인까지 한다. 30대가 넘어가면 결혼에 앞서 조건을 많이 따진다. 콩깍지 호르몬의 지배를 덜 받는다는 것이다. 진정 이성적으로 생각하면서 사람을 사랑할 줄 알아야 하는 시기라는 생각이다.

'자격'은 "일정한 신분이나 지위" 또는 "일정한 신분이나 지위를 가지거나, 일정한 일을 하는 데 필요한 조건이나 능력"이라고 사전에 나와 있다. 신분이나 지위를 가지려면 그에 상응하는 역할을 하는 것이 훨씬 더 중요하다. 역할을 다하지 못하면 반드시 큰일이 생긴다. 작금의 사회현실에서 그런 현상을 너무 많이 보아 왔다. 온 나라가 들썩이는 대형 사건 사고들이 모두 그렇다. 세월호 사고, 대통령 탄핵, 정치지도자들의 지위를 이용한 권력남용 등을 우리는 심심찮게 목도하고 있다. 그들은 신분이나 지위는 가졌다. 역할은 '아니올시다.'였다는 것을 모두가 안다. 자격증이 없더라도 각자의 역할만 잘했어도 그런 사고는 일어나지 않았을 것이다. 모두가 각자의 위치에서 자기 역할에 충실할 때 거대한 조직도 유기적으로 돌아간다. 가정은 구성원도 많지도 않다. 더 쉬울 텐데……

모든 생명체는 유기체다. 각자의 기관이 각자의 역할을 다한다. 누구를 도와주려고 하는 것이 아니다. 그저 자기 역할을 다했을 뿐인데 다른 기관에 도움이 된다. 우리 몸의 심장과 간을 보자. 심장은 간을 살리려고 죽을 때까지 뛰는 것이 아니다. 그냥 주어진 심장의 역할을 했다. 그 덕에 간이 산다. 간은 불순물을 걸러 주고 해독을 해 준다. 간의 역할이다. 그 덕에 심장이 건강한 피를 각 기관에 공급해 줄 수 있다.

　부부생활도 유기적으로 되어야 한다. 자신의 역할에 충실할 때 유지된다. 그래야 행복하다. 상대방이 모자라면 더 능력 있는 사람이 채워 주면 된다. 대단히 어려운 일도 아니다. 남편이 청소, 설거지, 빨래 한번 하면 아내는 기뻐한다. 밝게 웃는다. 맛있는 과일과 차가 나온다. 기분 좋게 먹을 수 있다. 행복이 넘친다. 남자에게 설거지 빨래 등은 본능적으로는 익숙하지 않은 일이다. 약간 신경을 쓰면 된다. 그래서 의도적인 노력을 하자는 것이다. 하루 종일 밖에서 힘든 일 하는 것에 비하면 쉽고도 쉬운 일이다. 아내도 말 한마디 좋게 해 주자. "남자가 하기 힘든(싫어하는) 설거지와 청소를 해 줘서 고맙다."라고. 그러면 남자는 으쓱해진다. 초등학교 5, 6학년짜리 아들처럼. 일방적인 요구만을 가지고는 힘들다.

　거창하지 않아도 좋다. 행복한 가정은 가족 모두가 시기에 맞게 그 역할을 다하는 것이 중요하다고 생각한다. 좀 더 배려하는 마음이 필요하다. 결혼을 했다는 것은 이미 서로 사랑받을 자격을 취득했다는 의미다. 중간에 역할을 소홀히 하여 일시적으로 자격을 잃었다 해도 괜찮다. 노력하면 충분히 회복할 수 있는 것이 부부다. 행복은 거저 얻어지는 것이 아니다.

공자님의 나이 이야기에 100세는 上壽(상수, 병 없이 하늘이 내려 준 나이), 120세는 천수(天壽, 타고난 운명)라고 했다. 행인지 불행인지 모르겠다. 우리는 병 없는 천수를 원하지만 쉽지 않은 일인 것 같다. 앞서 말한 하버드 대학의 연구에서도 밝혔듯이 의지할 아내와 남편이 있다고 믿는 사람은 기억력에 타격도 적고, 아픈데도 불구하고 행복하다고 했다. 역할을 다하는 것으로 자격을 갖추어 가는 것이 어떨까?

이 책을 쓰는 이유도 다 잘하고 있어서가 아니다. 우리 부부의 행복한 노후를 위해 이렇게 살아 보리라는 다짐을 담는 마음이 더 크다. 더불어 결혼한 사랑하는 딸 부부가, 아직 미혼이지만 아들이 행복한 가정을 꾸렸으면 하는 마음을 담았다. 혹 나를 모르는 누군가에게도 약간의 도움이라도 되었으면 하는 마음도 있다.

9. 세미프로 부부가 되어 보자

어떤 일을 전문적으로 하는 사람, 그 분야에 전문적인 지식이나 기술을 가진 사람을 프로(Professional)라고 한다. 다른 표현으로 직업선수 또는 전문가라고 한다. 프로야구, 축구, 골프, 농구, 배구 등 인기스포츠에 프로가 많다. 박세리, 박찬호, 이승엽, 이세돌, 박지성, 손흥민 등 대한민국 사람이면 누구나 알 수 있는 사람들이다. 몇 가지 보편적인 특징을 보자. 직업이니 생존의 문제가 걸려 있다. 투자하는 시간도 많다. 집요하게 파고든다. 결과가 좋아야 잘 살 수 있다. 결과에 대한 책임이 많이 따른다. 결과가 나쁘면 도태된다. 직업선수의 경우 선수 수명이 다른 직업에 비해 짧다. 경쟁력이 떨어지면 아무도 써 주지 않기 때문이다. 선수생활 20년을 넘기는 경우가 드물다. 슈퍼스타나 지도자들이 "즐기면서 하라."라고 말은 하지만 쉽지가 않다. 선수생활 내내 경쟁 속에 극심한 스트레스를 받는 경우가 대부분이다. 일이 스트레스가 되는 경우다. 성취감을 느끼는 사람은 성공한 일부만이 느낄 수 있다.

반면, 아마추어(Amateur)는 예술이나 스포츠, 기술 따위를 취미로 삼아 즐겨 하는 사람, 즉 '비전문가'라고도 한다. 프로선수들은 어린 시절에 대부분 아마추어로 운동을 시작한다. 다른 직업도 일정 기간 수습 기간을 가지는 것이 보통이다. 아마추어이지만 프로 이상의 전문성을 드러내는 사람들도 허다하다. 대표적인 사람이 김연아 선수이다. 대한민국을 들썩이게 한 인물이지만 프로선수는 아니다. 우리나라에는 피겨는 프로가 없다. 사실상은 프로였다. 김연아 선수는 논외로 한다. 아마추어의 특징은 직업이 아닌 경우가 대부분이다. 보통 생존을 걸고 하지는 않는다. 시간도 많이 투자하지 않는다. 집요하게 파고들지 않아도 된다. 결과가 나빠도 큰 문제는 없다. 좋으면 금상첨화다. 결과에 대한 책임이 작다. 종목에 따라 죽을 때까지 할 수 있다. 즐기면서 할 수 있다. 욕심만 내려놓으면 스트레스를 크게 받지 않는다. 오히려 스트레스를 풀 수 있다. 누구나 행복감을 느낄 수가 있다. 모두가 그렇다고 볼 수는 없지만 일반적으로 적용할 수 있다.

위 특징을 요약해 보면 이렇게 정리된다.

항목	프로	아마추어
① 시간투자는	올인하다시피 함.	시간 되는 대로
② 전문성	매우 높아야 된다.	낮아도 문제없음.
③ 내부경쟁자와의 관계	모두가 경쟁자(협력자이지만)	모두가 협력자
④ 좋은 결과의 필요성	반드시 좋아야 한다.	나빠도 문제없음. 좋으면 금상첨화
⑤ 결과에 따른 생존 여부	연관성이 매우 높다. (내 뜻과 상관관계 낮음)	연관성이 별로 없다. (내 뜻이 거의 100% 영향)
⑥ 스트레스 지수	높은 편	낮은 편 오히려 풀 수 있다.
⑦ 수명	짧다.	길게 할 수 있다.
⑧ 할 때 즐길 수 있는지 　(성취감을 얻기가)	어렵다. (최고가 되어야 쉽다)	매우 쉽다.

프로와 아마추어는 대부분 직업과 관련한 구분법이다. 위의 항목을 부부생활에 적용해 보면

① 가정생활에 시간투자는?

② 각자의 역할 전문성(아내, 남편, 부모, 자식으로서)

③ 배우자에 대한 배려

④ 좋은 관계의 유지

⑤ 각방, 별거, 졸혼, 이혼, 행혼

⑥ 생활 중 스트레스

⑦ 결혼관계 유지기간

⑧ 얻어지는 즐거움 & 행복

이렇게 바꾸어 볼 수 있을 것이다. 내 나름의 방식이다. 참고가 되었으면 좋겠다.

① 가정생활에 시간투자는?

프로처럼 하기는 쉽지가 않다. 누구 하나가 전업주부라면 모를까? 설령 전업주부가 된다 하더라도 옛날처럼 가사에만 올인하는 것은 별로다. 취미생활 등 자신 나름의 시간이 필요하다. '프로+아마', 즉 세미프로가 되면 좋겠다.

② 각자의 역할 전문성(아내, 남편, 부모, 자식으로서)

서로 모르는 사람이 만났다. 부부생활은 연애할 때와 다르다. 달라도 너무 다르다. 서서히 콩깍지도 벗겨진다. 깊이 이해할 수 있도록 프로처럼 파고들어 서로를 알았으면 좋겠다. 배우자를 있는 그대로 이해하고 배려하고 존중하기 위해서다. 서로의 꿈을 이룰 수 있도록 도와줄 수 있는 부부가 되기 위해서는 상대를 정확히 알아야 가능하다. 코치가 선수를 지도할 때 보라. 선수의 모든 것을 체크한다. 아주 사소한 습관까지도. 코치의 역할은 가르치는 것이 아니라 성장을 도와주는 것이다. 부부는 서로 보완이 되는 좋은 코치가 되었으면 좋겠다. 코치는 프로답게 하는 것이 바람직하다.

③ 배우자에 대한 배려

두말할 필요가 없다는 것은 모두가 안다. 프로답게 할 수 있어야 행복하다.

④ 좋은 관계의 유지

항상 잘될 수 있으면 얼마나 좋겠는가? 어렵다. 지나치게 강박관념을 가질 필요는 없다고 생각한다. 때로는 부딪치기도 한다. 다툼도 생긴다. 무조건 다투지 않는 것이 능사는 아니다. 인정하자. 싸움에도 기술이 필요하다. 순간적으로 감정을 제어하지 못해서 부딪칠 수 있다. 어쩔 수 없는 상황이었다면 다음에는 잘하자. 화해하는 기술도 필요하다. 실수를 했을 때 사과는 '빨리'와 '진심으로' 중 어떤 것이 더 중요할까? '진심으로 빨리'가 가장 좋다. 그것이 안 된다면 일단 '빨리'라도 하자. '진심으로' 1년 뒤에 한다면 무슨 소용이 있겠나. 옛 어른들께서 "부부싸움은 칼로 물 베기"라고 한 이유이기도 할 것 같다. 가능하면 프로답게 하면 좋겠다. 아마추어가 되더라도 빨리 알아차리고 프로가 되자. 아마추어가 되더라도 아주 가끔이면 좋겠다. 세미프로가 되면 좋겠다.

⑤ 각방(各房), 별거(別居), 졸혼(卒婚), 이혼(離婚), 행혼(幸婚)

어떤 결과를 원하는가? 프로답게 판단하자. 노력하자. 사별(死別)은 어쩔 수 없다.

⑥ 생활 중 스트레스

남남이 만났다. 습관도, 생각도, 생활방식도 다르다. 없던 가족이 갑자기 늘었다. 시월드, 처월드다. 아이가 태어난다. 한 번도 겪어 보지 않은 일투성이다. 결혼 전과는 달라도 너무 다르다. 스트레스가 넘치게 마련이다. 다행인 것은 반대급부로 주어지는 행복이 너무 크고 많다. 새로운 스트레스에 집중하지 말고, 새롭게 얻는 행복에 더 큰 가치를 두면 스트레스는 자연스럽게 낮아진다. 세미프로가 되면 좋겠다.

⑦ 결혼관계 유지기간
누구나 출발할 때는 백년해로를 원한다. 또 그렇게 서약한다. 기간은 아마처럼 그 방법은 프로처럼 하면 원하는 바를 충분히 얻을 수 있지 않을까? 세미프로다.

⑧ 얻어지는 즐거움 & 행복
넘치게 만들어야 한다. 말이 필요 없다.

부부생활을 "목숨을 걸고 하는 프로처럼" 하기도 어렵다. "결과가 좋으면 좋고, 나빠도 상관없다." 하는 아마추어적인 태도는 더더욱 아니다. 적당히 조화롭게 했으면 좋겠다. 남편과 아내 모두가 세미프로가 되면 환상의 커플이 될 것이라 확신한다. 기대하기 어려운 조합이라면 둘 중 하나라도 반드시 세미프로가 되었으면 좋겠다. 우리 부부는 내가 세미프로 행세를 한다. 늘 그런 것은 아니다. 사안에 따라서 다르다. 내가 프로인 척하는데 가끔은 헛다리를 짚을 때가 많다. 아내의 육감(본능적인 직감)이 맞을 때가 많다. 그때는 빨리 꼬리를 내리고 아내의 리드에 따른다. 부부는 순간순간 리더로서의 바통 터치를 잘할 수 있는 지혜가 필요하다고 생각한다. 우리 부부가 이럴 수 있는 것은 관련한 공부를 아내보다 내가 조금 더 했기 때문이다. 강사로 활동을 하다 보니 접하는 것이 많은 장점 중의 하나다. 그중 하나가 진화심리학이다.

실천하는 노력이 필수라는 것은 누구나 아는 사실이다. 단순히 지식이나 정보만 전달하는 것이 아니라 실천주의를 표방하는 강사로서 나부터 먼저 실천해 보려고 노력하고 있다. 해 보니 결과 또한 기대 이상이다. 최고의 공부이고 마음나누기이다.

세미프로(Semi-pro)란 어떤 일에 대하여 직업적으로 활동을 하지는 않으나 전문적인 지식이나 소양을 가지고 있는 사람이다. 전문지식이나 소양은 공부해야 알 수 있다. 실천해야 내 것이 된다. 참 할 일이 많다. 스트레스 덜 받는 여정이 되었으면 좋겠다.

결혼생활은 직업도 아니다. 그저 즐거움만 있는 것도 아니다. 행복은 만들어 가는 것이다.

5장

외롭지 않은 삶이 곧 행복이다

1. 당신이 곁에 있어 행복합니다

이 말은 누구에게 들어도 행복한 말이다. 사람으로서 최고의 '종합칭찬세트' 같은 말이 아닐까 싶다. 상대가 누구냐에 따라서 "당신"이라는 말이 다양하게 바뀐다. 넓은 의미로 봐서 부모라면 "아들 & 딸"로, 자식이라면 "아빠"로, 친구나 선배라면 "네가"로, 후배라면 "선배님"으로, 제자라면 "선생님"으로, 청중이라면 "강사님"으로 다양하게 바꿔서 표현할 수 있다. 대부분 내 삶에 큰 관심도 없다. 나로 인한 영향도 크게 받지 않는다. 부모는 관심은 많고, 영향은 조금 받는다. 자식은 관심도 영향도 많이 받는다.

좁은 의미로 보면 "당신"으로 부를 수 있는 사람은 부부로 한정된다. 관심도 영향도 나를 제외한 사람들 중에서 가장 많고 크다. 서로가 똑같다. 내가 가장 소중하게 생각해야 할 사람이라는 뜻도 된다. 부부는 갈라서면 남이라고 말한다. 그럴 수 있다. 자식이 있으면 그조차 싫지 않다. "나는 사랑스러운 아내가 곁에 있어 정말 행복하다." 자신 있게 말할 수 있다. 왜냐고 묻는다면 한마디로 답할 수 있다. "당신의 무한 사랑 덕분에 오늘의 내가 있기 때문이다."라고. "이 책도 당신이 내 애인으로 존재하여 주었기 때문이다."라고. 이 책 안에서도 조금은 느낌이 오리라 생각한다.

신혼 초부터 무식한 부부관계를 가졌다는 것을 알았다. 15년 가까이 그랬던 것 같다. 지금까지 함께해 온 세월의 절반이다. 무식해서 몰랐다. "여자는 마음이 뜨거워지면 몸도 쉽게 빨리 뜨거워진다." 하는 것을. 애써 알려고 노력하지도 않았다. 이론은 어디선가 들었지만 실천하는 노력은 하지 않았었다. 부부관계도 그저 강하게 오래 하는 것에만 온 신경을 쓰고 살았던 것 같다. 참 무식하게 들이댔다. 부부싸움을 하고 난 뒤에 화해를 할 때도 그랬다. 그렇게 다 잘된 것으로 알았었다. 나중에 알았다. 아내가 많이 배려해 주었다는 것을. 아내의 사랑이었다는 것을.

앞서 말한 바와 같이 보건소에서 하는 교육에 참여하고 나서야 깨달았다. 남자와 여자는 오르가즘에 이르는 시간이 차이가 많이 난다는 것을, 적어도 10여 분 정도 난다는 것을 말로만 들었다. 차이를 줄이는 노력은 남자가 더 잘해야 한다는 것을 책으로 배웠다. 배웠으면 실천하는 노력을 했어야 하는데 하지 않았다. 그저 넘치는 힘만 믿었다. 보건소에서 배우고 느낀 점을 아내에게 솔직히 말하고 노력했다. 우리 부부의 새로운 밤 풍경이 생겼다. 쉿! 비밀이다. 부부가 각자 알아서 해결하시기를……

한참 후에 아내가 슬쩍 그랬다. "자기가 무안해할까 봐 그냥 넘어가 준 거라고." 아내에게 부끄러웠다. 아까운 세월을 많이도 까먹었다. 아쉬움이 찐하게 남지만 이미 지나가 버린 시간이다. 어쩔 수 없다. 후회로 남기지 않으려고 부단히 노력하고 있는 중이다. 지금은 꽤 아름다운 밤을 보낸다고 자부한다. 앞으로 남은 시간은 아쉬움이 덜 남는 삶을 살아야 하기 때문이다. 이 모든 것이 아내가 나를 잘 안아 준 결과라고 생각한다. 한 가지 단면으로 얘기하지만 생활 속의 사소한 것들에 이런 사랑이 늘 묻어 있다. 그래서 "아내가 내 곁에 있어 행복합니다." 자신 있게 말할 수 있다.

이 글을 쓰면서 문득 생각해 본다. "아내 곁에 내가 있어 행복할까?" 확신하고 싶다. 요즘 우리 애인의 표정을 보면 확신이 간다. 결혼 30년을 모두 살펴보자. 날수로 계산하면 대략 10,000일이 넘는다. 초등학교 시절 일기장에 날씨 표시하듯이 해 보면 어떨까? '매우 맑음, 맑음, 약간 흐림, 잔뜩 흐림, 비,

소낙비, 폭우, 눈, 함박눈, 폭설' 등 다양하다. '맑음=행복', '흐림, 비, 눈=불행'이라고 해 보자. 아내의 날씨 난에 10,000일 중 몇 날이 '맑음' 이상으로 표시할 수 있을까? 1/3이 되지 않을 것 같다. 그나마 깨우쳐서 노력한 날이 있어서 이 정도는 되지 않을까 짐작해 본다. 역시 지나온 날들은 어쩔 수 없다. 체념하거나 포기하자는 의미는 아니다.

앞으로도 "매우 맑음"으로 표시되는 날이 많기를 기대해 본다. 죽을 때까지 쓸 일기장에 모두 "매우 맑음"이라고 미리 기록해 두고 싶다. 그럴 수 있다면 얼마나 좋겠나? 아니 아예 적어 두고 거기에 맞춰 살면 어떨까? 과한 기대라는 것을 안다. 희망사항이다. 거의 모든 날을 최소한 "맑음" 이상은 기록할 수 있도록. 기대만 하고 있지 않을 것이다. 지금까지 몰랐던 것을 진지하게 더 알아 갈 것이다. 전에 그랬던 것처럼 공부하고 노력할 것이다. 아내의 노력과는 별개로 한다. 부부는 어느 한 사람만 확실히 노력해도 바뀔 수 있다는 것을 믿기 때문이다. 경험해 봐서 안다. 나의 노력을 아내는 더 큰 사랑으로 보답해 주리라는 것을. 죽을 때까지 3/4까지는 채울 수 있을 것 같다. 90까지 산다고 봤을 때 약 15,000일 내외가 남는다. 남은 날의 90% 이상을 채워야 한다. 까짓것 100%에 도전해 보려 한다. 노력의 혜택은 고스란히 나에게 돌아온다는 것을 100% 믿는다. 아자! 아자!

"하늘은 스스로 돕는 자를 돕는다."라고 하는 말을 믿는다. 20여 년 전 이투힐건강관리교육협회에서 건강 관련 공부를 할 때 주기적으로 리더십 교육을 해 주신 분이 계신다. 수년간 협회에 오셔서 다양한 주제로 강의를 해 주셨다. 학원 강사 출신이었고, 건강교육강사를 꿈꾸던 나에게는 마음속 멘토이시다. 폭넓고, 깊은 지식과 사례를 가지고 하시는 거침없는 강의에 매료되었다. '나도 나중에 저렇게 되었으면 좋겠다.' 하는 생각을 강의를 들을 때마다 했다. 정작 그분에게 이런 마음을 표현한 적은 한 번도 없었다. 나는 종교가 없지만 그분은 신앙심이 대단하셨던 것으로 기억된다. 지금은 내가 프리랜서로 활동을 하느라 못 뵌 지가 15년쯤 되었다. 페이스북 친구로 되어 있어 그분의 활약상은 늘 보고 있었다. 지금의 내가 있는데 많은 영향을 미치신 분이시다. 종교는 다르지만 마이크를 잡고 청중 앞에 서는 마음자세는 그분을 담고자 노력했다. 존경하는 KR 컨설팅의 이강락 대표님이시다.

며칠 전부터 "당신이 곁에 있어 행복합니다." 주제로 어떻게 써야 하나 고민이 많았다. 여기에 안성맞춤인 글을 페이스북에서 발견했다. 이강락 대표님의 글이었다. 바로 이메일을 보냈다. "돕는 배필을 보내어 주신 하나님께 감사!"라는 제목의 글 전문을 인용할 수 있도록 허락을 청했다. 1시간이 채 지나지 않아 다음과 같은 답을 주셨다.

"축하드립니다. 제 글을 인용하는 것도 허락합니다. 성장하시는 모습을 기쁘게 생각합니다. 응원합니다."라고. 역시 이강락 대표님 스타일이시다. 변함없이 군더더기 없는 강렬한 메시지로 힘을 주신다. 고맙고 또 고마운 일이다. 닮고 싶은 부분인데 아직 닮지 못했다. 절묘한 타이밍에 나타나셨다. 하늘이 보내주셨겠지. 이강락 대표님은 하나님께서 도우셨다고 하시겠지. 아무려면 어떠랴! 영원한 내 마음속 멘토님의 글을 함께 실을 수 있는 영광을 누리다니. 덕분에 이 책이 훨씬 값지게 되었다. 다시 한번 KR컨설팅의 이강락 대표님께 감사드린다.

다음은 KR컨설팅 이강락 대표님의 페이스북 글 전문이다.

「돕는 배필을 보내어 주신 하나님께 감사!
저는 대학에 입학할 때까지 산수와 수학을 좋아하였었다. 그리고 참으로 경솔하였었다. 결혼하기 전에 아내와 데이트를 하였다. 가까운 계곡으로 소풍을 갔는데, 숫자를 끔찍이 싫어하는 아내에게 하루 종일 숫자 이야기만 하여 질리게 한 추억이 있다.

뭔가 결정을 물으면, 침묵하면서 결정을 미루어서 우유부단한 모습을 자주 보여준 듯하다. 제가 청혼을 하자, 아내는 큰 고민에 빠졌다. 아내는 매우 무뚝뚝하고, 무정해 보이고, 무자비할 뿐만 아니라 재미가 없고 매력이 하나도 없어 보이고 유머 감각도 전혀 없고, 자기중심적이고 우유부단해 보이는 저의 청혼을 받아들이는 데 약 한 달간 망설였다. 자신의 이상향과는 전혀 달랐다. 다만, 하나님을 사랑하고 자기를 좋아한다는 것만은 사실 같았다.

결혼하고 나서, 저의 부족한 부분을 고치고자 엄청난 노력을 지속적으로 하였음을 잘 안다. 그러나 최종 결과는 포기하는 것이었다. 저도 항상 이 점을 미안하게 생각한다. 아내는 저에 대하여 속상할 때와 화가 날 때가 많았지만, 문제는 제가 그러한 사실조차를 전혀 인식하지 못하였다는 점이다. 어쩔 수 없이 스스로 화를 풀 수밖에 없었다. 좋아하는 음악도 없고, 색상에 대한 감각도 없고, 멋도 모르고, 못도 제대로 박지 못하는 저를 보고 하나씩 하나씩 대신할 수밖에 방법이 없었던 결혼 생활이었다.

문제는 제가 항상 가족보다는 일 중심이었기에, 일이 생기면 언제든지 항상 일속으로 달려 들어가 버렸다. 가족과 약속을 하여 놓고 나서도 상황이 발생하면, 즉시 달아나는 저를 보고 아내는 화가 많이 났다. 다만, 참을 수 있었던 마지막 보루는 진심으로 제가 가족을 사랑하고 반성하고 미안해한다는 점이 느껴졌기 때문이다. 회사 일을 도와 달라고 하고는 월급일이 다가오자 마지막 날까지 지불해야 할 돈이 부족함에도 불구하고 아무런 말이 없는 저를 보고 기가 막혀 말을 못하였다.

아내는 결혼해서부터 지금까지 항상 참아오면서 가정의 평화를 유지하였다. 저는 이러한 아내의 보살핌과 배려 덕분에, 제가 하고 싶은 것을 마음껏 하고, 가고 싶은 데를 마음껏 돌아다니고, 무엇에도 얽매이지 아니하고 자유롭게 생활하여 왔다. 다만, 신혼 여행할 때, 성령으로 말미암아 창조와 사랑을 이루는 목자의 가정이 되자는 다짐을 계속 실천하는 것과 먼저 하나님 나라와 의를 구하는 변함없는 태도 때문에 아내는 저를 적극 지지한다.

제가 남이 보기에 무난해 보이는 모든 것 뒤에는 아내의 섬세한 돕는 손길이 있음을 고백한다. 나의 나 된 것은 전적으로 하나님의 은혜라고 표현하듯이, 저도 저의 모든 것은 아내의 도움의 바탕 속에서 이루어진 것임을 알기에, 저의 모든 것은 아내의 것이다. 저의 삶은 아내의 삶이고, 저와 아내는 하나다. 1984년 말에 결혼하여, 34년의 함께 걸어온 여정들을 뒤돌아보면서 저에게 돕는 배필을 보내어 주신 하나님께 감사 기도드린다. 가정은 하나님께서 만드신 아름다운 작품임에 틀림없다.」

참 신기하다. 훌륭하신 멘토님 뒤에 든든한 아내가 계셨다 니……. 나도 닮아 가나 보다. 다른 듯 같이, 같은 듯 다르게.

2. 남편을 큰아들로 여겨라

항간에 떠도는 유머 중에서 남자들을 씁쓸하게 만드는 것이 많다. 첫 번째로 "일식 씨, 이식 씨, 삼식 씨" 표현되는 이야기가 있다.

1. 집에서 한 끼도 안 먹는 남편 - 사랑스러운 영식 씨
2. 한 끼만 먹는 남편 - 귀여운 일식 씨
3. 두 끼 먹는 남편 - 두식 씨 또는 이식 씨
4. 세 끼나 먹는 남편 - 삼식이 또는 삼시쉐끼
5. 세 끼 먹고, 간식까지 먹는 남편 - 간나쉐끼
6. 세 끼 먹고, 간식 먹고, 야식까지 먹는 남편 - 종간나쉐끼
7. 세 끼 먹고, 간식 먹고, 야식까지 먹고, 마누라 먹는 남편
   - 씨팔노무시끼
8. 시도 때도 없이 먹는 남편 - 십쉐끼
9. 세 끼 먹고, 간식 먹고, 야식 먹고, 마누라는 쳐다도 안 보는 남편 - 쌍노무 쉐끼
   (자식들에게는 "아이쿠 내 새끼" 하면서 골백번도 더 상을 차리신다. 꼬부랑 할머니가 되어서도……)

참 많기도 하다. 젊을 때 처자식 먹여 살리느라 야근에 특근을 밥 먹듯이 했다. 아내가 해 주는 집밥을 많이 먹어 보지도 못했다. 어쩌다 쉬는 날 아내에게 먹고 싶은 것 주문한 적이 있기는 하다. 그나마 자식들 중심이라 뒷전으로 밀린 경우가 허다했다. 이제 자식들 시집 · 장가 다 보냈다. 정년퇴직도 했다. 시간이 많다. 집밥 한번 원 없이 먹어볼 수 있게 되었다. 생각만 해도 신난다. 맛난 음식을 원하지도 않았다. 그저 소박한 바람이 있었다. 소찬이어도 좋다. 아내의 사랑이 듬뿍 담긴 따뜻한 밥상이다. 언제나 내 편인 엄마처럼. 대단한 것을 원한 것도 아닌데 온갖 쉐끼 소리 들어야 하다니……. 아내에게서 언뜻언뜻 엄마 냄새가 났었는데, 남편들의 착각이었나? 역시 아내는 엄마가 아니었다. 엄마는 그러지 않으셨다. 한밤중에 가도 졸린 눈 비비시며 차려 주셨는데……. 유머라고는 하지만 서글프다. 누가 처음 만들었는지 모르겠다. 분명 남자는 아닐 듯싶다. 왜 이렇게 되었을까?

두 번째 이런 유머도 있다. 중년 부인에게 물었다.
"가족이 어떻게 되시나요?"
"저와 아들 셋입니다."로 답이 온다.
"아드님에 셋이라 부자시군요." 하면
"제가 낳은 아들 둘과 시어머니께서 넘겨주신 큰아들이 있습니다."

"하 하 하." 웃고 만다.

여자들은 참 편리하게 해석하는 것 같다. 둘 다 근간에는 남편이 자신을 귀찮게 한다는 뉘앙스가 깔려 있다. 첫 번째에서는 이 새끼 저 새끼를 서슴지 않는다. 자식에게 나와 똑같이 50%의 유전자를 남겨 준 사람인데, 그 아버지가 온갖 새끼가 되면 자식은 뭐가 될까? 농담도 가려 가면서 하면 좋겠다. 두 번째 유머는 말은 '아들'이라고 한다. 대접은 "글쎄요?"이다.

여성대학 등에 강의를 가면 위의 두 유머를 활용할 때가 있다. 마지막에 꼭 이 말씀을 드린다. 아니 부탁을 한다. "같은 남자로서 너무 서글퍼진다고."

첫 번째 유머에는 "30~40년간 불평 없이 피땀 흘려 일한 공을 생각해 보세요. 앞만 보고 달려오느라 가족들 따뜻하게 대하지 못했으니 불쌍히 여기는 마음으로 보살펴 달라." 하고 말씀드린다. 진심이다. 대부분의 청중은 얼굴을 찡그린다. 애처로움이 묻어난다. 드물기는 하지만 눈물을 글썽이시는 분도 계신다. 강사로서의 보람도 느낀다.

두 번째 유머에는 "이왕 시어머님께 입양했으니 죽을 때까지 잘 양육하세요. 부모·자식의 인연을 끊을 수도 없잖아요. 파양할 수도……"라고 부탁의 말씀을 드린다. 박장대소를 하신다.

맞는 말이라고. 그래야겠다고 끄덕여 주신다.

외식을 하다 보면 흔히 일어나는 일이 있다. 온 가족이 둘러 앉아 즐겁게 식사를 한다. 허겁지겁 식사를 하던 남편이 하얀 와이셔츠에 뜨거운 김칫국물을 흘렸다. 전부는 아니지만 상당수의 중년 부인들은 이런 반응을 보인다고 스스로 말한다.

"어른이 질질 흘리고 있어요? 칠칠맞게"라고.

이 말 속에는 이런 감정이 숨겨져 있지 않을까 싶다. "저 와이셔츠 내가 빨아야 되는데, 김칫국물은 잘 지지도 않는데, 저게 얼마짜리인데" 등의 귀찮음, 아까움, 창피함 등 다양한 감정이 혼재되어 있을 것 같다. 혹 뜨거운 국물에 살을 데이지는 않았는지 걱정하는 마음은 뒷전이다. 걱정의 우선순위는 안전이어야 하는 것을……. 남편이 화가 난다. 버럭 소리를 지른다.

"국물 좀 흘렸기로서니 칠칠맞다니."

"아니, 사실이 그렇잖아요. 애들도 아니고 그 빨래는 당신이 해요? 내가 하지." 아내의 반박이다.

"에이, 기분 나빠 밥 못 먹겠다." 숟가락 놓고 가 버린다(극소수의 경우다).

이미 식사 분위기는 망쳤다. 싸~ 하다. 돌아오는 차 안에서도 찬바람이 인다. 아이들이 화해를 시켜 보려고 한다. 별 소용이 없다. 그놈의 김칫국물 때문에 즐거운 외식이 아니었다.

만약 아들이 흘렸어도 그랬을까? 아마도 이랬을 것 같다. 황급히 일어나 아들 곁으로 가면서 "아이쿠, 조심하지. 어디 다친 데는 없어? 따갑지 않아?" 하면서 물수건으로 얼른 닦아 주겠지. 달라도 너무 다르다. 어떨 때는 남편을 큰아들이라고 말하면서도 대우는 완전히 다르다. 특별히 분위기가 나빠지지는 않는다.

데이트를 하는 도중에 사랑하는 애인이 흘렸다면 어떻게 할까? 아들과 똑같이 대했을 것이다. 사랑이 넘치는 이런 애인도 있다. 밥을 먹다가 말고 황급히 밖으로 나간다. 10여 분 후에 숨을 헐떡이며 돌아온다. 손에는 쇼핑백이 들려 있다. 짜잔 하고 내민다. 유명메이커 와이셔츠다. 남자는 겸연쩍은 웃음으로 화답을 한다. 쇼핑백을 들고 화장실로 사라진다. 5분 후 말끔한 모습으로 나타난다. 기분이 매우 좋다. 바라보는 애인도 흐뭇한 미소를 짓는다.

"자기야, 고마워" 한다.

쪽 하고 소리가 날 수도 있다. 상상에 맡긴다. 이후 언제 그랬느냐는 듯이 식사를 맛나게 한다. 분위기가 정말 좋다. 김칫국물 쏟은 와이셔츠는 여자 애인이 가지고 간다. 다음 데이트 때 깨끗하게 세탁해서 온다. 향수까지 뿌려서. 남자 애인은 기분이 너무 좋다. 꼭 안아 준다. 쪽쪽 소리가 연발할 수도 있다. 데이트 내내 풀 서비스를 한다. 선물을 안기기도 한다.

쏟아진 국물이 둘의 데이트를 방해하지 않았다. 오히려 여자 애인의 입장에서는 사랑을 표현할 수 있는 절호의 기회가 생긴 것이다. 남자 또한 나쁘지 않다. 자연스럽게 선물도 주고받을 수 있어서 좋았다. 김칫국물 덕분에 사이가 더 좋아졌다. 이런 애인도 틈이 생기면 찢어지기도 한다.

위의 내용은 대부분 강의 중에 주부들에게서 들은 이야기다. 결혼 10~30년 차에서 흔히 볼 수 있는 광경이다. 물론 전부 그런 것은 아니다. 흔히 하는 실수라는 것을 생각해 보자는 의미이다.

이쯤에서 또 한번 인간만이 할 수 있는 관점 바꾸기를 해 보자. 그 남편을 애인으로 바꿔 볼 수 있다면 식사 분위기가 어땠을까? 쉽지 않은 일이라는 것을 안다. 애인까지 안 된다면 '아들'처럼 생각해 보면 어떨까? 더 어려운 일인가? 유머로는 '아들'이니 '새끼'니 하는데 왜 실제로는 안 되는 걸까? 서로 애써 보자. 지금은 웬수인지 모르지만 그리 멀지 않은 과거에는 그도 너무나 사랑스러운 애인이었다. "한번 애인은 영원한 애인"이 될 수가 없는 걸까? 아내들이 모두 해병대에 다녀오면 가능할까? 아내들이여, 열심히 일한 당신 아들처럼 어여삐 여기소서.

남편들은 아내에게 때로는 애인으로 때로는 아들이 되는 관점 바꾸기는 어떨까? 애인으로 관점 바꾸기는 많이 얘기했다. 여기서는 아들로의 관점 바꾸기만 보자. 사고뭉치 둘째, 철없는 막내는 아니다. 듬직한 맏아들이 되어 보자. 옛날부터 이 땅의 엄마들은 맏아들에 대한 의존도가 높다. 만약 일찍 남편과 사별이라도 하면 맏이를 의지해서 사신다.

결혼해서 처가에 갔다. 할머니가 계셨다. 할아버지께서 일찍 세상을 떠나셨는데 그때 할머님의 나이는 30이 채 되시지 않았다고 했다. 4형제(유복자인 막내 포함)를 어렵게 키우셨다. 맏이인 장인어른께서 절대적인 힘이 되었다고 하셨다. 온갖 풍파를 맏아들을 의지하면서 살았다고 하셨다. 장인어른 또한 가끔 고생하신 젊은 시절 이야기 속에 돌아가신 할머니 말씀을 하실 때는 눈물바람을 하신다. 우리 엄마도 그러셨다. 엄마 나이 53세에 아버지 돌아가시고 78세의 일기로 이 세상 소풍 끝내실 때까지 그 빈자리를 형이 메웠다. 이 땅의 맏아들의 운명인가 보다. 아내가 맏딸이라 조금은 이해가 되는 부분이 있다. 겪어 보지 않은 사람은 모른다.

맏아들의 삶은 절대로 밑지지 않는 장사가 될 성싶다. 이유는 간단하다. 애인은 사이가 나빠지면 언제든지 갈라설 수 있다. 아들은 천륜이다. 모든 면에서 찢어질 수 없는 관계다. 더욱 유리한 것은 대한민국 엄마는 모두 아들 편이다. 아무리 늦게 귀가해도 "내 새끼"라고는 해도 "삼식"이니 "쉐끼"니 하는 소리는 절대로 안 하신다. 엄마는 영원한 내 편이다. 아들이 감옥에 가도 엄마는 아들 편이다. 아내가 영원한 내 편이었으면 좋겠다. 나는 누구 편이 되어야 할까? 고민할 거리가 아니다. 아들도 딸도 아닌 애인으로 여기자. 애인으로 여기는데도 가끔 아내에게서 엄마가 보이는 것은 왜일까? 그래서 요즘은 가끔 장난을 치기도 한다. "엄마, 찌찌 좀 만지자."라고 하면서……

3. 사랑은 에누리보다 덤으로
(콩깍지 낀 채로~)

　보통 물건을 사고팔 때는 흥정이라는 것을 한다. 사는 사람은 많이 깎으려 하고, 파는 사람은 조금이라도 적게 깎아 주려고 한다. 우리말로 '에누리'라고 한다. 할인(割引)이라고도 하는데 에누리가 더 정겹다. 또 하나의 방법이 '덤'이다. '1+1'로 많이 알려져 있다. 사람들은 둘 중에서 어떤 것을 좋아할까? 나는 덤이다. 속을 들여다보자. 요즘은 아예 "50% 할인", "1+1"이라고 대놓고 붙여 두기도 한다. 우리가 사용하는 대부분의 생활용품들이다. 흔한 물건들이다.

　정가 1,000(원가 500원+이익 500원)의 상품을 에누리와 덤으로 팔아 보자.
　① 50%를 할인하여 500원에 팔면

- 주인은 눈에 보이는 이익은 0원이다. 보이지 않는 이익
은 자금회전 500원, 재고정리 1개라는 덕을 보았다.
- 소비자는 500원을 싸게 산 것 같지만 냉정히 보면 500
원 주고 산 것에 불과하다. 이익은 파는 사람의 이익이
지 나와는 무관하다. 가격표와 상관없이 그냥 500원어
치 샀다. 그래도 기분은 좋다.
※ 그래서 가격정책으로 아예 가격표를 높게 붙였다가 에
누리하여 팔기도 한다. 유명한 일화가 있다. 원가 3,000
원에 구입한 옷을 9,000원으로 가격표를 붙여 예쁘게
진열해 두었더니 한 달이 지나도 팔리지 않았다. "에라
모르겠다." 하는 심정으로 50,000을 붙였더니 하루도
지나지 않아서 팔렸다고 한다. 기분 좋게 10,000원을
깎아 주기까지 했다. 이유는 뭘까? 사람의 심리다. 9,000
원 가격표에는 싸구려라는 느낌이 들지만, 50,000원은
괜찮은 물건일 것이라고 생각하는 묘한 심리다.

② 1+1으로 1,000원에 팔면
- 주인은 눈에 보이는 이익은 0원이다. 보이지 않는 이익
은 자금회전 1,000원, 재고정리 2개라는 덕을 보았다.
- 소비자는 500원을 싸게 산 것 같지만 냉정히 보면 그냥
500원짜리 물건을 2개 산 것에 불과하다. 어쩌면 500원
만큼 과소비가 생겼는지도 모른다. 그래도 기분은 좋다.

에누리보다 더 좋다. 묘하다.

　※ 이 또한 사람의 심리를 이용한 가격정책이다. 소비자는
　　그런 줄 알지만 웃으면서 지갑을 연다. 눈 뜨고 웃으면
　　서 "내 코 베어 가시오." 하는 격인지도 모른다.

　주인 입장에서는 에누리보다 덤으로 주는 방법이 훨씬 이익
이 된다. 소비자는 필요 없이 과소비를 할 수도 있는데 더 기분
좋게 구입한다. 아이러니다. 어쨌든 둘 다 좋아한다. 굳이 누가
더 이익이냐를 따지자면 파는 사람이 이익일 듯하다. 암튼 물
건을 사고 팔 때는 에누리든 덤이든 다 좋다.

　세상에 하나밖에 없는 예술품에 대해서는 어떤가? 대부분의
물건들은 시간이 지날수록 값이 떨어진다. 예술품은 올라간다.
단 하나라는 희소성 때문이다. 아예 흥정을 하려 들지 않는다.
흥정을 하는 것이 예의가 아니라고 생각한다. 에누리를 요구하
면 내심 품위가 떨어진다고 여긴다. 탐내는 사람이 몇 더 있으
면 값은 천정부지로 올라가기도 한다.

　예술품은 아니지만 명품이라고 하는 물건도 아주 귀한 대접
을 받는다. 고가의 명품 앞에서 손님이 망설이고 있다. 속으로
는 주머니 사정을 계산하고 있다. 종업원이 은근히 무시하거나
이렇게 말한다.

"손님 수준으로 살 수가 없을 것 같은데요."라고.

"네가 나를 무시했어? 나도 능력 있는 사람이야."

화를 내며 지갑을 확 열어젖히는 사람이 있다. 열등의식에 자존감까지 낮은 사람이다(종업원은 속으로 쾌재를 부른다). 내세우기는 자존심을 내세운다. 인간의 심리다. 무시당하기 싫은. 이렇게 물건을 산 사람은 필요 없는 물건을 샀어도 반품하러 가지도 못한다. 자존심 상해서다. 아니 창피해서라고 하는 편이 더 맞는 말일 것이다. 주머니는 다 털렸다. 드라마에서나 볼 것 같지만 실상은 흔히 있는 일이다. 노련한 판매자는 은근히 이런 전략을 쓰기도 한다.

부부의 사랑에 적용해 보면 어떨까? 사랑을 에누리해서 주고받는다. 주는 마음도 받는 마음도 썩 유쾌하지 않다. 아니 싫다. 덤으로 더 주고받으면 어떨까? 아주 흡족할 것 같다. 맞벌이 부부의 퇴근 후의 모습을 그려 보자. 먼저 덤으로 주는 것이다.

남편: "당신도 힘들 테니 오늘 저녁 설거지와 청소는 내가
　　　할게."

아내: "그럼 차와 과일은 내가 준비할게."

남편: "좋았어. 찻잔 설거지까지 깔끔하게 내가 하지."

아내: "여보, 고마워. 쪽! 쪽! 쪽!" (무슨 소리인지 모르겠다.)

남편: "왜 이래?" 하면서 웃는다(속으로 "음식물쓰레기까지

치워야지."라고 다짐한다).

이 부부의 침대는 밤마다 고생이 심할 듯하다. 이런 모습을 보고 자라는 아이들은 어떤 아이로 자랄까? 많이 생각해 볼 필요가 있다. 이 집은 사랑을 하나 더 덤으로 표현했다. 뭐든 대가가 덤으로 돌아온다. 아니 몇 갑절로 돌아올 것이다.

이번에는 에누리로 표현해 보자. 두 가지 중에서 한 가지만 하려고 하거나 아예 하나도 하지 않으려는 에누리다.

남편: "피곤하니까 설거지만 내가 할게."

아내: "나도 일하고 와서 피곤한데 할 일이 태산이야. 청소도 좀 해 주지."

남편: "몰라, 힘들어. 내일 해."

아내: "내일 할 일이 따로 있지. 애들을 먼지투성이 속에서 키우자는 거야?"

남편: "알았어. 있다가 할게." (소파에 드러누워 TV까지 켠다.)

아내: "자기만 힘든 줄 알아. 나도 힘들다고, 애들은 혼자 낳았나?" (투덜대면서 할 일 다 한다.)

이 집 침대는 많은 날이 편안하다. 무게가 절반으로 줄어서 홀가분할지도 모를 일이다. 아이들은 어떻게 자랄까? 불 보듯 뻔하다.

중년 이후 부부의 삶은 어떻게 살면 좋을까? 30~40대의 젊은 시절과는 다른 풍경일 것이다. 아이들도 없다. 가끔 손자들이 찾아와서 북적일 때가 있다는 것 빼고는 둘 만의 공간이다. 몸도 여기저기 아파 온다. 특별히 힘든 일을 하는 것도 아닌데 늘 피곤하다. 에누리보다는 덤이 더 필요할 때가 중년이다. 한 가지 더 도와주고, 한 번 더 안아 주고, 어루만져 주고, 사랑한다 말할 필요가 있을 것 같다. 그렇지 않아도 나이가 들어갈수록 쓸쓸하고 외로워지는데 소 닭 보듯이 사는 졸혼이 웬 말인가? 점점 에누리를 더 많이 하려 드니 참으로 안타까운 일이다. 덤으로 주는 사람이 더 큰 이익이 남는다. 사랑에는 에누리는 싫다. 덤으로 하자.

그래야 하는 이유는 또 있다. 아내는 남편은 지구상에 딱 하나밖에 없는 명품 중의 명품이다. 더구나 내가 이 세상 소풍을 끝낸다고 해도 나의 자식이 남는다. 그 유전자를 보태어 남겨 준 사람이다. 사람으로서의 존재 목적을 생존, 종족번식, 행복 추구의 세 가지로 보자. 이 세 가지를 모두 해결해 준 사람은 지구상에 유일하다. 조금 부족할지는 모르겠다. 이 세 가지 모두 나와 함께한 사람은 유일하다(몰래 숨겨 둔 사람은 예외로 한다).

예술작품이라고 이름 붙여 준 그림, 도자기 등을 보자. 생존에 도움도 되지 않았고, 종종번식에는 티끌 하나도 도움이 되지 않았다. 오히려 번식자원의 상실을 가지고 왔다. 일부 되팔아서 이익을 챙기기도 하지만, 소장만 하고 있으면 낭비일 수도 있다. 한 사람이 예술품에 집착을 하는 경우 오히려 부부 사이에 손해를 끼치기도 했다. 부부싸움의 요인이 되기도 한다. 상당한 행복감을 준 것은 인정한다. 그조차도 그것을 좋아하는 사람에게만 해당된다. 오래될수록 더 값을 올려 준다. 더 귀히 대접받는다.

부부 사이도 그랬으면 좋겠다. 명품처럼, 예술품처럼. 오래될수록 높이 평가해 주고, 더 존중해 주고, 더 귀하게 바라봐 주고, 더 소중히 여겨 주고, 더 사랑해 주면 얼마나 좋을까?

콩깍지 끼고 살았던 짧은 2~3년간의 젊은 시절로 돌아가 보자. 오직 한 사람만 바라보았다. 옆에서 보면 더 멋지고 예쁜 사람이 주변에 많았다. 그들에게 눈길 한번 주지 않았다. 오래되지도 않았다. 명품도 아니었다. 예술품도 아니다. 그 사람만 귀히 여겼다. 30년 이상을 함께한 부부라면 명품이 아니어도 좋다. 예술품 대접은 바라지도 않는다. 헌신짝처럼 여기지 않았으면 좋겠다. 생각해 볼 일이다. 옛날에는 노년기가 짧았다. 몇 해는 금방 지나간다. 기간이 짧으니 헌신짝 취급도 하지 않았다. 심지어 "몇 년만 지나면 갈 테니까 갈 때까지만이라도 잘해 주자."라고 했다. 이제 100세 시대라 더 큰 고민이다. 아주 긴 시간이 기다리고 있다. 콩깍지 끼고 덤으로 사랑해 보자. 나는 지금 덤으로 주는 연습을 많이 한다. 효과 만점이다. 연습은 실전처럼, 실전은 연습처럼. 아니 구분할 필요도 없다. 인생은 연습이 없으니까!

4차 산업혁명 시대인데 누가 "콩호썬"이라는 것을 하나 발명하지 않으려나? 아주 값싸게!

(콩호썬: 콩깍지 호르몬 선글라스, 끼면 부부만 예쁘게 보이는)

4. 살아온 날 중 오늘이 제일 좋다

4~5년 전으로 기억된다. 전화벨이 울렸다. 지역번호 043이다. 강의의뢰 전화이기를 기대하면서 받았다.

"편안하게 말씀하십시오. 김용범입니다." (전화 받는 특유의 멘트다.)

"안녕하세요? 증평군여성단체협의회 총무 이상원입니다. 김용범 강사님 맞으시죠?" 부드럽고 가녀려 앳되게 들렸다.

"넵. 맞습니다."

"좌구산천문대 옆 숲속에서 강의를 해야 하는데 가능하시겠어요?"

"인원과 음향시설은요?"

"60명 내외에 숲속이라 전기가 없어서 음향시설은 지원이 안 됩니다."

"네. 해 드리겠습니다." 흔쾌히 승낙했다.

강의 당일 3시간여 운전을 해서 현장에 도착했다. 비탈진 소나무 숲에서 옹기종기 모여 앉은 채로 약 90분 동안 열강을 했다. 조금은 산만했지만 재미있게 진행했다. 새소리, 벌레소리, 바람소리, 숲에서 나는 향기는 마치 고향집 뒷동산에서 오랜 친구들과 노는 느낌이었다. 새로운 경험이었다. 신선했다. 분위기도 좋게 느껴졌다. 이렇게 증평군여성단체협의회와 첫 인연을 맺었다.

4년이 지났다. 이상원 총무님의 휴대전화로 전화가 왔다.

"반갑습니다. 총무님."이라고 했더니

"네. 지금은 제가 회장을 맡고 있습니다."라고 했다.

"와우! 축하드립니다. 역시 봉사를 열심히 하시는 분이라 남다르십니다."

"좌구산천문대 때 기억하시나요? 너무 좋아서 다시 모시려고 합니다."

"네. 당연히 기억하죠. 저에게도 정말 인상 깊었던 강의였습니다. 고맙습니다. 열심히 달려가겠습니다."

내심 쾌재를 불렀다. 앗싸! 하고. 앙코르 강연, 강사들의 로망이다. 실은 분위기는 좋았는데 왜 다시 부르지 않을까? 하는 의구심이 있었던 터였다. 이렇게 다시 불러 주니 기분이 좋다. 좌구산 숲 명상의 집 강의장이었다. 이렇게 두 번째 인연이 닿았다.

2018년 10월 18일 드디어 강의 날이다. 열차를 이용하기로 했다. 고맙게도 총무님께서 마중을 나와 주시기로 했다. 갈아타는 여정이라 시간은 많이 걸린다. 책 읽기에 가장 좋은 교통수단이라 자주 이용하는 편이다. 신경주 → 오송 → 증평으로 갈아타고 3시간을 달려갔다. 새로운 총무님은 어떤 분이실까? 하면서 증평역 광장으로 나갔다. 한눈에 알아볼 수 있었다. 따뜻한 미소를 머금고, 아담한 체격의 단아한 여인이었다. 아내와 비슷한 또래로 보였다. 마치 오래된 어린 시절 동네 친구를 오래간만에 만난 듯 편안했다. 예쁜 천사의 미소라고 붙여 주고 싶다. 많은 실무자들을 만나고 다녔지만 이런 느낌을 받아 본 적은 별로 없었다. 처음 만나는데 어떻게 이런 편안함을 줄 수 있을까? 하는 생각을 하면서 반갑게 인사와 통성명을 하고 차에 올라 이동했다. 편안함의 이유를 아는 데 오래 걸리지 않았다. 돌아오는 차 안에서 쉽게 알 수가 있었다.

강의장에 도착했다. 지금은 회장으로 증평여협을 이끌고 계시는 이상원 회장님과 반갑게 인사를 나누었다. 4년 전보다 더 젊어진 것 같았다. 출중한 미모와 온화한 미소와 함께 리더의 포스는 여전했다. 전체 회원들의 분위기에서 회장님의 따뜻한 리더십이 느껴졌다. "건강 100세 시대 맞춤 힐링푸드"라는 주제로 2시간의 열강을 마쳤다. 시간의 여유가 있었으면 족욕 등의 준비된 프로그램을 함께 하고 올 수 있었지만 아쉬움으로 남겨 두고, 안홍순 총무님의 차에 올랐다. 12km의 거리로 약 15분 정도 걸리는 짧은 거리였다.

"고맙습니다. 이렇게 왕복으로 수고해 주시네요."

"아니요. 당연히 해야 할 일을 하는 것뿐입니다." 예의 편안한 천사 같은 대답이었다.

"오늘도 4년 전과 마찬가지로 열심히 호응해 주시는 회원님들 덕분에 신나는 마음나누기를 할 수 있었습니다."

"다 강사님 덕분이죠. 다음에 또 모시겠습니다."

"고맙습니다. 저야 다시 불러 주시면 영광이죠."

"그럼 다음에는 '남편을 애인으로 대우하자'라는 주제로 해 드리고 싶습니다."

"처음 들어 보는 주제인데요."

"네. 요즘 졸혼이 유행하는데, 100세 시대라 30~40년을 더 살아야 하는데 졸혼은 말이 안 되는 것 같아서요. 졸혼 예방 차원의 강의라고 할 수 있습니다. 저도 그러려고 노력하고 있습니다."

이렇게 대화가 시작되었다. 이런저런 애기 중에 총무님께서 그러셨다.

"저는 살아온 날 중 오늘이 제일 좋습니다."라고.

속으로 역 앞에서 편안한 친구 같은 천사의 느낌을 준 이유였구나 싶었다. 얼른 다시 물어보았다.

"와우! 정말 지금의 생활이 좋으신가 봐요? 자연스럽게 그렇게 이야기하시는 분은 처음입니다."

"네. 정말입니다. 저는 오리고기 전문식당을 운영하면서 이렇게 사회봉사활동도 열심히 하고 있고, 금융업에 종사하는 남편도 자기 일에 매진하며 인정받고 있고, 아이들도 각자 자기 역할 잘하고 있으니 이보다 더 좋을 수는 없지요."

"그러시군요. 모습에서 그게 느껴집니다. 역 앞에서 처음 뵐 때 유난히 따뜻해 보였습니다. 그래서였군요?"

"네. 전에는 그러지 못했는데 몇 해 전부터 1주일 한두 번은 저녁에 일을 일찍 끝내고 남편과 커피도 마시면서 이런저런 이야기하는 시간을 가지고 있습니다."

"그때가 최고의 힐링 시간이겠군요?"

"네. 그래요. 넘칠 것도 없지만, 특별히 부족한 것이 없고, 마음의 여유도 있고, 서로 위해 주는 오늘의 삶이 살아온 날 중 최고라고 생각해요."

여러 이야기 중 유독 이 말이 확 와 닿았다. 말을 하는 도중에 하나 거리낌이 없어 보였다. 직접 삶으로 터득하지 않으면 나올 수 없는 포스였다. 뭔지 모를 아우라가 느껴졌다. 정말 행복해 보였다.

"정말 보기 좋습니다. 말씀을 들어 보니 저희 부부도 비슷한 것 같습니다."

"강사님도 그렇게 보이세요."

"내일도 모레도 1년 뒤에도 날마다 그런 말을 평생 동안 하면서 살 수 있었으면 좋겠습니다. 그렇게 살 수 있도록 서로 기원해 드리기로 하죠."

어느새 증평역에 도착했다. 작별을 했다.

"강사님, 다음에 또 뵙겠습니다."

"네. 고맙습니다. 조심히 들어가세요."

기차에 올랐다. 책을 폈지만 책이 눈에 들어오지 않았다. 편안한 첫인상, 천사미소, 따뜻함, 부드러운 목소리, "살아온 날중 오늘이 제일 좋아요."라고 했던 말이 귀에 맴돌았다. 쉽게할 수 있는 말이 아니라는 생각이 든다. 앞으로 남은 날이 그런날들이 되면 얼마나 좋겠는가? 진심으로 그랬으면 좋겠다. 모두다. 다음에 책을 쓰게 되면 꼭 이 이야기를 써야겠다고 메모해두었었다. 집에 돌아와 아내와 시시콜콜 하루의 일을 보고했다. 늘 그랬던 것처럼. 두 손 맞잡고 더 열심히, 편안히 살아 보자고 얘기했다. 아내도 싫지 않은 표정이었다.

오늘 연락을 드려 물어보았다.

"그때의 첫인상과 하신 말씀을 제 책에 쓰려고 하는데 괜찮으시겠어요?"

"저야 유명 강사님의 책에 써 주신다면 영광이죠. 첫인상은 예뻤다고 써 주세요."라며 흔쾌히 웃으며 허락해 주셨다.

"하하하! 총무님 고맙습니다. 느낀 대로 솔직하게 쓰겠습니다."

"그런데 강사님. 내년부터 제가 3년간 증평여협의 회장을 맡아 이끌어 가게 되었습니다. 임기 안에 강사님 계신 경주로 워크숍을 가려고 하는데 그때 도와주시면 좋겠어요."

"와우! 축하합니다. 회장님! 기꺼이 함께하겠습니다. 고맙습니다."

참 사람의 인연은 묘하다. 딱 두 번의 인연이 이렇게 서로에게 감동을 줄 줄이야. 특별히 인위적으로 어떻게 하려고 한 것도 없다. 그저 자기 역할에 충실하며 열심히 살았다. 대단히 큰 일도 아니다. 소소한 일상의 대화에서 힘을 얻었다. 이렇게 대미를 장식한다.

우리 부부의 삶을 다시금 되돌아본다. "살아온 날 중 오늘이 제일 좋다."라고 한 치의 망설임도 없이 말할 수 있을까? 살짝 멈칫거리기는 할 것 같다. 그래도 곰곰 생각해 보면 끄덕일 수 있다. 문제는 내일도, 1년 뒤에도, 10년, 20년, 30년 뒤에도, 언제 물어도 그럴 수 있는 삶을 사는 것이 행복이라 생각한다. 잘 할 수 있을 것이다.

부처님 말씀 중에

"나는 내 생각의 소산이다."

라는 말을 믿고 생각을 잘하면서 살아 보자. 열심히 애인으로, 아들로, 남편으로, 아내로 카멜레온처럼 역할을 바꾸어 보자. 지구상의 동물 중에서 유일하게 관점 바꾸기가 가능한 사람이니까. 관점 바꾸기란 생각을 바꾸는 일이다. 생각을 바꾸면 행동이 바뀌고, 행동이 바뀌면 습관이 바뀌고, 습관이 바뀌면 운명이 바뀌고, 운명이 바뀌면 인생이 바뀐다고 했다.

천재 과학자이자 미술가, 기술자, 사상가 '레오나르도 다빈치'는 이렇게 말했다.

"아는 것만으로는 부족하다. 적용해야 한다. 생각하는 것만으로는 부족하다. 행동해야 한다."

아내를 남편을 애인으로 대우하는 것, 어렵지 않다. 한번 해 보자.

Win Win하는 승자로 남고 싶다.

행혼(幸婚)으로 갈무리하자.

마치는 글

 학생들이 가장 싫어하는 과목이 무엇이냐?라고 물어보자. 거의 대부분의 학생이 수학이라고 할 것이다. 알고 보면 수학보다 쉬운 과목이 없다. 군이 점수를 따는 것이 목적이라면 더 간단해진다. 공식이 있어서 외워서 해도 된다. 과정을 몰라도 공식에 넣기만 하면 답은 맞게 나온다. 공식 자체를 이해하고 외우면 너무 쉽다. 그래서 수학을 좋아했었다. 중학교 때까지다. 고등학교는 상업고등학교에 진학을 해서 수학을 많이 하지 않았다. 대신 주산, 부기를 좋아했다. 1학년 1학기를 제외하면 거의 만점을 받았었다. 군이 답과 맞춰 볼 필요도 없었다. 정해진 방식대로 하기만 하면 답이 딱딱 떨어진다. 그때의 쾌감은 잊을 수가 없다. 그 쾌감 때문에 수학, 주산, 부기를 좋아했었다. 공식이라는 특징이 있다. 단계적으로 차근차근 접근하면 거의 모든 문제가 풀린다. 문제가 같으면 언제나 같은 답이 나온다. 그래서 "정답(正答)=정답(定答)"이다.

 인생은 어떤가? 여러 요소 중 인간관계를 보자. 정해진 답(定

答)도, 바른 답(正答)도 없다. 책에서 읽은 대로 해 봤다. 답은 천차만별로 나온다. 비슷하게라도 나오면 좋겠는데 전혀 엉뚱한 결과가 나오는 경우도 부지기수다. 똑같은 노력을 했는데도 결과가 다를 때도 많다. 사랑한다며 꼭 안아 주었더니 너무 좋아했다. 이 말과 행동을 좋아하나 싶어 화가 잔뜩 나 있기에 풀어 주려고 똑같이 했다.

"지금 무슨 소리 하는 것이냐?" 하고 도끼눈을 뜬다. 사랑을 표현해야 된다고 해서 많은 사람들 앞에서 그랬더니

"많은 사람들 앞에 무슨 짓을 하는 거냐?"라며 뿌리친다. 아, 복잡하다. 사람은. 도대체 어쩌란 말인가? 인간관계란 참 어렵다. 꼭 풀어야 하는 숙제다. 어떻게든 무슨 수를 써서라도 잘 풀어야 한다. 그것이 부부간이라면 더 그렇다. 단, 다른 사람들에게 피해가 가지 않아야 한다. 부부가 관계를 잘못 풀면 그 피해가 고스란히 가족에게 간다. 가족도 어른이라면 그래도 덜하다. 어린 자식이라면 인생에 심각한 문제를 일으킬 수도 있다. 그래서 더욱 좋은 부부관계가 필요하다는 것이다. 수학은, 부기는 너무 쉬웠는데…….

정답(正答)도 정답(定答)도 없는 인간관계도 한 가지 공식만 적용하면 쉽게 풀린다. 특히 부부관계라면 더 그렇다. '사랑과 그 표현'이다. 이분법을 적용해 보자. 자기중심적인 이기적인 사랑과, 타인중심적인 이타적인 사랑으로 구분할 수 있다. 자기

중심적 사랑과 표현은 가르치지 않아도 잘할 수 있으니 논외로 했다. 나는 사랑의 표현에 매우 서툴렀다. 그것을 알게 되었고, 노력의 일환으로 표현하는 방법을 배웠다. 적용해 보았더니 효과 만점이었다.

진화심리학, 처음 읽는 진화심리학, 털 없는 원숭이, 백 년을 살아 보니, 뇌 과학의 모든 것, 5가지 사랑의 언어, 연애할 땐 YES 결혼하면 NO가 되는 이유, 이마고 부부관계치료, 가족이라는 병, 졸혼시대, 행복심리학, 관계물리학…… 등 꽤 많은 책을 읽었다. 나이 40이 될 때까지 읽었던 책의 숫자가 손가락 발가락이면 충분히 헤아릴 수 있었던 사람이다. 장족의 발전을 했다. 물론 직업의 특성상 많은 도움이 되었던 것도 부정하지 않는다. 많은 깨달음이 왔다. 그중 내가 하기 쉬운 것들은 따라 해 보았다. 100% 책대로 되지는 않았지만 효과가 있었다. 경제적 어려움 속에서도 아내에게만큼은 서운하게 하지 않으려고 최선의 노력을 했다(아내의 기대에는 많이 부족했겠지만). 그래서 부부의 사랑전선은 무너지지 않았다고 자부한다.

그 방법의 하나로 공부를 하자고 말했다. 공부는 100세 시대에 가장 걱정되는 질병인 치매 예방에 좋다. 공부도 하고, 부부간 대화도 되고, 치매 예방에도 좋다. 일석삼조의 효과를 낸다. 이보다 더 좋은 것이 있을까? 그 열매로 사람은 성장한다. 관점 바꾸기가 가능해진다. 사람이기에 가능하다. 충분히 할 수 있다는 것을 안다. 그래서 여러 가지 관점 바꾸기를 말했다. 책 읽고 공부하는 것을 싫어했던 내가 했다. 글만 읽을 수 있다면 누구나 쉽게 할 수 있다. 책 읽는 방법은 뒤늦게 만났지만 『강안(强眼)독서』(이은대 지음)가 많은 도움이 되었다. 작가는 오직 쓰기 위해 읽는다고 했다. 꼭 쓰지 않아도 서로 대화하고, 토론하는 데도 도움이 많이 될 듯하다. 습관을 들이기가 쉽지 않다. 습관은 같은 행위를 반복해야 된다는 것을 알지만……

"아내를 애인으로 대우하자." 이것은 순전히 내 아이디어다. 결과는 대박이었다. 최소한 나에게만큼은. 지속적인 노력의 산물이라는 것은 분명하다. 결혼 20~30년 차 정도의 사람들을 대상으로 하는 강의에서 무턱대고 물어본다.

"지금의 배우자를 애인으로 대우하면서 살 수 있는 분?"이라고.

대략 15% 내외가 손을 든다. 손을 들지 않는 분들에게 물어본다.

"왜 손을 들지 않았는지?"

답이 너무 간단명료하다.

"말도 안 되는 소리"라고.

왜 그렇게 해야 하는지 필요성과 방법에 대해 말하고 나서 물으면 해 보겠다고 하는 사람이 두 배 이상으로 늘어난다.

스스로 생각해 보면 나는 지금도 사랑의 표현을 매우 잘하는 편은 아니다. 아내에게 말장난, 손장난을 짓궂게 친다. 일부러 많이 치려고 할 때도 많다. 지나치지 않아야 함은 기본이다. <님아 그 강을 건너지 마오>의 할아버지처럼.

작년 연말에 아내가 근무하는 한의원 직원들 회식이 있었다. 원장님께서 "최 선생님 남편(나)은 사랑의 표현을 정말 잘하시는 분"이라고 하셨다는 아내의 전언이 있었다. 맞다. 남자들 중에서는 평균치 이상은 될 것 같다. 원래 잘했던 사람은 아니었다. 노력도 했고, 잘 표현하지 못해도 아내가 잘 알아주기 때문이기도 하다. 알아줘서 고마울 따름이다. 아내도 사랑 표현에 능한 사람은 아니다. 그래도 30년을 살다 보니 보인다. 내가 돋보기를 대고 봤다. 작은 표현을 크게 보려는 노력이다. 이제는 그냥 봐도 크게 보인다. 사랑은 노력이다. 현재진행형이다. 중년의 중후한 사랑이 어떤 것이 정답인지는 나도 모른다. 항상 최선을 다할 뿐이다. 무승부(각방, 별거, 졸혼, 이혼)보다는 행혼(幸婚)이 훨씬 나을 테니까! 나도, 아내도, 아이들도. 동감(同感)까지는 아니어도 좋다. 공감(共感)하는 사람들이 많았으면 좋겠다.

현재까지 '행혼(幸婚)여행. 작전명령 1호. 아내를 애인으로 대우하자.'라는 방법으로 사랑과 행복을 가꾸어 가고 있는 사람은 딱 한 사람 있다. 바로 나다. 부부 관련 상담 전문가도 아니다. 대단한 내용이 아니라는 것도 안다. 진화심리학이라는 학문도 전문가들이 어떻게 해석하던 내 방식으로 해석하고 적용을 해 봤다. 다소간 의견의 차이가 있을 수 있다는 것은 안다. 가능하면 쉽게 이해하려는 시도였음을 밝힌다. 분명한 것은 피부로 느끼고, 실천해 본 경험을 담았다는 것이다. 이 마음나누기를 통해 많은 위기의 부부들이 관계가 회복되었으면 좋겠다. 해결까지는 아니어도 좋다. 작은 힘이라도 되었으면 좋겠다. 2호에는 많은 독자의 성공한 사례와 새로운 대안을 찾아서 실어 보고 싶다. 훨씬 성숙한 모습으로……

중년 이후의 사랑과 행복은 노력의 산물이라고 생각한다. 해 봐서 안다. 함께 해 보자. 행혼(幸婚)을 위하여……

김용범

강의는 가르침이 아니라 "청중과의 마음나누기"라고 생각하는 건강교육 전문강사이다. 건강은 실천이 더 중요하다. 공감을 통해 오래 기억할 수 있도록 쉽고, 재미있게 나누었다. 실천 가능한 "실천주의 건강교육"을 표방했다.

IMF이후 운영하던 학원의 문을 닫았다. 새 길을 찾아야 했다. 지방(경주)에서 고졸의 학력으로, 부기 강사가 무모한(?) 도전을 했다. 쉽고, 재미있는 강사가 되겠다는 험난하지만 야무진 꿈이었다. 20년을 앞만 보고 달렸다. 보건교육사, 건강가정사, 평생교육사, 감정노동관리사, 웃음치료사 등 27종의 자격을 취득하며 조금씩 성장했다. 2018년, 만학도로 대구한의대학교를 졸업했다. 꾸준한 노력으로 전국의 공무원교육원, 교육연수원, 공공기관, 교육지원청, 국민건강보험공단, 보건소, 각급 학교, 지방MBC 교양강좌 등 연간 300여 회 이상 출강한다. 포항CBS 라디오-6년(주 1회), 포항KBS 라디오-3년(주 1회), 포항MBC 라디오, 신라케이블방송 등 지역방송에 출연도 했다. 의사, 한의사, 교수와는 "차별화된 소통"으로 인정받는 강사가 되었다. 수많은 발상의 전환을 했다. 우여곡절도 많았다.

100세 시대다. 황혼기 삶의 질은 건강과 부부관계가 결정한다. 여기에 스트레스는 치명적이다. 주요 원인은 불통이다. 졸혼과 황혼이혼까지 유행한다. 해결책이 있으면 행복한 마무리가 된다. 모든 인간관계의 출발은 부부이다. 부부 사이가 좋으면 만사형통이다. 관점을 바꾸면 가능하리라 믿는다. 실질적인 경험까지 녹였다. 육체는 물론 정신, 관계건강에까지 도움이 되는 새로운 도전이다. 공감을 통한 변화를 추구하는 마음나누기전문가로서의 아름다운 여정을 하고 있다. 진정한 힐링을 향해서.

3권의 저서가(공저 포함) 있다. "건강의 재발견 벗겨 봐", "긍정이 멘토다", "긍정의 힘"이다.

블로그 : https://blog.naver.com/olan7942
이메일 : olan7942@naver.com

幸　　婚

행 혼 여 행

작 전 명 령 1 호 . 아 내 & 남 편 을 애 인 으 로 대 우 하 자

초판발행 2019년 4월 5일
초판 3쇄 2020년 2월 10일

지은이 김용범
펴낸이 채종준
펴낸곳 한국학술정보(주)
주소 경기도 파주시 회동길 230(문발동)
전화 031 908 3181(대표)
팩스 031 908 3189
홈페이지 http://ebook.kstudy.com
E-mail 출판사업부 publish@kstudy.com
등록 제일산-115호(2000. 6. 19.)

ISBN 978-89-268-8788-2 03330